愛される企業

Firms of Endearment

How World-Class Companies Profit
from Passion and Purpose

社員も顧客も投資家も幸せにして、
成長し続ける組織の条件

ラジェンドラ・シソーディア
ジャグディッシュ・シース
デイビット・B・ウォルフ［著］

星野リゾート代表
星野佳路［序文］　齋藤慎子［訳］

日経BP

JAPANESE language edition published by
NIKKEI BUSINESS PUBLICATIONS, INC., Copyright © 2023.
JAPANESE translation rights arranged with PEASON EDUCATION, INC. through
JAPAN UNI AGENCY, INC., Tokyo, Japan

日本語版序文

「良い経営」とは何か

星野リゾート代表　**星野佳路**

ビジネスに携わる人で、本書を手にした人ならば皆、「良い経営者」になることを目指しているはずだ。

その姿は、ビジョンを示し、社員のやる気を引き出し、企業を競争優位に導き、継続的に業績を高めることができる人。その結果として、社員、株主、投資家、サプライヤーからも信頼され慕われる経営者だろう。私たちは、スポーツ選手がよりうまい選手になるために日々練習するのと同じように、良い経営者になるために毎日努力している。

本書は、これからの時代に強い企業をつくり維持するために必要なアプローチについて書かれている。読んでみて私が感じることは、戦略的能力だけではなく、経営者の人としての価値観が、今まで以上に企業競争力に大きく影響する時代になったということだ。「良い経営者の定義」のアップデートが求められているのである。

タイトルにある「愛」という言葉に、ビジネスセオリーらしからぬ違和感を持つ人も多いかもしれない。原書では「Firms of Endearment」であるので、たしかに愛であり、英文でも似たような違和感を醸し出している。しかし、その違和感こそが著者の狙いなのだと感じる。良い経営者の定義をアップデートしようというときに、その方向性を示すもっともストレートで刺激ある言葉を使ったのだ。

しかし、本書を読んでいくうちに、愛という言葉で表現されている内容は、心のつながり、絆《きずな》、尊敬といった意味であることがわかる。すべてのステークホルダー（顧客、従業員、サプライヤー、コミュニティ、株主）と心のつながりを持ち、敬意を持たれる企業という意味だ。

すべてのステークホルダーとの関係性において、商取引上の損得以上に、共感、思いやり、優しさといった「心のつながり」を優先することが、企業の長期的サステナビリティ（持続可能性）につながっているという理論。それは、「株主利益の優先が企業の使命である」と学び、個人の理想と企業人としての現実の間で悩み続けてきた私たち経営者に、新しい視点を与える。

「個人の理想」と「企業人としての現実」はどうすれば共存できるのか

本書が選定している好業績の「愛される企業」では、

「どのステークホルダーも、ほかのステークホルダーを犠牲にして利益を得てはいけない」

「一部のステークホルダーを手段や目的として扱うのではなく、すべてのステークホルダーの幸福を尊重する」

という価値観が根付いている。特定のステークホルダーのみを特別扱いするのではなく、主要ステークホルダーが等しく繁栄する経営を、新しい時代の経営者に必要な能力と定義しているのだ。


「すべてのステークホルダーとの心のつながり」を強めている企業では、これまでの経営で重視されてきた売上や利益でもよい結果が生まれている。実際に、本書が選定した「愛される企業」の財務実績は、市場平均はもとより、『ビジョナリー・カンパニー2　飛躍の法則』（ジム・コリンズ著）にて紹介されている企業をも大きく上回っていた。

「すべてのステークホルダーとのバランスを重視する企業こそ、収益性が高い」

「ステークホルダーとの心のつながりを持つ企業は、長期的リターンが得られる」という本書の発見は、何となく私たちが心の中で描いていた理想の経営像が戦略的にも正しいという自信を与えてくれる。

すべてのステークホルダーがリターンを得る時代に

この流れは、すでに社会のあちこちで見られ始めている。観光産業においても、その変化は顕著だ。新型コロナウイルスの収束にしたがい、世界中の観光都市で、「2019年型のスタイルに戻るのではなく、新しい観光のモデルを模索すべきでは?」という議論が盛んに行われるようになった。

コロナ禍によって観光産業は大きなダメージを受けたが、一方で、観光需要が一時的に激減したことで、オーバーツーリズム（観光客を受け入れることによって地域や住民にもたらされる弊害）の軽減など、地域住民に快適性がもたらされた。

地域住民は「2019年に戻ること」、すなわち「住民生活や自然環境に負荷を強いられること」を望んではいない。したがって、旅行会社、交通機関、宿泊施設といった今までの観光ステークホルダーの中に、地域コミュニティと観光客を取り込み、観光のあり方を見直すべきである。観光地の住民や地域環境がしわ寄せを余儀なくされることなく、すべてのステークホルダーがフェアなリターンを得られなければ、その地域の観光産業は感謝されず、長期的にはサステナブルではないということに世界は気づいたのだ。

すべてのステークホルダーがフェアなリターンを得ることができる観光産業を、私は「ステークホルダーツーリズム」と呼んでいる。世界の多くの観光地で、この新モデルに向かって様々な取り組みが始まっている。それは、対前年度比の入客数だけを重視する従来型モデルではなく、目指すべき観光の質を示す新しいKPIを設定し、地域全体で進めていくプロセスだ。

「愛される企業」に見られる7つの特徴とは?

では、どうすれば、すべてのステークホルダーと心のつながりを強め維持できるのか。本書の中にその答えがある。本書では、愛される企業の顕著な特徴を7つ特定している。

- 愛される企業は、業界の常識を疑ってかかっている。
- 愛される企業は、ステークホルダーの利害関係を調整し、価値を創造している。
- 愛される企業は、従来のトレードオフの考え方を解消している。

●愛される企業は、長期的観点で事業をおこなっている。
●愛される企業は、本業による自律的成長《オーガニック・グロース》を目指している。
●愛される企業は、仕事と遊びをうまく融合させている。
●愛される企業は、従来型マーケティングモデルを当てにしていない。

この7つの項目それぞれは、多くの経営者が過去に見聞きしたものばかりで真新しい印象はない。しかし今までは、株主利益を優先する範囲内で社会的に良いことを実行しようという位置付けであり、真の意味で実行できている企業は、多くないのが実際だ。それは前述したように、個人の理想と企業人としての現実にギャップがあると考えていたからだ。

「理想のあり方と数字の成果が両立する」ことが証明された

本書は、理想を掲げる経営者の背中を押してくれる本である。
売上や利益といった現実と、社会貢献や存在意義といった理想の間に立たされた、すべての経営者のモヤモヤとした迷いを晴らし、前に進む力を与えてくれる。

人にはだれしも、「こういう人間になりたい」「こういう人格でいたい」「こういう価値観を持っていたい」という「なりたい自分の姿」がある。

企業にも同様に理想の姿があり、本書は、「理想と業績は連動している」ことを明らかにしている。本書の中で紹介されている企業は、「自分たちは何者か」「自分たちはどういう企業でありたいか」「自分たちはどこへ、どのように向かうのか」といった理想を明確に持っている。

そのために、売上や利益をないがしろにしていいとは微塵《みじん》も考えていない。売上や利益のためには理想が不可欠であるという考えであり、そして、理想の実現に向けて真摯に、愚直に、情熱的に取り組んだ結果、「愛される企業」となりえた。本書ではこのアプローチが高い業績と成長率に結びついている事例を学ぶことができる。


本書を閉じたあと、私は、ステークホルダーツーリズムの妥当性に益々自信を深めた。そして、若き日に考えていた経営者としての理想のあり方を久しぶりに思い出すことができた。皆さんも本書を読み終えたとき、

「自分が正しいと信じることを追い求めていこう！」

という、自信と気概が湧いてくるはずだ。

愛される企業

――社員も顧客も投資家も幸せにして、成長し続ける組織の条件

畏友デイビッド・ウォルフとの思い出に本書を捧げる。
物事を深く考え、文章に長け、
博識で、心優しかったデイビッド。
あなたのおかげで、わたしたちや数えきれないほど
多くの人々の人生が、どんなに豊かになったことか。

ラジ・シソーディア、ジャグ・シース

はじめに　まったく新たな時代に向けて

「未来は無秩序である、と。人類が二足歩行を始めて以来、未来への扉が開かれたと思われる瞬間が、五、六回は訪れた。生きるには一番いい時なんだろうな、こういう、自分が分かっていると思っていたことがほとんど全て間違いだったたって気づかされる時が」

トム・ストッパードの戯曲『アルカディア』、数学者ヴァレンタインの台詞より

（小田島恒志訳、早川書房）

本書が読まれている現代もまた、人類史におけるまったく新たな時代の幕開けだ。しかも、これまでのどの時代よりも、その重要性は大きいかもしれない。

ここ数百年（数千年という人もいる）[1]を振り返ってみると、この新たな時代は、人類に及ぼす影響力の大きさの点で、これまでの時代とは比較にならないかもしれない。それほど大きななにかが起こりつつあることは、信憑性のある多くの書籍が指摘している。

主要文化の一時代の終焉を明言して議論を呼んだ、フランシス・フクヤマの『歴史の終わり』（渡部昇一訳、三笠書房、新版2020年、原書1989年）。物理学が目指している究極の「統一理論」の限界を予言した、『サイエンス』誌編集者デヴィッド・リンドリーの『物理学の果て』（松浦俊輔訳、青土社、1994年）。マクロ経済学がもはや役に立たないことを論じた、イギリスの経済学者デイビッド・シンプソンの *The End of Macro-Economics?*（マクロ経済学の終焉?、1994年）。科学ジャーナリストのジョン・ホーガンが科学者を怒らせたセンセーショナルな『科学の終焉《おわり》』（竹内薫訳、徳間書店、1997年）。科学的世界観における広範囲なシフトが差し迫っており、今日では科学的事実とされていることの多くが明日には科学の迷信となることを指摘した、ノーベル化学賞受賞者イリヤ・プリゴジンの『確実性の終焉』（安孫子誠也、谷口佳津宏共訳、みすず書房、1997年）もそうだ。

これほど多くの「終焉」があるなら、その分、新たな兆《きざ》しも多いにちがいない。1990年代初め頃には、人間の主な活動分野で「終焉」予測から免れているものはないに等しかった。文字どおりの「終焉」ではなく、その本質のかつての概念においては確実にそうだった。ビジネスの世界も例外ではなく、企業の根底にある存在意義《パーパス》や、どのように活動すべきかの認識に、大規模な変化が起こっている。その規模の大きさを考えると、歴史的な「資本主義の社会変革」が進みつつある、といっても過言ではない。

20年ほど前、ちょうどインターネットが主流になりつつあった頃には、この社会変革の規模の大きさをしっかり予測できていた人がほとんどいなかった。その規模の大きさを知っていただくために、本書ではさまざまな企業を紹介している。株主利益の創造だけでなく、もっと広く社会のために行動することを存在意義《パーパス》としている企業だ。こうした企業は異端児ではなく、新たな企業の主流となる、まさに先駆けだとわたしたちは考えている。

わたしたちは、このまったく新たな時代を「超越の時代」と呼んでいる。「超越」を辞書で調べると「秀でたり、まさったり、通常の限度を超えたりしている状態」[2]とある。いまの社会の「時代精神」に見られる超越的な変化は、すでに言及されている。コロンビア大学人文科学教授のアンドリュー・デルバンコは「現代文化のもっとも顕著な特徴は、超越への満たされない渇望である」[3]と述べている。

現代科学の幕開け以来、西洋社会の世界観を特徴づけてきた科学的根拠のある確実性が揺らいでいるのも、この渇望がなんらかの重要な役割を果たしているのかもしれない。近頃は、どう「感じる」かに基づく主観的な観点のほうがずっと受け入れられているのだ。

主観性がより重視されていることに注目している人はほかにもいる。そのひとり、フランスの哲学者ピエール・レヴィは、デジタルテクノロジーが文化と認知に及ぼす影響を専門に研究している。主観性へのシフトは、今世紀のビジネスにおいて考慮すべき最重要事項のひとつであることがはっきりするのではないか、とレヴィは考えている。[4]

レヴィはさらに、ミルトン・フリードマンとその支持者が信奉するアイン・ランドの客観主義は過去のものになりつつあるとし、その理由を、人々の思考において感情や直感が重視されるようになってきたからだとしている。マルコム・グラッドウェルの『第1感 「最初の2秒」の「なんとなく」が正しい』（沢田博、阿部尚美共訳、光文社、2006年）や、ジェームズ・スロウィッキーの『「みんなの意見」は案外正しい』（小高尚子訳、角川文庫、2009年）もそのことを示している。

米国では精神的なものに対する関心が急激に高まり、スタジアム級の「メガチャーチ」があちこちに出現したりもしているが、こうしたことからも、文化の根底で大きななにかが起こりつつあるのがわかる。さまざまな消費者調査を見ても、「モノ」への関心が低下し、もっといろいろ体験して満足な人生を送りたい、と考えているのがわかる。[5] 多くの人々が望んでいるそうした体験は、科学によって、もっといえば従来型の企業によって、物質主義で浮き彫りにされた世界を超越している。

企業経営者も文化の影響を受けている。所詮、顧客や従業員と同じ文化環境で暮らしているのだ。模範例として本書でとりあげている経営者は、文化のこうした変化をその経営哲学に反映させている。社会における資本主義の役割を人道主義の新たなビジョンで捉えている。それは、従来型の企業にありがちな狭いものの見方を超越しているビジョンであり、公共の福祉を自分たちのこととして受け入れようと立ち上がっている。

ティンバーランド（VFコーポレーションが買収）の元CEOジェフリー・シュヴァルツは、自社の第1の使命は「よりよい世界にすること」と臆面もなく語っている。シュヴァルツも、ロールモデルとして本書で紹介しているほかの経営者も、口先だけの夢追い人などではない。強い意志で大成功している実業家であり、その堅実な経営手腕、そして、自社と接点のあるすべての人の役に立とうとする一貫したコミットメントで、人道主義の企業ビジョンをさらに押し進めている。

わたしたちがこうした企業を「愛される企業」と呼ぶのは、主要ステークホルダーのすべて——顧客、従業員、サプライヤー、コミュニティ、株主——から愛されるよう、言行一致で努めているからだ。そのため、どのステークホルダーも、ほかのステークホルダーを「犠牲にして」利益を得ることがないよう、全員が共に繁栄するよう、全員の利害を調整している。こうした経営者は、ほかの人が客観的にいいそうな正しさも、自分が信じる正しさ（主観に基づく道義性）も、同じように原動力にしている。

全米産業審議会の、ある調査結果をちょっと見てみよう。全米の企業の経営幹部を対象におこなわれた、道徳観についての調査だ。社会的な、つまり企業市民としての取り組みを率先しておこなっている理由を経営幹部700人に尋ねたところ、「企業戦略だから」と回答したのは12パーセントのみだった。「顧客の獲得と維持のため」が3パーセント、「社会の期待だから」が1パーセント、残る84パーセントは、「世の中をよくするため」「自社の伝統だから」「個人的価値観だから」などと回答した。[6]

この84パーセントに相当する全員が、高い道徳基準にしたがって義務を果たすことの直接的な見返りを理性で判断したとは思えない。おそらく、しなければならないことを直感的に感じているのだと思う。このように、世の中の動きや大変革は、理性のみならず感情からも広がっていく。本書に書いている内容も、まったくの大変革ではないにしても、ひとつの大きな動きなのだ。

いまの不安定な状態は、物理学でいえば分岐点、死と生（あるいは再生）のはざまにある常態空白期であり、古い体制が終焉に向かい、新たな体制という胎児が生まれ出ようともがいている時期だ。こういう時期には、先行きがいつにもまして不透明になる。ある分岐点の時空で起きることには無限の結果をもたらす可能性があるからだ。

戯曲『アルカディア』でヴァレンタインが「未来は無秩序である」といっているが、続く台詞には、新たな秩序をもたらす取り組みに参加しよう、という気にさせられる。

「生きるには一番いい時なんだろうな、こういう、自分が分かっていると思っていたことがほとんど全て間違いだったって気づかされる時が」


人類はいま、未踏の領域に入りつつある。見慣れない光景だが、その世界は、18世紀からタイムトラベルしてきた人が今の世の中を目にしているような感じなのかもしれない。そこで、ちょっと時代をさかのぼってみよう。アメリカのふたつの文化期をざっと振り返ることで、文化が発展してきた様子をより正しく理解できる。

「超越の時代」はそこから生まれているからだ。

エンパワーメントの時代

アメリカの最初の文化期を「エンパワーメントの時代」とわたしたちは呼んでいる。アメリカ独立宣言の署名や、アダム・スミスの『国富論』がイギリスで出版された1776年に始まる。

人類史に残るこの画期的なふたつのできごとが同じ年に起こったのは、驚くべき歴史の偶然だ。前者は自由な社会、後者は自由な市場に関するものだった。切っても切れない関係にある民主主義と資本主義が、まったく新たな世界を生み出そうと未来へ向かって歩み出したのだ。アメリカの一般庶民の運命を、人類がかつて経験も想像もしたことのない高みへ押し上げようとする世界だ。

歴史上初めて、一般庶民が自分の運命を自分で決める権利が、成文化された法律で認められたのだ。人は階級の区別なく生まれ、極貧状態からでも身を起こし、公職でも民間でもトップまで上りつめることもできる。

そうした努力を自由市場経済が手助けし、努力に報いる高等教育や道徳的慣習が、偉大な国をつくろうとするアメリカ国民の決意を支えた。数十年たつと、何百万もの世帯がかつかつの状態から抜け出した。ヨーロッパの上流階級文化は「啓蒙時代」に偉大な哲学思想を生んだかもしれないが、アメリカの一般庶民はこの「エンパワーメントの時代」にさまざまな物質的成果をもたらした。

この「エンパワーメントの時代」が終わる1880年頃には、電信、鉄道、単一通貨、それに、リンカン大統領の任期中に設置された国法銀行制度で、アメリカ全土がつながっていた。リンカン大統領の偉大な功績には、土地付与《ランドグラント》大学計画の制定もあり、高等教育のさらなる恩恵が一般庶民にもたらされるようになった。こうして次の大いなる文化期への準備が整った。

知識の時代

庶民が教育と経済の自由を得たことで「知識の時代」への道筋ができた。1880年に入る前の5、6年のあいだに、アレクサンダー・グラハム・ベルが電話を、トーマス・エジソンが蓄音機、そして初の実用的な白熱電球と初の中央電力系統を発明した。

この「知識の時代」にアメリカは農業社会から工業社会へ急速に移行した。科学が日常生活に押し寄せた。研究室の試作品が製品となって市場に出るまでの期間が、数十年単位ではなく、数カ月単位であることも珍しくなかった。

科学の大躍進がさまざまな産業を生み出し、さまざまな産業が現代の消費者経済を生み出した。経済的利益が社会に行きわたり、生活水準がかつて想像もできなかったほど高まった。乳幼児の死亡は過去のものとなり、アメリカ人の平均寿命は、1900年の47歳から、1990年には76歳に延びた。

企業経営が大きく前進したのは20世紀の初め頃で、経営手法に科学を取り入れることをフレデリック・ウィンズロー・テイラーが『新訳　科学的管理法』(有賀裕子訳、ダイヤモンド社、2009年、原書1911年)で提言したのもこの頃だ。アルフレッド・P・スローンが現代式の企業を創り上げたのは、1923年にゼネラルモーターズの社長に就任した後だった。1921年には、ジョン・ワトソン（ジョンズ・ホプキンス大学心理学部長であり、行動主義心理学の創始者）が広告代理店ジェイ・ウォルター・トンプソンに入り、アメリカ初の消費者リサーチセンターを立ち上げている。ビジネスのあらゆる分野——プロダクトデザイン、組織管理から、消費者調査やマーケティングにいたるまで——を科学が下支えするようになったのだ。

ランサム・E・オールズが組み立てラインを初めて導入してからというもの（そう、ヘンリー・フォードではない。フォードはオールズの仕組みを機械化しただけだ）、企業活動の焦点は、生産性の絶えまない改善にずっと置かれてきた。より少ないものからより多くのものを、というわけだ。これは社会にも長らく役立った。生活の質が着実に上がる一方で、生活費は着実に下がったからだ。普通の人々の物質的な満足度は驚くべき高さに達した。物質主義が、アメリカのビジネス、社会、文化の根底となった。

ところがやがて、収益拡大のための生産性向上やコスト削減にばかり気を取られ、コミュニティ、労働者とその家族、環境に、悪影響を及ぼし始めた。運営コストのより安い土地を求めて企業が去り、多くのコミュニティが荒廃した。

多くの家庭が悲惨な暮らしを耐えるなか、一家の稼ぎ手は新たな仕事を見つけようと必死だった。全米各地の村、町、中心都市から活気が失われていった。放置された工場の残骸ばかりのスラム街が増え、人が寄りつかなくなった。

労働者とその家族、地域住民に大打撃を与えた企業判断を擁護する人々は、ダーウィンの「適者生存説」を引き合いに出した。企業支持派の主張はきわめて単純で、資本主義の恩恵を享受するには、社会の底辺にいる人々がそれによって苦しむことがあっても許容すべき、というものだった。

しかし、「あとどのくらい苦しめば済むのか」と疑問に思っている人がいま増えつつある。商業活動には温かい心がない、と考える一般市民が増えている。企業は自分たちを単なる数字として管理、操作、搾取していると感じている。自分たちが生身の人間だという現実感が、企業には乏しいのを知っている。1万2000メートルの上空から爆弾を投下するパイロットにとって、地上にいる人々に現実味を感じないのと同じなのだ。

とはいえ、「時代は変わる」。ボブ・ディランが1960年代に歌ったように。『ザ・ニュー・リパブリック』誌の編集主任グレッグ・イースターブルックが次のように述べている。

「物質的欲から**意義の欲求**への移行が、何億という人々を巻き込む空前の規模で進んでいる。

これは現代の道義文化の発展として、そのうちに評価されるかもしれない」[7]（強調著者）

さあ、いよいよ人類未到達の最高峰、「超越の時代」だ。

超越の時代

アメリカの文化が進化してきた様子を建国当時からたどってきたのは、自由社会は文化の進化プロセスを経ながら絶えず発展する、という考えに注目してもらいたいからだ。

文化の進化は、心理学の「人格形成」における人の進化のプロセスに相当する。社会も人と同じで、昨日よりは今日、今日よりは明日と、さらなる成長を駆り立てられている。これこそがまさに進化の目的だ、とスティーブ・マッキントッシュ［アメリカの作家、弁護士、起業家］はいう。

人類の起源に関する進化論には、科学の領域を超えた強力な文化的影響力があり、それが、自分たちは何者で、なんのために存在するのか、という見方を形作っている。それなのに、進化について一般人を啓蒙すべき科学者の多くが、進化は基本的に無作為、つまり偶然のプロセスであり、より大きな意味などないという。

しかし、進化についての科学的事実がどんどん明らかになるにつれて、進化のプロセスが紛れもなく進歩していることを、まさにそうした事実が証明している。進化の進み具合がわかるようになれば、進化の目的が明らかになる。それは、真善美の実現を絶えず広げていく方向へ成長することなのだ。[8]

科学的発見やテクノロジーの発達が文化の進化における主なきっかけとなってきた一方で、最近の人口動態の変化が、文化を作り直すうえでかなり大きな役割を果たしている。人口の高齢化が、人類の進む方向を変えつつあるのだ。とはいえ、人口動態が人類の方向性をリセットしたのは、いまに始まったことではない。

人類学の最近の知見によると、3万年前に突然寿命が延び、文化が大きく変化した。寿命の伸びは、祖父母世代の人口の爆発的増加につながった。人類史上初めて、閉経後の女性の人口が相対的に増え、娘や孫娘を手伝ったり、暮らしを向上させたりできるようになった。祖父世代の人口も増え、若者に「昔ながらのやり方」を教えてやれるようになり、世代の継続を後押しした。

こうした「祖父母現象」を、人類の文化的進化の大きな転換期と考える人類学者は多い。祖父母世代の人口が急増したことで、若者の攻撃的な行動も緩和された。こうして部族間の争いが減り、部族の関心やエネルギーを文化の発展という、より高次なものへ向けられるようになったのだ。[9]

これと同じようなことが今まさに起こりつつあるのではないだろうか。つまり、現代の急激な人口の高齢化が社会の「時代精神」を変えつつあり、文化の発展という、より高次なものへと駆り立てているわけだ。

この新たな流れが始まったのは、1989年といっていいだろう。この年、アメリカの成人人口の大半が初めて40歳以上になったからだ（全米の成人年齢の中央値はいまや45歳を上回り、白人だけで見ると50歳を超えている）。

3万年前に祖父母世代の人口が爆発的に増えたことでもたらされた緩和作用をまた繰り返すかのように、いま大多数の国々で見られる人口の高齢化によって、「より親切でより優しい社会」へ向かう可能性が高まっている。この表現は、ペギー・ヌーナンがジョージ・H・W・ブッシュ［父ブッシュ］の1988年の大統領選挙のために書いたスピーチの一節だ。

このように「成熟した大人」が新たな多数派となった頃に、文化の根底に大変化を促す大きな役割を担っていたものが、ほかにも発達し始めていた。やはり1989年、イギリスのソフトウェアエンジニアのティム・バーナーズ＝リーが、ワールド・ワイド・ウェブ（WWW）を考案したのだ。インターネットはわずか数年で、少数のエリートだけが使う謎めいた一通信手段から、数千万人が利用するごく普通のものになった。
このインターネットで、情報力のバランスが一般大衆に移った。人々のやりとりの仕方が劇的に変わり、情報の流れが民主的になったことで、企業ははるかに高い透明性を強いられるようになった。

「超越の時代」は、ダニエル・ピンクが使っている「コンセプトの時代」とさまざまな類似点がある。ピンクは『ハイ・コンセプト 「新しいこと」を考え出す人の時代』で「コンセプトの時代」を「創意や共感、そして総括的展望を持つことによって社会や経済が築かれる時代[10]」と定義し、「情報化時代」に代わるものと位置づけている。

その同じ時代を、わたしたちはやや異なる呼び方をしている。「超越の時代」は、20世紀の文化で主流だった物理的（物質主義的）な影響力が衰え、精神的（経験的）な影響力が強まる、文化の分岐点を意味する。このことが、文化の礎《いしずえ》において、客観ベースから主観ベースへの移行を後押ししている。実際、自分の考えを頼りにして自分の行動指針を決める人がどんどん増えている。

こうした特徴が中年以上の人によく見られるのは、若者にありがちな「群れ」行動に従う必要性が一般的に少ないためだ。こうした動きは、科学的な確実性が主導してきた社会で長らく抑えつけられてきた考え方を認めるものだ。イリヤ・プリゴジンも、ニュートン学説による確実性は風と散りつつある、といっている。**結局、すべては個人的なものなのだ。**

ダニエル・ピンクは、一般的に左脳に関連づけられている論理的観点から、通常右脳と関連づけられている感情的・直感的観点へと、社会が移行しつつあることを熱く語っている。そして、企業はもっと右脳的な価値観に寄り添い、消費者との関係構築を狙っている海外企業の優位に立つよう、主張している。そのためには、プロダクトデザイン、マーケティング、顧客との関係構築において、「コンセプトの時代」の6つの感性《センス》とつながっていなければならない、という。6つの感性とは、デザイン、物語、調和、共感、遊び、生きがいで[11]、いずれも右脳に深く関わっている。

しかし、文化の礎における変化の問題は、単に左脳か右脳かの問題ではない。一般的に市場で有利になるのは、右脳と左脳両方の観点を融合させた、ドイツの神経学者ヴォルフ・ジンガーのいう「結合思考（unitive thinking）」の企業だ。ジンガーはこれを、まったく異なる3つめの思考であり、これこそが創造性の究極の源、と主張している。

ルネ・デカルトが科学的手法を体系化して以降、西洋社会の主流だった「二元論」の考え方は、主に論理的思考の左脳が司っている。この左脳には、ものごとをさまざまなカテゴリーに階層づける傾向があり、はっきりと定義されたカテゴリーに分類されないものは、当然のごとく検討対象から外してしまう。

これをビジネスの文脈で、排他的な左脳思考で考えると、さまざまなステークホルダーがさまざまなカテゴリーに分類されてしまう。異なるカテゴリーのステークホルダーの結びつきが、たまたまそうなっただけ、ということになる。

ところが、愛される企業ではまったく状況が異なっている。愛される企業のリーダーは、ものごとを結びつけて考え、企業活動における関係者すべてが互いに結びつき、重要である、という全体観的ビジョンで任務に取り組んでいる。


ではこれから「超越の時代」への旅に出かけよう。肩の力を抜き、リラックスして、読み進めてほしい。学ぶべき新たなルールがたくさんある。「自分が分かっていると思っていたことがほとんど全て間違いだった」のだから当然だ。この時代はかなり長く続くことになる。おそらく、わたしたちが生きている限り、そしてその先も続いていくだろう。

各章の概要

本書はざっと次のような内容になっている。

●**第1章「思いやりと愛情をベースとしたビジネスの構築」**では、愛される企業の考え方を紹介し、今日の厳しいビジネス環境下で驚異的な成果をあげている様子をまとめている。

●**第2章「新時代《ニューエイジ》、新《ニュー》ルール、新資本主義《ニューキャピタリズム》」**では、「超越の時代」の企業にふさわしい新たなルールについて論じ、ますます多くの企業がとりいれている型破りな考え方を示している。そこには、高齢化社会から来る、自己実現の欲求やプロセスの影響の高まりが反映されている。

●**第3章「無秩序への対処」**では、資本主義の社会変革が、なぜ、どのように進行しているかを論じている。

●ここからいよいよ、愛される企業がステークホルダーの各グループとどのように関係性を保っているかを詳しく検討していく。**第4章「従業員——資源《リソース》から源泉《ソース》へ」**では、愛される企業の従業員待遇や、楽しく生産性の高い職場環境を見ていく。こうした企業で働いている従業員は士気が高く、尊重され、きちんと報われている。

●**第5章「顧客——癒やすか、売らんかなで行くか」**では、顧客関係性を取り上げ、「超越の時代」の新たなマーケティングの枠組みについて論じている。愛される企業が法律の遵守だけでなく、顧客との、いや、すべてのステークホルダーとの暗黙の約束を守っていることにも触れている。

●**第6章「投資家――愛される企業が蒔《ま》いたものを刈り取る」**では、投資家とは財務面だけでなく、感情面でもいい関係を結ぶことが可能であり、そうすべきであることを説明している。

●**第7章「パートナー――見事な調和」**では、供給、流通、販売、その他のビジネスパートナーを取り上げている。価値創造のアウトソーシング化が進むにつれ、ビジネスパートナーは成功にとってますます欠かせない存在になりつつある。この章では、愛される企業がこのきわめて重要な関係性を、共生かつ互恵関係で管理している様子を見ていく。

●**第8章「社会――究極のステークホルダー」**では、愛される企業がどのようにして社会全般とよい関係性を保っているかを論じている。そこには、企業活動をおこなっているコミュニティ、ライバル企業、行政、NGO〔非政府組織〕も含まれる。社会を究極のステークホルダーと見なすのは、ほかのステークホルダーもすべてそこに含まれるからだ。この章で一番伝えたいのは、愛される企業がそのコミュニティで熱烈に歓迎されていることと、行政を価値創造における敵ではなくパートナーと考えていることだ。

●**第9章「企業文化――決め手となるもの」**では、リーダーシップと企業文化について論じている。

●**第10章「愛される企業のまとめ」**では、愛される企業のビジネスのやり方について学んできたことをまとめている。

●**第11章「複雑さの向こう側」**では、「複雑さの向こう側にある単純さ」の観点で本書を締めくくっている。愛される企業の経営哲学を特徴づけているものだ。

●**付録「『愛される企業』の概要」**では、本書で取り上げた愛される企業について、そのユニークな点と、そこから学べることを中心に、ごく簡単に紹介している。

・企業データは、できるかぎり最新（2023年時点）のものに変更したが、最新データがない場合は、原書執筆時点のままである。
・訳注は［　］内に記載。
・原書第2版掲載のForewordおよびAppendix Bは、日経BOOKプラス書籍ページ（https://bookplus.nikkei.com/atcl/catalog/download/23/11/20/00153/index.html）よりダウンロードいただけます。

「愛される企業」目次

第4章　従業員──資源《リソース》から源泉《ソース》へ　125

第9章 企業文化――決め手となるもの 293

第10章 愛される企業のまとめ 335

第11章 複雑さの向こう側 357

Firms of Endearment

How World-Class Companies Profit from Passion and Purpose

第1章

思いやりと愛情をベースとしたビジネスの構築

本書のテーマは、企業の社会的責任についてではない。良識ある企業経営についてである。

本書は、R・エドワード・フリーマンの考えの影響を強く受けている。フリーマンは、ステークホルダー中心のビジネスモデルを*Strategic Management: A Stakeholder Approach*（戦略的マネジメント——ステークホルダー・アプローチ、ケンブリッジ大学出版局、1984年）で強く主張している。

経営学教授ロナルド・W・クレメントは、ステークホルダー経営理論についての論文で、次のように述べている。

「経営論で、さまざまな集団や個人が戦略上重要であることをはじめて明確に指摘したのがフリーマンである。株主にとどまらず、従業員、顧客、サプライヤーのほか、実に多種多様な集団、たとえば、地域の各種団体、環境保護団体、消費者団体、行政、各種利益団体、さらに、ライバル企業やマスコミさえも、れっきとしたステークホルダーである、とフリーマンは考えている[1]」

本書が生まれたきっかけは、マーケティングの迷走ぶりを書いた著者たちとのさまざまな議論だった。マーケティングにさらなる費用を投じても、顧客満足度、顧客ロイヤルティ、とりわけ信頼の点で、期待値を下回っている現状があるからだ。当初、本書タイトルには『マーケティング・エクセレントの追求』を考えていた。しかし、このテーマを掘り下げ、同業他社ほどマーケティングに費用をかけていないのにはるかに成功している企業があることがわかるにつれ、もっと全体に関わる事実が明らかになったのだ。

顧客をもっとも満足させている企業は、優れた価値を生み出しているだけでなく、「すべての」ステークホルダーと密接な関係を築いている。すべてのステークホルダーとは、従業員、サプライヤー、企業が事業活動をおこなっているコミュニティ、そしてもちろん、株主だ。この事実に気づいたことが、フリーマン（バージニア大学ダーデン経営大学院の応用倫理センター長ほか功績多数）のステークホルダー理論との出合いにつながった。

フリーマンのこの画期的な著書が出版されて以来、ステークホルダー・アプローチに対する賛否両論が論文にも書籍にもあふれているが、本書では、ステークホルダーの本質である相互関連性と相互依存性、というフリーマンの考えを裏づける根拠を示している。

本書はまた、企業はもちろん、あらゆる種類の組織に対し、すべてのステークホルダー集団に役立つ手段となるべく再編成するよう強く呼びかけるものでもある。ステークホルダー関係管理（SRM）のビジネスモデルに従っている企業が持続可能かつ際立った競争優位性を高め、財務面はもちろん、さまざまな面でライバル企業をしのいでいる様子を、豊富な事例を中心に紹介している。

ステークホルダー関係管理のビジネスモデルこそ、優れた業績を「持続させる」もっとも有効な方法、と今後ますます見なされるようになるだろう。その理由を理解するには、アメリカその他先進諸国において、文化の根底で起こりつつある大きな変化をよく考える必要がある。

高齢化もこうした変化の大きな要因のひとつだ。アメリカ人成人の大半が45歳以上であるいま、若者の人生観、価値観、ニーズは、もはや、かつてほどには社会に影響を与えていない。かつてないほど強い影響を文化に与えるようになっているのは、中年層以上の人生観や価値観だ。ヤンケロビッチ・モニターなど、複数の消費者トレンド調査会社のデータもそれを裏付けている。世界的な広告代理店サーチ&サーチのマイラ・スタークが「2002年の米国の消費者状況」の報告書で次のように述べている。

自分たちの安全、生活様式、経済的安定が脅かされているいま、アメリカ人は、90年代には重要だと思っていた多くのこと——物質主義、キャリア、セレブリティ文化、豊かさ志向など——から離れるようになり、どんな生き方や働き方をしたいのかを見つめ直している。

『フリーエージェント社会の到来——組織に雇われない新しい働き方』(池村千秋訳、ダイヤモンド社、新装版2014年、原書2001年)の著者ダニエル・ピンクは、こうした真剣さを「意義探し」と呼び、「不穏な時代に人々は意義探しに熱心になる」と述べている。[2]

人生の意義──なかでも、自分自身の人生の意義──は、中年期以降の永遠の課題のひとつだ。中高年層が社会全般に与える影響力は、若者が多数派だった時代にはあまり目立たなかった。ところが、成人の過半数が45歳以上となったいま、この意義探しが社会全体の時代精神に大きな影響を与え、それは企業文化にも及んでいる。

キャリア形成期や子育て期の終わりが近い、あるいはすでに終えた人が「残りの人生で何をすべきか」を考えるのはごく普通のことだ。そう自問するのも、自分のためだけではないなにか、つまり、もっと大きな集団としての「自己」の役に立つことを考え始めるべき、という思いがあるからだ。

そして、多くの企業リーダーもまた、同じように自問している。「株主への利益還元の義務を果たしつつ、社会の公器として役立つにはどうすればよいだろうか」と。

「はじめに」で述べたように、わたしたちはいま、「超越の時代」という新たな時代の幕開けにいる。さまざまな消費者調査が示しているとおり、人々は所有物をひたすら増やすことよりも、人生の崇高な意義をますます探し求めるようになっている。これは、物心両面でそれほど暮らしに苦労していない中年層以上に見られる特徴だ。この人生の意義探しは、市場や職場への期待を変えつつあるどころか、**資本主義のまさに本質の部分を変えつつある**、とさえわたしたちは考えている。

資本主義は長らく、魂のない経済的概念と見なされてきた。要は取引と市場の世界、というわけだ。

でもわたしたちは、この資本主義というものが、アダム・スミスの『国富論』が出版された1776年当時から大きく遠くかけ離れて変化を遂げつつある、と考えている。この変化の本質は次のように要約できる。企業は財務業績だけでなく、人道的業績もまた動機とし、責任を負うようになってきているのだ。

「人道的企業」は、ステークホルダー——顧客、従業員、サプライヤー、ビジネスパートナー、社会、投資家——と気持ちの上でつながることで、贔屓《ひいき》のスポーツチームに対するのとそう変わらない一種の愛着を感じてもらえるような経営をおこなっている。人道的企業——つまり「愛される企業」——は、株主だけでなく社会全体に対して、自社の価値を最大化しようと努めている。究極の価値クリエイターとして、感情的価値、精神的価値、社会的価値、文化的価値、知的価値、環境保護的価値、そしてもちろん、経済的価値を生み出している。

こうした企業と関わる人々は、安心し、信頼し、満足している。従業員も、取引先も、顧客も、投資家も、地元住民も、みんながその関係性を享受している。

業績が好調で、さまざまな点で称賛に値するのに、感情に強く訴えるものがない企業は少なくない。成功する可能性を高めるため、これからの企業は、感情に強く訴えるものと経営効率とをうまく組み合わせる必要がある。この感情に強く訴えるものは「企業の魂」とも呼ばれていて、魂のない企業は先行きが危ぶまれるだろう。

もちろん、多くの人は、愛着をまったく感じていない企業からも日常的に購入はする。企業に対し、「心理面」ではロイヤルティに欠けていても「行動面」ではロイヤルティを示すことはありうる。

心理的ロイヤルティは愛着から来る。この心理的ロイヤルティこそ、企業が存続と繁栄を長期的に持続させるうえでもっとも重要であり、今日のように急速に進化している市場においてはなおさらそうだ。

資本主義のこうした社会的変化を引き起こしている文化の地殻変動を、企業も行政もビジネススクールも、危険を承知で知らん顔している。本書では、この大変革の性質と、それがいま起こりつつある理由、そして、この新たな環境で企業が成功するために必要なことを検討していく。資本主義の進化しつつあるアイデンティティ――「コンシャス・キャピタリズム［意識の高い資本主義］」と呼ばれているもの――を理解していない企業は、そう長く続かないかもしれない。この大変革を推進している力は止められないからだ。こうした力がいまのわたしたちのあり方の一部となっている。

　この潮流に乗って新たな高みへと運ばれていくのか、それとも、この歴史的変化の激しい潮流がぶつかり合う渦に飲み込まれていくのか、どの企業にも選択の自由がある。

愛が持つ力

　思いやりや愛情を企業経営に取り込むことで得られるものは多い、という考え方がまだ理解できていない金融アナリストや財務屋がほとんどだ。「愛」と「経営」が同じ文脈で使われることに呆れた表情を見せる人たちは、『愛と利益の奇跡』を読んだほうがいい。著者は、メレディス・コーポレーションのCEOを引退したジェームズ・オートリー。メレディス社は『ベターホームズ&ガーデン』誌、『レディーズ・ホーム・ジャーナル』誌、『カントリーライフ』誌などを出版しているメディア企業だ。『タウン・アンド・カントリー』誌編集責任者のパメラ・フィオリは同書を「ここ25年ほどのあいだに書かれた経営書のなかでもっともためになる」と称賛している。[3]詩的な文章のあいだに見事な散文がちりばめられた、詩情あふれる本だ。

　まるで詩集のような本がなぜ「ここ25年ほどのあいだに書かれた経営書のなかでもっともためになる」のか。答えは簡単。人間の行動という、戦略上きわめて重要な側面に焦点が当てられているからだ。経営方針や事業運営において、ここを認識している企業は割合少ない。

ビジネスリーダーのほとんどが、売上や利益の観点で判断している。「愛」と「利益」は見慣れない組み合わせであり、量的に曖昧だ。どんな見返りがあるのか？　天才中の天才、アルバート・アインシュタインがいったように、「数えられるもののすべてが重要とは限らず、重要なことのすべてが数えられるとは限らない」。この「数えられない」質的側面への注目が、愛される企業とそのライバル企業との決定的な違いをもたらしている。

ダニエル・ピンクも、『ハイ・コンセプト　「新しいこと」を考え出す人の時代』で、重要なことを測定する限界についてのアインシュタインの言葉を支持している。ピンクは、アメリカが経済的活力を継続するには、「大いに発展したハイテク力を、『ハイ・コンセプト』と『ハイ・タッチ』で補完する必要がある」[4]という。25年ほど前のジョン・ネイスビッツ著『メガトレンド』（竹村健一訳、三笠書房、1983年）を彷彿《ほうふつ》とさせる。以下、ピンク。

「ハイ・コンセプト」とは、パターンやチャンスを見出す能力、芸術的で感情面に訴える美を生み出す能力、人を納得させる話のできる能力、一見ばらばらな概念を組み合わせて何か新しい構想や概念を生み出す能力、などだ。

「ハイ・タッチ」とは、他人と共感する能力、人間関係の機微を感じ取る能力、自らに喜び

——を見出し、また、他の人々が喜びを見つける手助けをする能力、そしてごく日常的な出来事についてもその目的や意義を追求する能力などである。[5]

ピンクのこの説明は、愛される企業の文化的礎の本質をうまく捉えている。しかし、企業の存続は大部分が数字のゲームだ、とする見方はいまも根強い。それでもピンクによれば、企業の存続や成長が「量的」要素の影響を受けることが減っていき、「質的」要素で決まることが増えてくる新たな時代がすでに始まっている。わたしたちが調べた、愛される企業の文化に見られるもっとも強力な質的要素は、おそらく愛だ。それは、深くてあたたかい、なんとも言えない愛着の気持ちであり、[6]企業からステークホルダーへ、そしてまた企業へと流れているものだ。

ジェームズ・オートリーは『愛と利益の奇跡』で、「優れたマネジメントは、要するに愛の問題である」とし、こう論じている。

——実際、マネジメントは重要な信託の一種であり、従業員が勤務中、気持ち良く働ける環境づくりを任されているわけだ。自分を経営者に指名してくれた人々からの信託がまずあり、それ以上に重要なのが、「自分が経営者に就任してから」の、従業員からの信託である。[7]

ティム・サンダース（米ヤフーの元チーフ・ソリューションズ・オフィサー）も『デキる人の法則』で同様のことを述べている。

「愛」より重要なことがあるだろうか。（中略）「愛」はどんどん広がっていく。この本で「愛」をどう定義すべきか、いい考えがなかなか浮かばなかったけれど、わたしなりに定義すれば、「愛」とは他の人の成長を無欲で励ますことにほかならない。[8]

ケビン・ロバーツ（大手広告代理店サーチ＆サーチＣＥＯ）も、『永遠に愛されるブランドラブマークの誕生』で、愛はあらゆるマーケティングの土台にあるべき、と提唱している。

サーチ＆サーチが取り組んでいる愛の追求と、ビジネスにとって愛がどんな意味を持ち得るかを探る作業は、重要であり、本格的だ。人には愛が必要である。愛がなければ、人は死んでしまう。愛とは、相手に反応する事であり、鋭敏で直感的な感応である。愛は必ず双方向だ。そうでなければ、愛の名に値しない。（おそらく一番大事な真実は、）愛は、意のままにしたり、要求したりすることはできないということだ。愛は、与えることしかできない。[9]

著作権、トレードマーク、サービスマークに続き、いまやラブマークだ、とロバーツはいう。今後は最強ブランドが、こうして競合ブランドには真似のできないものを制度化するようになるだろう。

これは大転換どころか、地球規模、いや宇宙規模の大変革だ。従来のマーケティング理論とくらべれば、インスタントメッセージ〔チャット〕とビクトリア時代の手紙のやりとりくらい、隔世の感がある。

「愛される企業」とは？

「愛着」「愛情」「喜び」「誠意」「エンパシー（共感）」「同情」「思いやり」など、愛情を表すことばはいろいろある。少し前までは、こうしたことばはビジネスの世界で受け入れられていなかった。それが変わりつつあり、いまは、こうしたことばを難なく受け入れている企業が増えている。

だからこそわたしたちも「愛される企業」と造語したのだ。愛される企業は、簡単にいえば、すべてのステークホルダー集団の関心事を戦略的に調整することで、ステークホルダーに「愛されている」企業のこと。ほかのステークホルダー集団を犠牲にして利益を得るような集団はひとつもなく、どの集団もみんな同じように豊かになっていく。愛される企業は、ステークホルダーを喜ばせ、愛着を感じてもらい、ロイヤルティにつながるやり方で、すべてのステークホルダーの機能的ニーズにも、精神的ニーズにも応えている。

1990年代、「財布シェア」というマーケティング用語が流行り、顧客関係管理（CRM）と呼ばれる手法で最重要視されるようになった。しかし、顧客を数字としてしか見ない、味気のない、非人間的な見方を示すことばだった。圧倒的多数の企業にとって、顧客関係管理は、データ管理で顧客をさらに絞り込み、さらに搾取するためのものであって、顧客ニーズに親身に応じることではなかった。顧客「データ」管理と言ったほうがよかった。

愛される企業の考え方はこれとは異なり、「心のシェア」の獲得を目指している。顧客の心に居場所を獲得すれば、財布の中身は喜んでシェアしてもらえる。従業員の心に居場所を獲得すれば、生産性や仕事の質の飛躍的アップという形で応えてもらえる。サプライヤーと「心」がつながっていれば、より優れた製品の納入やすばやい対応といった見返りが得られる。自社の存在がコミュニティに誇りに思われるようになれば、顧客獲得にも人材採用にも困らなくなる（この「心のシェア」という表現には、一定量の愛や思いやりを分け合うイメージがあるが、「愛は無限」という表現どおり、そのような限度はない）。

では、株主はどうだろうか。デイトレーダーなどの短期投機家は別として、株主の大半は自分が投資している愛される企業に満足しているはずだ。利益もしっかり得たいが、心から応援している企業に投資している喜びもある。人は、モラルに欠けるような企業を応援しようとは思わないものだ。

大学基金や年金基金といった機関投資家も、投資先企業のモラルをますます意識するようになっている。それは、サステナブル投資、社会的責任投資、インパクト投資への急速な流れを見てもわかる。

残念ながら、今日の企業の大多数は、愛される企業とはいえない。過去に繁栄を謳歌していた多くの企業は脆弱化が進み、あらゆる方面からの批判も高まっている。こうした企業に対する圧力が増える一方で、愛される企業は、ステークホルダーの全集団とともに堂々たる存在感を見せ、投資市場でも見事な実績を示している。

本書が伝えたいことは、単純明快だ。「経営が健全であれば（モラル的にどれほど正しくても、経営がまずければどうしようもない）、**愛される企業はおおむね永続企業である**」

愛される企業には、その核となる価値観、経営方針、運営上の特徴に共通点が見られる。いくつか挙げてみよう。

●利益をあげるだけではない存在意義《パーパス》を重視している。

●ステークホルダーの全集団の利益を、バランスをとるだけではなく、積極的に「調整」している。ある集団の利益か、他の集団の利益かのトレードオフ（賃金アップか、投資家への利益還元または顧客への値下げかなど）ではなく、各ステークホルダーが目指しているものが同時に達成されるだけでなく、ほかのステークホルダーによって強化されるようなビジネスモデルを巧みにつくりあげている。

この「コンシニティ（全体的調和）」のカギは、愛される企業のさまざまな活動がステークホルダーの利益を積極的に調整できるシステムのなかでおこなわれていることにある。たとえば、ホールフーズはこうした考え方を「相互依存宣言」に取り入れ、ステークホルダー集団のどのメンバーも、互いに依存し合うひとつの家族のようなものだと見なしていた。

●経営陣の給与があまり高くない。コストコの共同創業者で元ＣＥＯのジム・セネガルの給与は、通常35万ドル、ボーナスが20万ドルだった。一方、コストコと規模が同じくらいの公開会社のＣＥＯは、２０１２年の全報酬額の平均が１４２０万ドルだった。

●役員に自由に意見を言える方針をとっている。ホンダは、なにか大きな問題があると「ワイガヤ」を実施し、上下関係に基づく礼儀や遠慮をいったんなくして、平社員でも役員に解決策を直接提案できる環境をつくっている。ハーレーダビッドソンはもっとざっくばらんだ。従業員はだれでも、いつでも、最高幹部に意見を言える。

●給与や福利厚生などが同業種内の水準とくらべてかなり手厚い。トレーダージョーズの正社員の1年めの賃金と諸手当は、アメリカの小売業界平均の2倍。

●社員研修の時間が同業他社よりかなり多い。ザ・コンテナストアでは、入社1年めに平均300時間近い研修があるのに対し、米小売業界の平均は8時間。

●離職率が業界平均とくらべてはるかに低い。サウスウエスト航空の従業員離職率は、ほかの主要航空会社の半分。

●従業員に権限を与え、あらゆる面で顧客に必ず十分満足してもらえるようにしている。ウェグマンズのある従業員は、顧客の家に料理人を派遣したことがある。失敗した料理を挽回し、サンクスギビングのディナーを無事整えたのだ（そのとおり、ウェグマンズは料理人も雇用している。5つ星レストランで働いていた人もいるのだ）。

●自社の製品やサービスの熱心なファンを雇うようにしている。パタゴニアは、自然を愛する人しか雇わないようにしている。ホールフーズは、いわゆる「グルメ」な従業員をなるべく増やそうとしている。

●顧客や従業員の企業体験をあたたかみのあるものに、また、人を育む職場環境を整えるように、意識している。グーグルは、従業員が美味しい食事を24時間無料でとれるようにしている。

●顧客への心からの愛を伝え、心の深いレベルで信頼関係を結んでいる。顧客の心のシェアをしっかり獲得し、財布シェアをより多く獲得している。ノードストロームは、その傑出したカスタマーサービスへの取り組みで知られている。

●同業他社とくらべて、マーケティングにかける費用がはるかに少ないのに、顧客満足度と顧客維持率がはるかに高い。ジョーダンズ・ファニチャーは、マーケティングと広告にかける費用が業界平均の3分の1にも満たないが、売り場面積1平方フィートあたりの売上は業界平均の5倍、と業界屈指。グーグルは、広告を一切打たずに世界トップレベルの価値のあるブランド力を構築している。

●サプライヤーを真のパートナーと考え、両社がともに前進できるよう協力している。サプライヤーが生産性、品質、収益率を高められるよう支援している。サプライヤーも、買い叩かれて言いなりになってばかりの存在ではなく、真のパートナーとしての役割を果たしている。ホンダは「サプライヤーとは一蓮托生《いちれんたくしょう》」で、自社のサプライヤーグループの企業に対し、品質を向上させてより収益をあげられるよう、できるかぎりのことをしている。

●法律の文言にただ従うのではなく、法の精神を遵守している。国や地域によっては規制がかなり緩い場合でも、世界一律の高い基準で企業活動をおこなっている。イケアは、化学物質などに関する厳しい規制が一国でもあれば、すべての国のすべてのサプライヤーにもその規制に従ってもらっている。

●企業文化を、最大の強みであり、競争優位になる重要なもの、と考えている。サウスウエスト航空の「企業文化委員会」は、同社のユニークな文化の維持といっそうの強化を担っている。

●短期の偶発的なプレッシャーに強いだけでなく、必要とあればすばやい適応も可能である。したがって、その業界に従来からあるルールを破る革新的存在である場合が多い。ストーニーフィールド・ファームは、従来型の広告ではなく、独創的なソーシャルメディア・キャンペーンを活用している。

企業の強みやこれまでの業績を分析するためには財務データはもちろん重要だが、企業の今後の見込みを見極めるうえでは、質的な尺度がさらに重要になる。極論すれば、将来の業績を予想する際には、量的要素より質的要素のほうが参考になる場合が多い。

愛される企業のステークホルダー

本書は、企業の5大ステークホルダーに沿って構成している。覚えやすいように、それぞれの頭文字をとって「SPICE（スパイス）」とした（表1－1）。

各ステークホルダーは、ほかのすべてのステークホルダーとつながっている（図1－1）。美味しい料理と同じで、それぞれの素材を組み合わせることでまったく新たなものを作り出す。

表1-1｜企業の5大ステークホルダー

ステークホルダー	定義
Society（社会）	地域社会はもちろん、行政、公的機関、とくにNGOなど、より広義のさまざまなコミュニティも含む。わたしたちは、環境もここに含めている。
Partners（パートナー）	川上のパートナー（サプライヤーなど）、水平パートナー、川下のパートナー（小売業者など）
Investors（投資家）	個人株主、法人株主、金融機関
Customers（顧客）	個人顧客、法人顧客
Employees（従業員）	現在、将来、かつての従業員とその家族

図1-1｜SPICEステークホルダーモデル

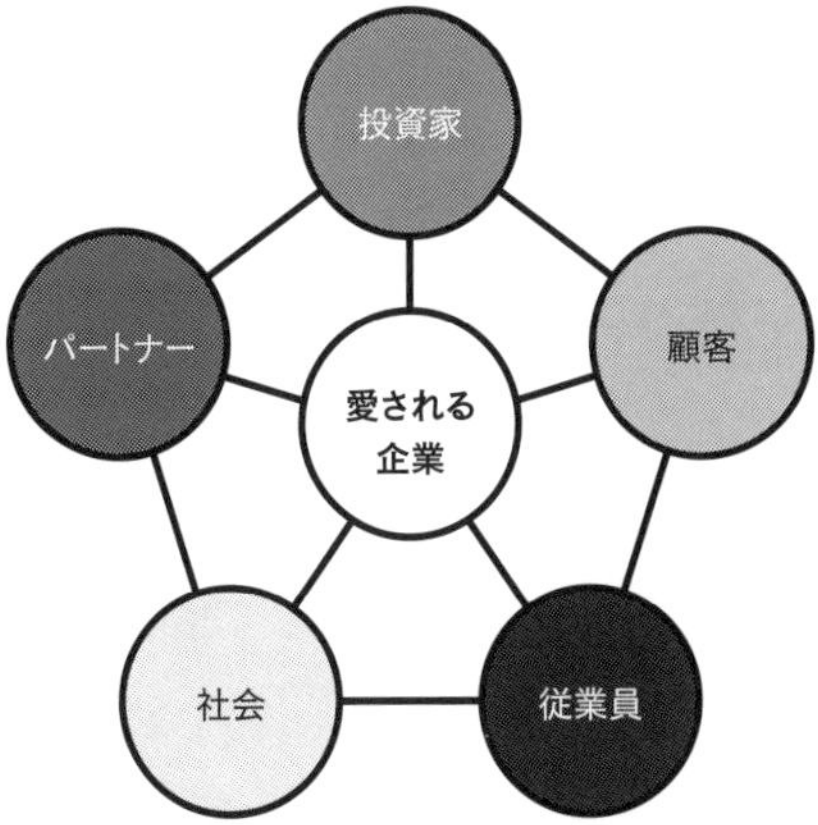

統一体は個々の総和に優るのだ。

どの関係性も、パズル全体にとって欠かせないピースだから、次のように管理する必要がある。

- それぞれの関係性で双方向の価値のやりとりがある。
- すべての集団の利害が調整されている。

これこそが優れたマネジメントの本質であり、すべての企業が目指すべき姿だ。投資されたものはすべて、社会への還元を最大化するのが「愛される企業」のやり方なのだ。

原書初版では「愛される企業」をこう特定した

企業の卓越性（ジム・コリンズのいう「偉大さ《グレート》」）を調べるには、まず財務実績を見てから、その要因や説明変数を特定することが多い。わたしたちはまず、人道主義的実績——株主以外のステークホルダーのニーズに応えているか——を調べて、その先を進めていった。

原書初版のために愛される企業を特定したこのやり方を、わたしたちは「オーガニックでアナログ」なプロセスと呼んだ。わたしたちが設定した人道主義的基準を満たしている典型的な企業を特定することに関心があった。社会貢献をしながら成功も可能、という愛される企業の仮説を裏づける財務実績がある企業を探して、おびただしい数の企業の統計分析をおこなったのではない。

また、非公開会社を分析の対象から外したくなかった。ステークホルダーの観点から経営が非常に優れている非公開会社もあるはず、と考えたからだ。

まず、いろんな人に話を聞いた。「あなたの大好きな企業を教えてください。いいな程度ではなく、**惚れ込んでいる**企業です」。この段階で数百社が候補に上り、だれもが知っている企業も、聞いたことのない企業も相当数あった。

次に、この候補企業を選別した。各企業の量的・質的実績を、SPICEの各ステークホルダーの観点で評価した。次のような問いで脆弱性も探った。この企業のおかげでよりよい社会になっている、と多くの人が認めるだろうか。どのくらいの実績があるのか。熱心なロイヤルカスタマーがいるか。パート従業員の待遇はどうか。離職率はどのくらいか。サプライヤー泣かせの噂はないか。新規開業や事業拡大の際、地域住民に歓迎されているか反対されているか。環境違反の前科はないか。世界一律の高い基準で事業をおこなっているか。業界不況や信頼危機にどのように対処しているか。

この予備調査で浮上したもっとも有望な60数社に絞り、MBAの学生の各チームに調査を割り当てた。各チームには、企業に関する1次調査（経営者、従業員、顧客などへのインタビュー）および2次調査をおこない、ステークホルダーの主要集団すべて（顧客、従業員、サプライヤー、コミュニティ、行政、投資家）を網羅するよう指示した。

担当チームが割り当てられた企業の調査を終えると、その調査結果をほかの複数チームが査定し、愛される企業と呼ばれる資格がどの程度あるかを慎重に判断した。このプロジェクトを完成させるのに丸2年かかった。なかには複数回調べた企業もある。最終的に28社に絞り、うち18社が公開会社だった。


もちろん、こうした企業も完璧ではないことはわかっていた。どの企業にも、比較的弱いか、やや脆弱な領域はある。そうした弱みはたいてい、ステークホルダーのあるグループか、多くても2つのグループに集中している。

それでも全体的に見れば、実に多くの点できわめて模範的だと判断した。こうして人道主義的実績の高さが明らかだと思われる28社に絞り、投資家の観点で企業ごとに詳しい比較分析をおこなった。この時点でのわたしたちの仮説は、この28社の業績は「平均的」企業よりいいだろうが、それでもそう大きく違わないだろう、というものだった。

なにしろ、並外れて高い給与を支払い、サプライヤーを泣かせず、すばらしい製品やサービスを手頃な価格で提供し、環境に与える影響にも敏感で、コミュニティへの貢献もかなり大きいのだから、当然こうした一切が収益、ひいては株価を下げることにつながっているにちがいない。よく言われることだが、ただで手に入るものなどない。ビジネスの世界ならなおさらだ。

そんなわけで、投資家の観点での分析を終えたとき、わたしたちがどれほど驚いたか想像していただきたい。広く愛されているこうした（公開）会社は、10年、5年、3年の投資期間でS&P500企業を大きく上回っていた。なんと、**愛される企業の公開会社は、2006年6月30日までの10年間にわたる投資家へのリターンが1026パーセントと、S&P500企業の122パーセントの8倍以上もあったのだ！**

これを「気分がいい」と呼ばずして何と言おう。気分がいいどころではない。心の深いところへ訴えかけてくるものだ。どうやらこうした企業は、相反するふたつを両立できるばかりか、そこから友人に分け、貧しい人のために寄付し、地元支援も可能にする方法を見つけ出しているようだ。コストとなるすべて（顧客、従業員、サプライヤー、コミュニティ）に対してこんなに気前よく、しかも、投資家への大きな（目を見張るほどの、という人もいる）リターンが可能なのは、なぜなのか。**この重要な問いへの答えが、本書のテーマだ。**

愛される企業とビジョナリー・カンパニーの比較

わたしたちの関心を引いたもうひとつの比較がある。ジム・コリンズの『ビジョナリー・カンパニー2　飛躍の法則』（原書タイトルは *Good to Great*、山岡洋一訳、日経BP、2001年）には、かなり長期間にわたって投資家へ大きくリターン（いずれの企業も市場平均とくらべて少なくとも3倍の累積リターンを15年間にわたり実現）していることで、「良好《グッド》」から「偉大《グレート》」へ飛躍している11社が紹介されている。このいわゆる「ビジョナリー・カンパニー」11社と、愛される企業の公開会社を比較したところ、次のことがわかった。

- 10年の投資期間のリターンでは、愛される企業13社が1026パーセントで、「ビジョナリー・カンパニー」11社の331パーセントを上回っていた（約3倍）。
- 5年の投資期間のリターンでは、愛される企業17社が128パーセントで、「ビジョナリー・カンパニー」11社の77パーセントを上回っていた（約1・7倍）。
- 3年の投資期間のリターンでは、愛される企業18社が73パーセントで、「ビジョナリー・カンパニー」11社の75パーセントとほぼ互角だった。

「ビジョナリー・カンパニー」の11社はいずれも、わたしたちの基準をクリアしていなかった。1社（P&Gに買収されたジレット）だけが、あと一歩のところだった。同書の「偉大《グレート》」の定義にもわたしたちは異論がある。わたしたちが考える偉大《グレート》な企業とは、その存在のおかげで喜びや充実感が広がり、よりよい社会になるような企業だ。

ある期間にある一定の割合で市場平均を上回っていればいい、というものではない。したがって、わたしたちの基準でいえば、アルトリア（前フィリップ・モリス。『ビジョナリー・カンパニー2 飛躍の法則』の11社のひとつ）のような企業は、投資家にとってはすばらしい業績でも、「偉大《グレート》」と見なすわけにはいかない。もっと広い社会レベルで見れば、アルトリアの企業価値はかなり小さく、マイナスにすらなるかもしれない。

本当に偉大《グレート》な企業は、優れた業績を長期にわたって維持しているが、それは投資家のためだけでなく、従業員、顧客、サプライヤー、社会全般のためにも同様に重要である、とわたしたちは考えている。

本書でこれから紹介する愛される企業が時の試練に耐えていくのをわたしたちは確信している。やりがいがあり、心から満足できる仕事を探している人は、こうした企業が人材を募集していないか調べてみよう。あなたが潜在顧客なら、こうした企業の製品やサービスを他社のものと比べてみよう。経営者なら、パートナー提携を検討してみよう。地方議員なら、地元への招致を働きかけてみてはどうだろう。経営を教えている人なら、このメッセージを学生たちにぜひ伝えてほしい。がっかりはさせない。

本書（原書第2版）のために企業を精選

原書初版では、愛される企業の好例と思われる会社を特定する際、やや主観的なプロセスを用いていた。そこで今回（原書第2版）は、それよりはるかに厳密な選定プロセスを取り入れたかった。また、対象を広げて、小売業や一般消費財セクター以外の企業、それにアメリカ以外の企業も入れたかった。

どうすればそれが実現できるかと紆余曲折《うよきょくせつ》しているうちに振り出しに戻り、この調査に当初から協力してくれていた友人たちに行き当たった。リック・フレイジャー、ジェフ・チェリー、ピーター・ダービーもそうだ。この3人は、本書に出てくるビジョンやエピソードに触発され、2007年の原書初版の出版からまもなく、ある投資調査プロセスに取り組み始めた。そして、多大なる時間とエネルギーと費用を6年にわたって注ぎ込み、おそらくもっとも包括的なデータ主導型プロセスを生み出した。「多種多様なステークホルダー」という考え方で運営されているアメリカの企業を特定するプロセスだ。

まず、コンシニティ・アドバイザーズに依頼して、全ステークホルダーとの関係が一貫して高得点で、過去5年間の「それぞれの」年の投資先候補に挙げられた企業のリストを提供してもらった。ステークホルダーとの取り組みにおいて、一貫性と安定性を長期にわたって示していることが重要だと考えているからだ。この時点で、アメリカの公開会社64社がピックアップされた。また、過去5年間のうちの4年、特に、最後の4年をクリアした企業も慎重に調べた。

次に、こうして候補にあがった企業をさらに質的なふるいにかけた。まず、その存在意義《パーパス》に注目した。利益の最大化だけでなく、明確に述べられた正真正銘の存在意義《パーパス》を実際に示している企業は高得点。存在意義《パーパス》は示しているが明言してない企業、明言はしているがその意義をしっかりと示していない企業は、どちらも点が低くなった。より高次の存在意義《パーパス》を明言せず、示してもいない企業は、この段階で不適格とした。

同様のやり方で、リーダーシップについても調べた。リーダーが存在意義《パーパス》を重視し、奉仕の精神があり、報酬額が適正な企業は高得点。ワンマンで報酬を過剰に得ている企業は、この時点で不適格とした。最後に、その企業文化の根底に信頼、思いやり、誠意があるかどうかを調べた。競争心丸出しで、不安をあおったり、非協力的だったりする文化の企業は不適格とした。

このように、量的なものと質的なものを組み合わせたやり方で、アメリカの公開会社28社が愛される企業としてあがった。

もちろん、この28社いずれにも「ただし」がつく。完璧な人間などいないように、完璧な企業もまた存在しない。ある領域になんらかの不備がある、と批判されることはどの企業にもありうる。それでも、すべてを考慮すれば、特定したこの28社にわたしたちは自信を持っているし、その思いやりあふれる企業文化のおかげで、これからもステークホルダー中心の企業活動を長く続けていくはずだと予想している。

忘れずに指摘しておきたいのだが、こうした企業のステークホルダーに関するデータは２００８～２０１２年のものだ。これだけのタイムスパンのデータであれば、この28社がいまの経営のやり方でこの先も存続していく可能性が高い、と自信をもって断言できる。ただし、28社すべてが、２００８年以前もステークホルダー中心で活動をおこなっていた、と保証するものではない。大半がそうだった、とは思うが。

コンシニティ・アドバイザーズのスコアシステムで特定されたアメリカの公開会社64社を質的な面でのふるいにかける際には、ケーススタディやインタビューを活用した。しかし、非公開の愛される企業を特定するには、ケーススタディに全面的に頼らざるをえなかった。非公開会社の場合は、公開会社と同じようなデータベースが利用できないからだ。非公開会社の数が公開会社の数よりはるかに多いことも、そこからの特定作業を困難にした。

われこそは愛される企業だの、ましてや、愛される「最高の」企業だのと主張したりせずに、その特徴が表れている企業を特定するようにした。その結果、非公開会社29社を愛される企業として挙げている。ほとんどの場合、わたしたちはこうした模範的企業と直接やりとりをしてきた。したがって、こうした企業の根底にある考え方への真剣な取り組みが本物であることは証言できる。

同様のプロセスに従って、アメリカ以外の愛される企業も15社特定した。うち13社が公開会社で、2社が非公開会社だ。ここでの目的は、さまざまな国のさまざまな企業が、こうしたビジネスの考え方に同じように取り組んでいる、と示すことにある。日本、韓国、インド、デンマーク、フランス、スペイン、スウェーデン、メキシコの企業を取り上げている。68ページの表1－2は、こうしたさまざまなカテゴリーの愛される企業の一覧だ。

最後に指摘しておきたい。こうした企業はいずれも、愛される企業になっていく進化の異なる段階にある。創業時からずっとこの道を歩み続け、100年以上になる企業もあれば、つい最近このビジネス手法に気づき、それからは意識的にこちらへ向かっている企業もある。また、創業時はこの道を歩んでいたのに、公開会社になると立ち位置をしばらく見失ってしまい、ある時点で自社のルーツを再認識し、本来の魂を再発見して、愛される企業、つまり意識の高い

表1-2｜愛される企業一覧

米国の公開会社	米国の非公開会社	米国以外
アドビ	インターステート・バッテリーズ	イケア（スウェーデン）
アマゾン・ドット・コム	ウェグマンズ	インディテックス（スペイン）
ウォルト・ディズニー	オネストティー*	ジェムアルト（フランス）
オートデスク	クリフバー	シプラ（インド）
カーマックス	ザ・コンテナストア	タタ・コンサルタンシー・サービシズ（インド）
クアルコム	ザ・モトリーフール	トヨタ（日本）
グーグル	ジョーダンズ・ファニチャー*	ノボ ノルディスク（デンマーク）
コグニザント	ストーニーフィールド・ファーム*	ファブインディア（インド）
コストコ	タケダ・オンコロジー*	ポスコ（韓国）
コルゲート・パルモリーブ	ティンバーランド*	ホンダ（日本）
サウスウエスト航空	ドリスコルズ	マヒンドラ&マヒンドラ（インド）
シュルンベルジェ	トレーダージョーズ*	マリコ（インド）
スターバックス	ニューバランス	ユニリーバ（イギリス）
チポトレ	パタゴニア	BMW（ドイツ）
チャブ保険	バリー＝ウェーミラー	FEMSA（メキシコ）
ティー・ロウ・プライス	プラナ	
ノードストローム	ボナペティ・マネジメント・カンパニー	
ハーレーダビッドソン	メソッド	
パネラ・ブレッド	ユニオンスクエア・ホスピタリティ・グループ	
フェデックス	GSD&M	
ホールフーズ・マーケット**	IDEO	
ボストン・ビール・カンパニー	L・L・ビーン	
マスターカード・ワールドワイド	REI	
マリオット・インターナショナル	SAS インスティチュート	
3M	SC ジョンソン社	
IBM	TD インダストリーズ	
JM スマッカー	TOMS	
UPS	USAA	
	WL ゴア & アソシエイツ	

＊ほかの企業の独立子会社で、基本的には非公開会社。
＊＊ 2014 年当時

表1-3｜財務実績

累積リターン	15年	10年	5年	3年
米国の愛される企業	1681.11%	409.66%	151.34%	83.37%
米国以外の愛される企業	1180.17%	512.04%	153.83%	47.00%
ビジョナリー・カンパニー	262.91%	175.80%	158.45%	221.81%
S&P500企業	117.64%	107.03%	60.87%	57.00%

企業に立ち戻ったところもある。

表1－2の愛される企業全社の概略は、「付録」にまとめた。こうした企業が実践している具体例は、本書のいたるところで紹介している。

表1－3のように、愛される企業の財務実績は、3年から15年のいずれのタイムフレームでも市場平均を大きく上回っている。また、『ビジョナリー・カンパニー2 飛躍の法則』で紹介されている企業をも、ここ10～15年にわたり、大きく上回っている。

愛される企業が守っている暗黙の契約

著者のひとり（ウォルフ）は以前、強制加入の住宅所有者組合をいくつかまとめて管理する会社を経営していた。ある日、ある気がかりなことが強烈な印象を残した。技術的な面で非常に優秀な管理人だからといって、それほど優秀でもない管理人よりも管理契約をスムーズに更新してもらえるとは限らないのだ。

この謎を解こうと、わたしたちは各組合の役員会に聞き取り調査をおこなった。その結果、驚くべきことが判明した。どの役員会とも「2種類」の契約があったのだ。「法律上」の契約と、「気持ちの上」での契約だ。聞き取り調査チームからは次の報告を受けた。

「法律上の契約をきちんと履行できていても、気持ちの上での契約義務を果たしていないと、なかなか更新してもらえません。反対に、気持ちの上での契約義務を果たしていれば、法律上の契約のことは多少大目に見てもらえるのです」

顧客、従業員、サプライヤー、ビジネスパートナー、株主、コミュニティなど、ありとあらゆるステークホルダーもまた、企業と次の2種類の契約を結んでいる。

- **法律上の契約**——法律はもちろん、企業とその代理人からの申し立てによって定められた「量的」実績の基準に基づく、明白な契約。書面、口頭、行動で交わされる。
- **気持ちの上での契約**——期待という形でステークホルダーによって定められる「質的」実績の基準に基づく暗黙の契約。ステークホルダーの道徳的・倫理的価値観や、体験願望

——味わいたいこと、味わいたくないこと——が反映されている。

MITスローン経営大学院の元教授エドガー・H・シャインは、この法律上の明白な契約と、気持ちの上での暗黙の契約（シャインは「心理的契約」と呼んでいる）について、心理的契約条項を全員が直観的に理解していない状態では、長期的な関係を築くのは無理であり、短期的に見れば摩擦が起きやすいことを示唆している。[10]

企業が潰れる要因でよくあるひとつが、この気持ちの上での契約の不履行だろう。企業がこの契約に違反すると、顧客が購入しなくなる、従業員の生産性が下がる、サプライヤーの対応が鈍くなる、パートナーが離れていく、株主が売り注文を入れる、コミュニティに応援してもらえなくなる。

企業は巨額の資金を費やして、さまざまなステークホルダーからの訴訟に対して身を守ったり弁護したりしているが、賠償請求の原因がこの気持ちの上での契約違反にあるかもしれない、とはどうやら気づいていないらしい。自分が愛着を感じている人や組織——ケビン・ロバーツなら「愛している対象」というだろう——を、人は訴えたりしないものだ。

大型芝刈り機や除雪機のメーカー、トロは、気持ちの上での契約をきちんと守るほうが、人身事故がらみの訴訟を減らせるのではないかと気づいた。トロの経営幹部はかつて、製品の性質上、人身事故の訴訟は避けられないと考えていたが、1990年代半ば、そうした考えを捨てた。ケガをした客には同社の販売員が直接話を聞くようにしたのだ。会社からのお見舞いの気持ちを申しわけなさそうに伝えたあとで、すぐに示談するのが難しいようなら、裁判沙汰で面倒なことになるよりは、仲裁のほうがましだと提案した。早期解決が望みのトロは、相手に威圧感を与えないパラリーガル、経験豊富な示談カウンセラー、調停人を使った。

こうした、相手の気持ちに寄り添った穏やかなアプローチによって、訴訟を回避するようになった1994年以降、2005年半ばまでで、推定約1億ドルの訴訟費用が節約できた。人身事故で裁判沙汰になったことが1度もなかったのだ。不注意な人たちが週末ごとに使う危険な機具のメーカーにしては、驚くべき記録だ[11]。

インドでよく知られているアムル乳業も、顧客との暗黙の契約をよく理解している、広く愛されている企業だ。インドの全国酪農協同組合長ヴェルゲーゼ・クリエン博士は、アムル創業50周年記念式典で次のように述べている。

「アムルのブランドが成功しているとすれば、それは、わたしたちが消費者との約束を50年近く守り続けてきたからです。そこを怠っていたら、ほかの数多くのブランド同様、歴史のゴミ箱行きになっていたでしょう」

愛される企業は、自社の事業活動を形作っているのは法的な契約と暗黙の契約の両方であることをよく理解している。結婚生活がうまくいっているカップルと同じで、相手（顧客）との気持ちの上での契約を守らないと、忠誠心（顧客ロイヤルティ）が失われるのを知っているのだ。

愛される企業の考え方

愛される企業は世界観が広い。世界を限られた狭いものとして捉えるのではなく、そこには発展の可能性が無限にある、と考えている。だれもが恩恵を受けられる繁栄の時代が実現するのを、心の底から信じている。競争の危機に直面しても、値下げも、コストや人員の削減も検討せず、価値をさらに高めることで乗り切ろうとする。

愛される企業は、時を超えた英知の輝きに包まれている。厳しいビジネスの世界でもその「優しさ」を保っているのは、弱いからでも意気地がないからでもない。リーダーの自己認識、精神的な成熟、度量の大きさから来ているのだ。愛される企業は、自社の信条を断固として守ろうとしている。当然そのリーダーも自らの信念に基づいて断固として擁護し、行動する勇気がある。

コストコのジム・シネガル、SAS《サス》インスティチュートのジム・グッドナイト、グーグルのセルゲイ・ブリンとラリー・ページ、ジョーダンズ・ファニチャーのバリーとエリオット・テイトルマン、ニューバランスのジムとアン・デイビス、サウスウエスト航空のハーブ・ケレハー、ティンバーランドのジェフ・シュヴァルツ、ホールフーズのジョン・マッキーとウォルター・ロブ、ザ・コンテナストアのキップ・ティンデル、パネラ・ブレッドのロン・シェイ、バリー＝ウェーミラーのボブ・チャップマン、ユニオンスクエア・ホスピタリティ・グループのダニー・マイヤー、シプラのユスフ・ハミード、WLゴア&アソシエイツのテリ・ケリーなど、そうしたリーダーはほかにも大勢いる。「人間面をした資本主義」など株主利益にとって脅威でしかない、と反発する一部の投資評論家からの不平をものともせず、こうしたリーダーたちは、業界を一変させるすばらしい企業を築き上げている。

すべてのステークホルダーが付加価値を与え、高まった価値から恩恵を得るビジネスモデルによって競争優位が得られる、という考え方に反対するアナリストは多いが、そうした批判は実に視野が狭い。批判しているアナリストは、株主以外のステークホルダーはすべて、金銭的価値を流出させるものと見なしがちだ。実際には、もっと広範なリソースであり、株主リターンの最大化という最終目的のための一手段としてしか扱わない企業の創造価値より、はるかに大きな価値を創造するレバレッジとなりうる。

経営者、特に業界のリーダー的存在である企業の経営者は、21世紀に事業をおこなうための周到な準備として、「企業はなんのために存在しているのか」という究極の自問自答をおこなったほうがいい。これまで（ビジネスの世界には）なかった次のような命題をじっくり考えるべきだ。

「投資家の富を増やすためだけに存在しているのではない。人の心身や環境を破壊するのは文化的に許されない。資本主義の名の下に、顧客をそそのかしたり騙したりして害になりうることをさせるのは正当化できない。従業員を非人間的に扱ったり、理不尽な要求でサプライヤーを財政的に追い込んだりする権利は、どんな信条の下にも一切ない」

ありとあらゆる企業が、愛される企業のリーダーと同じようにその企業文化を意識して形作るべきだ。その核となるのは、人々がもっと満足して暮らせるよう役立つため、喜びや幸せを広めるため、啓蒙するため、従業員や顧客が本来の能力を発揮できるよう手助けするために、自社がある、という考え方だ。

相手の話をよく聞いて理解し、目も心もしっかり開き、その人が一番大切にしていることに注力できるよう手助けする、そんな道徳的義務を負っている、と企業や公共機関のリーダーが考えるのは無理だろうか。いま挙げたような考え方はわたしたちのことばによる表現だが、真に偉大《グレート》な企業の経営陣も同じように考えている。

愛される企業をひとことで表現するなら、人の魂を備えた企業だ。その魂の奥底からは、すべてのステークホルダーに対して並外れた貢献をする決意があふれ出ている。

コミュニティ、社会全般、環境、顧客、従業員の役に立つ喜びで満たされている。こうした偉大《グレート》な企業のリーダーが、偉大《グレート》の定義に違わず直観的に理解しているのが、暮らしに余裕がある人は他の人を助けるべき、という内なる義務感だ。

こうした企業――その経営陣と従業員――には、資本主義理論で長らく神聖視されてきたさまざまなことに逆らう勇気がある。穴があったり、複雑だったりしがちな規則、恥知らずなライバル企業など、非常に不利な状況にあっても、順調どころか、ますます繁栄している。短期で成果を出すよう迫るプレッシャー下にも、人間らしさを失わないようにしている。こういう企業の繁栄を喜び、その仲間も、尽きることのない楽観主義も大切にしている様子を、もっといろいろ広めていかなければならない。本書の目的はまさにそこにある。

Firms of Endearment

How World-Class Companies Profit from Passion and Purpose

第2章

新時代《ニューエイジ》、新《ニュー》ルール、新資本主義《ニューキャピタリズム》

ビジネスの世界に暗い影が差している。顧客、従業員、投資家、サプライヤーその他のステークホルダーが、巨大なかたまりとなってのしかかっている。経営陣の不祥事に堪忍袋の緒も切れ、エンロン、タイコ、ワールドコム、アデルフィア・ケーブルなどの数十億ドル規模の企業スキャンダルに、ほとほと愛想が尽きている。

「実業界《ビジネス》を支援することこそ、アメリカ政府の仕事《ビジネス》」と言ったのはカルビン・クーリッジ大統領で、1920年代の話。これが本当なら（本当にそうだったことが一度でもあったのかは、はなはだ疑問だ。むしろ、国家と国民を繁栄させることこそ、アメリカ政府の仕事であり、実業界《ビジネス》はそれを促す重要な手段のひとつだ、といいたい）、実業界に対するアメリカ国民の近頃の認識は、非常に憂慮すべきだ。企業に対する評価がこれほど低いのも珍しい。

『ニューヨーク・タイムズ』紙も次のように書いている。

「企業の経営陣は環境を破壊し、帳簿をごまかし、私服を肥やしてばかりいる、とアメリカ国民の大多数が考えている」[1]

これを裏づけている世論調査も多々ある。巧妙なPR活動をいくらおこなおうと、克服できない、厳然たる新たな現実だ。

●ギャラップ調査によると、大企業に対するアメリカ人の信頼は確実に低下し続けており、1975年の34パーセントから、2009年には16パーセントと歴史的な低さを見せ、2

011年には19パーセントに回復している。[2]

●ハリスの2011年の調査によると、アメリカ人の88パーセントが、行政に対する大企業の影響力は大きすぎると考えている。[3]

●GfKカスタム・リサーチ・ノースアメリカの2011年の調査によると、アメリカ人消費者の64パーセントが、数年前とくらべていまの企業は信頼しがたいと考え、55パーセントが、企業が消費者の信頼を獲得するのは今後さらに難しくなるだろう、と回答している。[4]

●米ヤンケロビッチ・モニターの2011年の調査によると、アメリカ人の79パーセントが「企業は利益のことばかり考え、社会的責任への関心が不十分」だと思うと回答し、67パーセントが「ほとんどの企業は、そうする機会があり、見つかる可能性が低いと判断すれば、国民を騙そうとする」と考えている。[5] また、2004年の調査で、大企業への信頼を0から10で評価してもらったところ、9または10と回答したのはわずか4パーセントだった。[6]

経営陣のモラル破綻は、ごく一部の腐敗した人のせいだといいたくもなるが、この問題の真相を探るには、経営陣以外にも目を向ける必要がある。

トップが倫理感に欠けているのは、道徳的観念が希薄な企業文化の表れである場合が多い。儲けをなによりも重視しているからだ。役員（それに投資家）は、企業文化にもっと細かく注意を払うべきだ。ウィンストン・チャーチルのことばを借りれば「わたしたちが文化を形作り、その文化がわたしたちを形作る」[7]。企業文化は経営陣の魂を映し出す窓なのだ。

主流文化の道徳的側面も、良かれ悪しかれ、経営陣の行動に影響を及ぼしている。行動には、その人が置かれている環境の文化が映し出されている。

このことは、流行に敏感なティーンエイジャーにも、高級車を乗り回しているようなフォーチュン500の大企業のCEOにも当てはまる。アメリカの文化に深く刻み込まれている貪欲さや競争心が、自分の目標に合うようルールを都合よく曲げさせたり、強力なカリスマ的リーダーのまわりに「現実歪曲空間」を生み出したりする。現実を直視することも、自分の行動がもたらす結果に責任を持つことも、拒否している[8]。

政治家がよく言うように、道徳を法制化するのは無理でも、自分たちの文化をどのように形作っていくかを検討することが、みんなの役に立つはずだ。そうすれば、チャーチルの言うように、わたしたち自身——そしてわたしたちに関係がある企業——をよりよい方向へ作り直せるかもしれない。

自分たちの文化は正しいことを尊重しているか、と自問してもよいのではないか。企業の道徳水準を高く保っている文化だろうか、それとも、社会への影響力が大きい一部の企業の逸脱行為はある程度仕方がない、と容認してしまう文化だろうか。個人的野心と社会的責任とのバランスをとり、ゆくゆくはうまく調和させる経営者が増えるような文化的環境をつくるには、何が必要だろうか。

こうした問いへの答えが、資本主義の社会的変化のなかで明らかになりつつある。その変化は、高齢化による社会の成熟化と並行して起きている。

資本主義の自己実現

わたしたちに押し寄せているこうした変化の怒涛の波を、ジョン・L・ペリー（ホワイトハウスのスピーチライターを務めたことがあり、複数の新聞社で編集を務め、受賞歴もある）は、大きな「再編成」と考えている。科学、テクノロジー、医療、教育、アート、宗教、経済、人口動態、社会制度、行政、私的・公的機関ほか、挙げていくとキリがないが、とにかく世界中のさまざまな分野でこうした再編成が起きている。ペリーはさらに、社会全体が道徳復興期《ルネサンス》の真っ只中にある、という。

――なによりも注目せずにいられないのが、根本的な信条や価値体系が変わりつつあることだ。

全体としては、そのほとんどが良い方向へ向かっている。つまり、受け入れる受け入れないにかかわらず、より良い世界が本当に実現しつつあるのだ。こんなことは近代史のどの時代でもありえなかった。[9]

さまざまな組織における重大な不祥事が連日のように報道されて注目を集めているが、それでも道徳復興期《ルネサンス》にある、という証拠は、いまの書籍にいろいろと見られる。

ハードカバーで3200万部超が売れ、50を超える言語に翻訳された、リック・ウォレン牧師の『人生を導く5つの目的』は、世俗の私欲を満たすのではなく、人生のより崇高な目的を説いた、歴史に残るベストセラーノンフィクションだ。[10] これだけ多くの人に読まれているのは、人生の意義をかつてないほど強く求めている証拠であり、「超越の時代」の典型的な特徴といえる。

近ごろのビジネス書のタイトルにも「道徳性」が見られる。ミハイ・チクセントミハイの『フロー体験とグッドビジネス』、ウィリアム・グレイダーの *The Soul of Capitalism: Opening Paths to a Moral Economy*（資本主義の心——道義的経済への道を切り開く）、リチャード・バレットの『バリュー・マネジメント』、マーク・ベニオフとカレン・サウスウィックの *Compassionate Capitalism: How Corporations Can Make Doing Good an Integral Part of Doing Well*（情け深い資本主義——企業が善行を成功に不可欠なものとするには）などもそうだ。ベニオフとサウスウィックは、すべての企業が、売上高の1パーセント、従業員の勤務時間の1パーセント、株価の1パーセントを、コミュニティの向上のために寄付すれば、世界はもっとよくなると考えている。[11]

企業はまだ大筋では認めていないが、人々が人生に求めるものに物質主義的な価値観が及ぼす影響力は低下しつつある。これは、高齢化社会の当然の成り行きだ。この前例のない変化が、需要と供給のバランスを大きく変えつつあるのだ。

精神分析学者エーリッヒ・フロムなら、「having（持つこと）」重視の社会から「being（あること）」重視の社会への転換期、と言うかもしれない。「持つこと」重視の社会は利己主義や物質主義に夢中だが、「あること」重視の社会は他者中心で、道徳的価値観がしっかり備わっている。[12]

アメリカの消費者経済は、丸100年のあいだ、物質主義の「持つこと」を重視してきた。それがいまでは、モノでは得られない意義への欲求が高まり、焦点が定まっていない状態だ。いまでも欲しいモノはあるかもしれないが、そのモノに加えて、より成熟した自分の「あること」と手っ取り早くつながりたがっている。

たとえば、愛される企業ホールフーズを応援している人は、卵ひとつとっても、クローガー［お手頃価格の庶民派スーパー］で買うよりかなり高い値段を快く支払う。放し飼いの鶏の卵を買うのが正しいことだと考えているからだ。

もちろん、社会から物欲がなくなっているわけではない。物質主義的な価値観や習性は厳然たる事実だ。若い人は特に、物欲が旺盛で、自分が手に入れたモノで個性を表現したり、才能や素質を示したりする。それでも主流文化は、「モノ」を増やすワクワク感が薄れていくにつれて精神的成熟度の高いレベルで生じる「あること」重視の姿勢を、ますます反映するようになっている。


「モノ」への関心の低下がもたらす影響の大きさは、いくら強調しても足りないくらいだ。アメリカでは、プレミドル〔中年より若い成人〕――持つことをもっとも重視している層――の人口が、複数の5年コホート〔統計集団〕で減少しつつある一方で、それ以外の年齢層は、きわめてゆっくりしたペースで増加している。ほかの先進国もすべて、中年より若い成人の人口が減少している。したがって、消費者相手の企業は、その「持つこと」願望が減退している影響を見極めないわけにはいかない。成功するには、「あること」志向の消費者が「持つこと」志向の消費者とどう違うかをもっと理解しなければならない。

「あること」志向への変化で、人々が買うものも変わるし、美しさと機能性を兼ね備えたものを企画しなければならなくなる。売り方も変わってくる。使い捨てのどうでもいいものではなく、意義深い体験の提供が増える。

心理学者エリク・エリクソンが提唱した「次世代育成能力（generativity）」は、フロムの「being（あること）」と密接な関係がある。

次世代育成能力とは、次の世代の繁栄につながるよう、役立とうとすることだ。この精神が目覚めると、自我――物欲の源――が弱まるため、精神エネルギーを他者のニーズを満たすことに役立てられる。愛される企業は、この他者中心へのシフトの一種の集団表象であり、そこでは成熟度の高い人たちが個人レベルで先導している。

この次世代育成能力の精神を社会における非常に強い影響力に変えているのが、アメリカのいまの中年層（ここでは40～60歳と定義する。新成人の平均寿命である80歳の中ほどになるから）であり、きわめて重要な層を形成している。ベビーブーム世代が大半のこの層が社会の道徳基盤を作り替えているわけで、ほとんどの企業がその影響を免れない。

エリクソンが考えた概念より意味は広いが、次世代育成能力が企業活動への影響を強めている。ビジネスでは「持続可能性《サステナビリティ》」というほうが知られている。ブルントラント委員会［環境と開発に関する世界委員会］は、持続可能性を次のように定義している。「いまの世代のニーズを満たしつつ、未来の世代がニーズを満たせなくならないようにすること[13]」

次世代育成能力の精神に目覚めることは、アメリカの心理学者アブラハム・マズローが精神的成熟度の頂点と考えている「自己実現の欲求」への第1歩となる。[14]

マズローは、自己実現こそが人の発達の最終段階と考えた。自己実現とは、人生の前半を占める「社会的自我」を超越して「真の自我」を発見していくことである。だれもが完全な自己実現を達成できるわけではないが——マズローによれば達成できる人はごくわずか——、ほとんどの人は人生という長い旅のなかで、「あること」重視の世界観を身につけるようになる。自己実現の主な精神的特徴をいくつか挙げよう。[15]

- ●優れた現実認識（事実に基づき、理想化に左右されない）
- ●自己・他者・自然の受容
- ●課題中心（課題から自己を切り離し、ヒーローになるつもりがない）
- ●認識の新鮮さ、豊かな情緒的反応
- ●人類との一体感
- ●民主的性格（平等・公平の真の意識）
- ●創造性
- ●価値観の変化（物質主義的・ナルシシズム的なものから、他者中心のものへ）

企業の社会的意識への期待の高まりは、社会に対する次世代育成能力の影響の高まりを反映しているのはないだろうか。

いまやヨーロッパの多くの国々で、企業の「トリプルボトムライン」——人・地球・利潤［people, planet, profit のいわゆる3P］に関する実績——の年次報告書の提出が求められている。自発的に提出しているアメリカの企業も増えている。米政府説明責任研究所（GAI）によると、S&P500の約53パーセントの企業が、企業の社会的責任に関する年次報告書を発行している。[16] そう遠くない将来、法律で定められるか、投資家や社会からの圧力かによって、アメリカの全公開会社がこうした報告書を発行しなければならなくなるだろう。

しかし現時点では、企業の社会的責任という問題はまだ曖昧なままだ。1970年にミルトン・フリードマン（1976年にノーベル経済学賞受賞）が『ニューヨーク・タイムズ・マガジン』誌への寄稿で次のように述べたことはよく知られている。「企業の社会的責任はただひとつ、自社のリソースを活用し、利益を増やす行動に従事することであり、あとはルールさえ守っていればいい」。[17] これをいまでも信じている人は少なくない。しかし、『マッキンゼー・クォータリー』誌が最近おこなった世界的調査によると、企業の役割は株主への義務を果たすことだけではない、と考えている経営幹部が5人に4人の割合でいる。

フリードマンの意見に同意しているのは6人にひとりだけだ。株主優先主義の信奉者、と長らく見なされていたゼネラル・エレクトリック（GE）の元カリスマトップ、ジャック・ウェルチでさえ、微妙に異なる見方を示している。

「一見したところ、株主価値ほど愚かな考えはありません。株主価値は結果であって、戦略ではありません。（中略）重視すべきは、従業員、顧客、製品なのです[18]」

早合点は禁物だが、ウェルチのこの発言は、アダム・スミスの『国富論』以来の資本主義における、イデオロギーの最大の変化の兆しといえる。資本主義は、わずか一世代前に大半の人が想像していた以上に人間性を備えてきているのだ。かつてハーバード大学でビジネスを研究したり教えたりしていたアイラ・ジャクソンは、いまは「資本主義のまったく新たな段階」のスタートラインであるとし、それを「良心的資本主義[19]」と呼んでいる。ガーデニング用品を扱うスミス＆ホーケンの共同創業者ポール・ホーケンは、「自然資本主義」へのパラダイムシフトと考えている。

この自然資本主義は、企業が作り上げたニーズ（利益の最大化）ではなく、環境保全と人々のニーズに基づくものだ。わたしたち（ラジ・シソーディアとデイビッド・ウォルフ）も、原書初版の出版後に、「意識の高い資本主義（コンシャス・キャピタリズム）[20]」と呼ばれる世界的活動の立ち上げを支援するようになった。

中年期は、超越を個人で追求する期間、つまり、「モノ」をさらに手に入れるのではなく、人生におけるもっと意義深いものを探しながら物質的な世界を超えていく時期だ。ダニエル・

ピンクがヤフー・トレンドデスクにこう記している。

「アメリカ人は、繁栄のおかげで自由にはなったが、それで心が満たされているわけではなく、物質的なものから意義あるものへと、人生の焦点を徐々に合わせ直している。ノーベル経済学賞受賞者ロバート・ウィリアム・フォーゲルが書いているように、繁栄のおかげで『自己実現への努力は、ごく一部の人々だけでなく、ほぼすべての人へと広がるようになった[21]』」

このように、中年期に自己実現へ向かおうとするのは目新しいことではない。数千年前の古代インドのヒンズー教最古の聖典は、中年期を、浮き世のさまざまなしがらみを断ち、より高次元の存在へ向かうべき時期、としている。そのためには自我を手放さなければならない。そうすれば、他者――家族、コミュニティ、人類――にもっと焦点を当てられる。

中年期の人々の価値観は何千年も前から変わっていないが、自己実現へ向かおうとしている成人の割合は劇的に増え、いまでは、中高年層が文化形成において多数派を占めている。歴史上初めて、成人人口の大半が、自己実現の欲求が行動に大きく影響し始める年代にいるわけだ。

自己実現が主流文化に与える影響の高まりは、ビジネスのやり方も変えつつある。まさに「資本主義の自己実現」が始まりつつある、といえるかもしれない。企業エゴをなくし、焦点をもっと真剣に他者――顧客、従業員、サプライヤー、株主、社会全般などのステークホルダー――へ向けようとする企業が増えているのだ。

ゼネラル・エレクトリック（GE）でジャック・ウェルチの後任としてCEOを務めたジェフ・イメルトが、成功にも善行にも努めようとする企業の動きの加速化を示している。イメルトは2004年後半に、GEがリーダー的存在であり続けるためにおこなうべき4つを上級幹部200名に伝えた。うち3つは、実行、成長、優秀な人材の雇用と特に目新しくないが、あとの1つはこのリストの最初にある、善だった。これは大きな転換だ。アメリカの自動車業界はGEのすることにみんなが倣うからだ。イメルトは「今日、偉大《グレート》な企業であるためには、善良《グッド》な企業でなければならない」とし、こう続けている。

「人々がGEで働いているのは、自分より大きななにかでありたいからです。一生懸命働き、昇進し、ストックオプションを手に入れたい、というのもあるでしょう。でも、世の中に影響を及ぼしている会社、すばらしいことをしている会社で働きたいから、というのもあるのです。（中略）優れたリーダーはお返しをするものです。現代は、自分に自信を持ち、他者のニーズに焦点を当てている人の時代なのです。（中略）世界は変わったのです。いまの企業は感心されていません。大きいだけでは尊敬されないのです。持てる者と持たざる者のあいだには、かつてないほど溝が広がっています。この会社をプラットフォームとして活用し、善良な企業市民であることはわたしたちの責任です。そうするのが良いことだからだけでなく、企業としての義務だからです」[22]

株主かステークホルダーか

第1章で述べたように、バージニア大学ダーデン経営大学院のR・エドワード・フリーマン教授は、ステークホルダー関係管理のビジネスモデルの概念を初めて明確にしたことで知られている。フリーマンは、1984年の画期的著書*Strategic Management: A Stakeholder Approach*（戦略的マネジメント――ステークホルダー・アプローチ）で、すべてのステークホルダーが満足していれば、株主も大満足だとしている。ステークホルダーの定義を「企業の目標達成でなんらかの影響を受ける、または受ける可能性がある、あらゆる集団や個人」としているフリーマンは、ミルトン・フリードマンの株主至上主義の考え方には関心を示さず、株主は相互に依存し合っている多くのステークホルダーのひとつ、と考えた。

愛される企業の際立つコアバリューのひとつが、どのステークホルダーも公平に満足させることだ。これは、もろに競合する企業のすべてとは言わないが、その大半を上回ることができる企業力のかけがえのない要素だ。『ビジョナリー・カンパニー2　飛躍の法則』でジム・コリンズが取り上げている企業が、過去10～20年にわたる株主リターンで、愛される企業に大きく遅れをとっているのがわかって以来、この点になおさら注目すべきだとわたしたちは考えた（詳細は、第6章「投資家――愛される企業が蒔いたものを刈り取る」）。

コリンズは同書で、永続する偉大《グレート》な企業になるのに「ふさわしい」特定のコアバリューなどない、と主張している。かつてはあったかもしれないが、いまは違うといい、「顧客に対する情熱をもっていなくてもいい（ソニーはもっていなかった）。個人を尊重する価値観はなくてもいい（ディズニーにはなかった）。品質重視の価値観はなくてもいい（ウォルマートにはなかった）。社会への責任という価値観はなくてもいい（フォードにはなかった）。これらがなくても、永続する偉大な企業への道で障害にはならない[23]」と述べている。

わたしたちは、「株主かステークホルダーか」は誤った二元論だと考えている。本書で取り上げている愛される企業がより優れた財務実績を達成していることから判断すれば、株主価値を長期的に生み出す最善の方法は、すべてのステークホルダーにとっての価値創造を意識的におこなうことではないだろうか。

コストコを例にとろう。コストコは同業他社と比べて給与水準がかなり高く、しかも福利厚生なども充実している。直接競合する企業よりかなり多く支払っていながら、**従業員ひとりあたりの売上も利益もかなり大きい**。まるで錬金術のようだが、圧倒的な効率のよさと、非常に低い離職率のおかげなのだ。より高い賃金でより満足して働いているから、モチベーションも生産性も高い。さらに、一般的な小売業とくらべて愛社精神も強いため、生産性をさらに高める新たなアイデアを従業員が次々と提案しているにちがいない。

ほかの愛される企業と同じく、コストコが構築しているビジネスモデルも、従業員の給与が高く、投資家をしっかり儲けさせ、顧客とサプライヤーを十分満足させ、新規開店予定のどのコミュニティからも歓迎されることを可能にしているのだ。

それなのに、コストコは投資家の利益を奪い、取るに足りない従業員を甘やかして給与を払い過ぎていてけしからん、と考えている金融アナリストが多い。これまでのように数字だけ見て企業判断しがちなアナリストにとって、ステークホルダー関係管理ビジネスモデルによる価値創造の可能性は理解しがたいのだ。ドイツ証券のビル・ドレハーがこう述べている。

「投資家の観点からいえば、コストコの福利厚生は手厚すぎる。公開会社は株主のことを第一に考える必要がある。コストコは未公開会社のような経営をしている」[24]

わたしたちは、ドレハーのほうが間違っているように思う。良識ある未公開会社のような経営の公開会社が、実は優良株だった、ということはよくある。コストコの前CEOジム・シネガルは、従業員待遇が「手厚すぎる」理由を次のように説明している。

――「従業員にしっかり支払っているのは、そうするのが正しいからだけでなく、業績につなが

るからです。結局、支払っただけのものが手に入るのです」[25]

シネガルはさらにこう続けている。最低賃金しか払わないのは「間違っています。適切な利益配分ではないからです。従業員は常に不満を感じ、離職者が増えます。おまけに、店長は代わりとなる人材の採用ばかりに時間をとられて、店の運営がおろそかになります。わたしたちはむしろ、従業員に店を運営してもらったほうがいい、と考えています。従業員が満足して働いてくれることが、企業の顔としても一番なのです。(中略)きちんと経営し、目標に意識を集中させていれば、株価は自然についてきます」[26]。実際、コストコは優良株であり続けている。

問題は、従来のビジネスモデルと異なるものはなんであれ、金融アナリストの多くは不安を感じてしまうことだ。「基準」となる豊富なデータを信頼して企業判断しているため、なんらかのカテゴリーで基準を超えた支出があると――コストコが賃金カテゴリーで基準を超えているように――、それを補っている強みを見落としがちになる。コストコは比較的高い賃金――それに尊重とエンパワーメントの文化――と引き換えに、採用や研修にかかるコストを抑え、顧客とよりよい関係を保ち、ひいては顧客ひとりあたりの売上の高さと強い顧客ロイヤルティを獲得しているのだ。

愛される企業の成功の最大の「秘訣」として、どのステークホルダー集団からも、関わりたい、と思われていることが挙げられる。

たとえば、ゴルフ用品のタイトリストやキッチン家電のクイジナートといった高品質メーカーは、倉庫型店舗との取引を当初は避けていた。「必要最小限」の味気ないイメージだからだ。それがいまでは、コストコで自社製品を積極的に販売するようになり、コストコ利用客の富裕層割合を高めている。

また、優秀な人材は愛される企業で働きたがる。UPSには、空きを何年も待っている優良ドライバーのリストがある。パタゴニアには、新規採用募集枠100名に対し、毎年1万通ほどの履歴書が送られてくる。愛される企業の多くは、費用のかさむ広告をほとんどおこなっていない。大手広告代理店式の派手な宣伝をしなくても、顧客のほうから来てくれるからだ。

愛される企業の主な課題は顧客の獲得ではなく、顧客の要望に応え続けることだったりする。ぜひうちへ、と地域社会から要望されることが多いのだ。同族経営のスーパーマーケットチェーン、ウェグマンズには、地元に店を開くよう懇願する手紙が毎月何百通も届いている。

ステークホルダー関係管理のビジネスモデルには、GEやウォルマートといった巨大企業も明らかに関心を示していることを見ても、「流れは変わりつつある」といって間違いないだろう。ステークホルダーのどの集団のメンバーも、投資先、購入先、勤務先、許認可先である企業に対してはっきり主張するようになり、そのことが企業をステークホルダー関係管理のビジネスモデルに傾かせているのだ。これは、すぐ時代遅れになる一時的な流行ではなく、長く続いていく流れだとわたしたちは考えている。

この流れを助長しているのが、アメリカの企業幹部に見られる道徳革命、ある人口層の主導でアメリカ全般に見られる価値観の変化、そして、結局は良識ある自己利益の問題である、という鋭い認識がビジネスリーダーにあることだ。

つまり、ほかのすべてのステークホルダーを差し置いて株主を最優先するのは、企業の長期的判断としては最悪かもしれない、ということだ。本書で取り上げている愛される企業の実績を見れば、株主利益がほかのすべてのステークホルダー集団の利益と調和しているほうが、より大きくなりうることがわかる。

ただし、デイトレーダーその他の解約率の高い投機家は考慮に入れていない。一時的な価値を「奪いとる」だけで、長期的な価値創造には投資していないからだ。実際、短期投資というのは矛盾した表現であり、真の投資はすべて長期的なものなのだ。ステークホルダー関係管理の経済エコシステム［生態系］においては、長期的価値を生み出すステークホルダーだけが、長期的な意味をなす。

愛される企業の感情知能マネジメント

ハワード・ガードナーの画期的著書 *Frames of Mind: The Theory of Multiple Intelligences*（思考フレーム──多重知能（MI）理論）が1983年に出版されて以来、さまざまな分野における成否につながる特定知能を理解しようとする強い関心が続いている。

1990年には、ピーター・サロベイとジョン・メイヤーが「感情知能」と題した論文を発表し、「自分自身の感情も他者の感情も認識し、両者を区別して、その情報を自分の思考や行動に活用できる能力」について論じている。[27]

この論文を一般向けにして文化の主流にとり込んだのが、『ニューヨーク・タイムズ』紙元記者のダニエル・ゴールマンだ。1995年（原書）の『EQ こころの知能指数』は世界的ベストセラーとなり、1998年（原書）には『ビジネスEQ』が出版された。[28]

ゴールマンは感情知能を「自分自身の感情や他者の感情を認識し、自分のやる気を高め、自分自身でも、人との関係性においても、感情をうまく扱える能力」と定義している。ここには、自己認識、自己制御（感情の自己統御または自己管理）、社会性（エンパシー）、社会技能《ソーシャルスキル》（人間関係）の要素も含まれている。[29]

なかでも、自己認識が感情知能のもっとも重要な側面だとゴールマンは考えているが、ビジネスでは見落とされがちだった。[30] ゴールマンほか多くの研究者が示しているように、自分の感情をコントロールする能力と、他者の感情に良い影響を与える能力とのあいだには、強い関連性があることがわかっている。

感情知能は、人生全般だけでなくビジネスにおいても、長期にわたってうまく対処するうえできわめて重要だ。本書で取り上げている愛される企業はすべて、EQ（感情知能指数）が高い企業、と言い換えることができるのも偶然ではない。これは経営陣だけではなく組織全体にいえることであり、従業員同士はもちろん、顧客・ビジネスパートナー・社会全般との接し方にも表れている。

感情知能が間接的に競争優位につながることも研究からわかっている。積極的かつ持続可能な戦略変更をもたらすようなリーダーシップの必須条件のひとつだからだ。[31] 感情知能は、個人の特徴だけでなく、ワークグループや組織の特徴としても捉えられつつある。このように「組織」で見ると、ひとりひとりが感情知能を発揮することで組織の感情知能を高めている一方で、組織の感情知能も「その組織の機能・構成・エネルギーを発揮」させている。EQが高い組織は、同じ力を発揮するよう、今度はその組織のひとりひとりに強く働きかけているのだ。[32]

職場における感情知能の重要性は、感情知能に欠けている職場を見ればよくわかる。低い士気、恐れや無感動の風潮、激しい対立、強度のストレス、こうしたものが事業効率に影響を及ぼすのは明らかだ。当然、顧客離れにもつながるし、「いじめ、脅し、搾取」を受けていると して従業員に訴えられる場合もある。[33]

ほとんどの企業はひたすら合理的な職場環境づくりに努めているから、感情への配慮はまったく見られない。しかし、人間のどんな活動領域からも感情は切り離せないように、職場から感情を切り離すのは不可能だ。[34]

21世紀のわたしたちは、もはや企業を単なる「合理的装置」とは見なせない。むしろ、「活発で先がますます読めない有機体」と見なすべきだ。したがって経営者には、従来の上下関係に基づく指揮統制の考え方を捨てて「対話型で助け合う創造的プロセス」に基づくフラットでフレキシブルな組織づくりが求められる。[35]

2002年出版の『EQリーダーシップ――成功する人の「こころの知能指数」の活かし方』（土屋京子訳、日本経済新聞出版）で、ゴールマンと共著者たちが、3781名の経営幹部とその直属の部下についてのある調査に触れている。

この調査は、リーダーシップのスタイルが、感情面でも実際の収益の面でも重要であることを示している。

「職場の雰囲気、感情面での風潮が収益を左右している。つまり、どれだけ寄与しているか、どれだけ寄与したいと考えているか、どれだけ気にかけているか（中略）といったことが経営状態に現れるのだ。わたしたちの研究による概算では、リーダーシップのスタイルで職場の雰囲気の約70パーセントが決まり、ひいては業績の約20パーセント――ときに30パーセント――に影響する[36]」

そう考えると、2005年の『ハーバード・ビジネス・レビュー』誌に掲載されたある研究結果は、非常に気がかりだ。10万人を対象にEQ（感情知能指数）を測定したところ、「EQは出世に伴って高くなり、課長クラスでピークに達したあとは下がり、驚くことにCEOクラスで底を打っている[37]」

変わろうとする意志を持つ

資本主義をもっと大きな目的達成の手段に作り直す動きは止まらないだろう。その認識がない企業は悲惨な結果を招く。

ステークホルダーは社会意識の高い経営をますます求めている。それに応じない企業からは、顧客が購入しなくなり、優秀な従業員が他社へ流れ、サプライヤーも敬意を持って取引してくれるほかの企業と組む。株主最優先の企業にはコミュニティもますます厳しい態度をとるようになる。そうなると金融市場が資本の流れを制限するから、資本コストが上がってしまう。

企業がいまだに過去のルールで運営しているのは、時代遅れのメンタルフレームに囚われてしまっているからだ。認知科学者ジョージ・レイコフは、人の行動は「その人の世界観を形作っている精神構造《メンタル》」によって構築《フレーム》されている、という。[38]

メンタルフレームは、世界を理解するための基準として人生を安定させている一方で、自分が信じていることと一致すれば事実として反射的に受け入れてしまうし、一致しないものはすべて間違っているとして、よく考えもせずに否定してしまう傾向がある。この「確証バイアス」は次の一文にもよく表れている。

信念は必要性に従う。

配偶者、友人、同僚に、客観的に証明できる事実を話したところ、バカらしいと相手にされなかった経験はないだろうか。人も企業も、自分が信じる必要性を感じなければ、信じないのだ。

自分のメンタルフレーム、つまり世界観を維持する「必要」があるのは、心の平静を保つ必要があるからだ。そこで、入ってくる情報を選択して整理し、自分の世界観の整合性を保とうとする。だから、自分の信念体系を守るほうが大事で、信じているものを変える現実的な必要性を無視しがちになる。ジョージ・レイコフがこう説明している。

「概念――考え方を組み立てる長期的概念――のひとつひとつが脳内シナプスでインスタンス化されていることが、神経科学の研究でわかっている。概念は、だれかに事実を伝えられたからといって簡単に変えられるものではない。事実を示されてもそれを事実と理解するには、脳内シナプスにすでにある情報と一致しなければならない。一致しなければ、入った情報はすぐに出ていくから、聞き入れない、事実とは認めない、そんなのおかしい、と呆れることになる。こうして、バカげているだの、非常識だの、愚かだのとレッテルを貼るわけだ[39]」

「どんな問題も、それをつくり出したのと同じ考え方では解決できない[40]」

アインシュタインの言葉としてよく知られている。ここ200年にわたって企業を動かしている考え方は、人に関することなら（恋愛問題は別として）理性は感情に優る、という伝統的概念から来ている。だから、ステークホルダーも（株主も含めて）生身の人間としてではなく、単なる統計上の存在として捉えてきた。

これが誤りであることは、愛される企業を見ればわかる。事業の分析・計画・運営において、右脳の情緒性は、左脳の理性と同じくらい注目に値する。

感情が豊かな人のほうが理性一辺倒の人より優れていることを、最近の研究も裏づけている。

高い業績をあげているのは知能が高い人ではなく、「感情知能」が高い人であることを、圧倒的多数の例が示している。『ビジネスEQ』でダニエル・ゴールマンが取り上げている500社を超える企業の調査結果によると、自信、自己認識、セルフコントロール、コミットメント、誠実さといった要素が、従業員や企業の成功につながっている。[41]

ステークホルダーに対する愛される企業の思いやりには、従来の経済理論や経営理論では説明できない価値がある。企業とステークホルダーが相思関係にある価値をどちらの理論も推測する手だてがないから、財務的リターンへの影響を計算するなど思いもよらない。しかし、ブランドのような無形資産の経済的価値を純粋な金額ベースで算定できるなら、企業がステークホルダーに注ぎ込んでいる愛情量も算定できるのではないか。そうなれば、経済理論や経営理論も思いやりを重視するようになる。

そもそも古典的資本主義は意図的に感情を排している。従来の経営理論にも同じことがいえる。この無情さの元をたどれば、400年ほど前のルネ・デカルトの科学的手法に至る。それは、感情の重要性を考慮に入れずに真実を探究する手法だった。感情は理性と正反対だと考えられていたからだ。この考え方を基盤に、経済学も資本主義もつくられた。

アダム・スミスが『国富論』で、市場は自身の利益に動機づけられている人々の「理性的」

判断で動かされている「見えざる手」によって形づくられている、と述べているのはよく知られている。この見えざる手に感情はない。

しかし、アダム・スミスは『国富論』より前の『道徳感情論』（村井章子、北川知子共訳、日経BP、2014年）で、相手を思いやる義務について感動的な深い理解も示している。相手を思いやる義務と、自分の利益を追求する意欲こそ、人間の根本的エネルギーの2本柱だ。このどちらかを選ばなくてはならないとしたら、ほとんどの人が自分の利益の追求より相手を気づかう義務をとる（親ならだれだってそうだ）。この2本柱のうちの1本だけで資本主義という知的基盤を築いたことが、この200年間の大きな悲劇だった。搾取されている労働者は当然反発し、待遇改善を求めて立ち上がったし、そうした労働者の苦悩を利用して、人間の活動をどう組織すべきかという、さらに深刻な欠陥のある手法をカール・マルクスが生み出すことにつながった。

企業とステークホルダーのあいだに愛ある関係性を促進する、と聞いて顔をしかめる人もいるかもしれない。しかし「ソフトアプローチ」は見返りが大きいという確かな証拠が必要なら、現代の神経科学を見るといい。[42] どんなロイヤルティ（忠誠心）も、「どう思うか」より「どう感じるか」と深く関わっている。ブランドに対するメンタル反応を脳スキャンで調べたある研究がそのことを裏づけている。感情を司る右脳は、ほかの固有名詞よりもブランドに反応することがわかっている。[43] この研究結果も、神経科学者アントニオ・デマジオが明らかにしたことも[44]（なんであれ自分との関連性を見極めているのは、感情であり、理性ではない）、本書の核となる次の前提をしっかり裏づけている。

ステークホルダーに対する愛される行動が、資本主義の企業にとって、もっとも決定的な競争上の差別化となる。

健全な経営がおこなわれている前提で、A社のステークホルダーのほうがB社のステークホルダーより、その企業に対する愛情が大きければ、A社は長期にわたってB社をしのぐ、とわたしたちは考えている。マージンもA社のほうがB社より大きい可能性が高い。企業も製品も気に入ってもらえているA社は、より多く購入してもらえる。

アウトドア用品メーカーのパタゴニアはそこに気づいた。愛される企業パタゴニアの顧客は、他社製品とくらべて平均で20パーセント割高のパタゴニアの製品を購入してくれる。そのおかげで、粗利は50パーセント近い。[45]

感情は意識のなかの実体のないものではなく、生理学上の具体的な状態だ。身体状態の変化から来る関連性を計る基準となる。アドレナリン量、心拍数、血圧、電気皮膚反応、呼吸、唾液分泌などの変化が感情を引き起こすのだ。ことが重要であるほど、強い感情反応を示す。自分となにかを認知的にも本能的にもつなぐ感情反応がないと、その対象に親近感は抱けない。愛情を感じることができないのだ。

顧客の感情を好ましい方向へ刺激できていないブランドや企業が、真の顧客ロイヤルティを生じさせられるはずがない。

同じことは従業員にもいえる。従業員と企業を結んでいる絆は、経営陣が思っているほど、給与や福利厚生といった左脳の量的なものに基づいているわけではない。仕事に対する評価や感謝の気持ちといった右脳の質的なものに基づいているほうが多い。たしかに、高い給与や大量のストックオプションがつなぎとめているケースもあるかもしれない（株価が順調に値上がりしていればだが）。しかし、評価も感謝もされない従業員が企業と強い絆で結ばれることはない。そういう人は、会社のためにベストを尽くそうとは思わない。エンゲージしない、奮起しない、協力的でも創造的でもない、満足も充実感もない。顧客を幸福にしようという意欲もないし、聞いてくれさえすれば、だれかれ構わず勤め先の悪口を言う。

顧客・従業員・株主のロイヤルティが注目されるようになったのは、フレデリック・ライクヘルドの『顧客ロイヤルティのマネジメント』が1996年（原書）に出版されてからだ。[46]

そのライクヘルドも、ステークホルダーのロイヤルティを育むうえで感情が果たす役割には触れなかった。感情はだれも触れようとしないやっかいな問題であり、経営学者、企業の経営幹部、経済学者、金融業界になかなか認めてもらえない。このやっかいな問題をダニエル・ゴールマンが企業に指摘したのは、大きな前進といえる。

古い考え方が生んだ問題の解決についての、アインシュタインのあの名言を思い出そう。企業を「新資本主義」というより高次の領域へうまく移行させるために必要なのは、すべての出来事には人間がからみ、感情がこめられていることを認識する新たな考え方だ。

客観主義が行き過ぎた見せかけの科学であることはすでにはっきりしている。ステークホルダーのロイヤルティと愛情を獲得する観点でいえば、「超越の時代」に重要な位置を占めるのは主観主義なのだ。必要なのは、主観主義と客観主義をほどよく調和させることである。

Firms of Endearment

How World-Class Companies Profit from Passion and Purpose

第3章

無秩序への対処

トム・ストッパードの戯曲『アルカディア』に登場するヴァレンタインの台詞「未来は無秩序である」を人々が初めて耳にしたのは、ロンドンの国立劇場で初演された1993年4月だった。それから四半世紀ほどがたち、その未来はもちろん、ビジネスの世界にもやって来ている。

主要業界はいずれも急激な変化とまったく新たな課題に悩まされている。次から次へと目まぐるしく起こるさまざまな技術革新、グローバル化、顧客の好みの著しい変化、急速に進化している価値観などが原因だ。

欧米人は、無秩序には力で応じようとする。踏みつけ、打ちつけ、制し、なにがなんでも秩序を回復しようとする。いやはや、風を相手にボクシングとは。

200年以上にわたり、企業活動に影響を与えてきたニュートン派の自然科学は、自然のさまざまな力を征服して支配する、とまではいわないまでも、うまく利用するために理解したい、という絶えまない欲望に応えて発達してきた。企業経営者もこれと同じような考え方で市場を捉えるようになった。

しかし、征服して支配する、という従来の考え方は力を失いつつある。プロクター・アンド・ギャンブル（P&G）の会長兼CEOのA・G・ラフリーがその点に気づいてこう発言している。

「消費者へのマーケティングの仕方を刷新しなければなりません。新たなマーケティングモデルが必要なのです。ただし、そんなものは存在しません。**まだだれも見つけていないのです**」[1]（強調著者）

その新たなマーケティングモデルは、ラフリーが考えているほどまったくの別物ではないかもしれない。本書で紹介している愛される企業には、しっかりと機能しているマーケティングモデルがあり、そのほとんどは従来のマーケティングには頼っていない。

スターバックスやグーグルは、広告をほとんど打つことなく、非常に価値の高い世界的ブランドになった。ニューバランスは、売上高に占めるマーケティング費の割合がライバル企業とくらべてはるかに小さい。ボストンに本社があるジョーダンズ・ファニチャーは、アメリカの家具小売業の平均とくらべて、売り場面積1平方フィートあたりの売上が約5倍あるが、マーケティング費は3分の1未満だ。

どこを見ても、企業はかつてのように市場をコントロールしていない状態での経営課題に直面している。大衆は、インターネットなど最新のIT技術のおかげで、自分たちのマインドと財布をコントロールしようとする企業に抵抗するとてつもない力を身につけている。このことがマーケティングや経営のルールを変え、組織構造の新たな形を生み出している。

愛される企業は、自然界の生態系に見られる流動的構造をさまざまな形で反映している。組織理論で長らく重視されてきたヒエラルキー型組織での管理、というニュートンの自然科学に基づいた考え方は受け入れていない。「複雑適応系」を制御している自然法則を活用することで、そうした考え方を超越している。複雑適応系は、進化の必要性と環境の変化に応じて形成・再形成を絶えず繰り返しているもののネットワークだ。

「複雑適応系」は生物学用語で、自己組織化システムの説明に使われる。アリの巣もさまざまな生態系も自己組織化システムだ。インターネットも自己組織化システムで、だれも管理していないのに不思議と機能している。

この自己組織化の概念を取り入れている企業が増えてきているが、経営陣の指針やリーダーシップがない、ということではない。経営陣のリーダーシップが指示型ではなく、変化を促したり刺激を与えたりするタイプなのだ。ものごとを機能させているリーダーシップは、組織の下のほうで理論を実践している現場、それもだれかひとりではなく、その集団である場合が多い。

ノースカロライナ州ダーラムにあるGEのジェットエンジン工場がまさにそうで、ここには工場長がいない。製造工程の改善や作業工程から残業手当予算にいたるまで、一般従業員がすべて管理している。[2] 飛行機で移動することが多いわたしたちにとってありがたいことに、リーダーのいないこの工場は欠陥品が従来よりも少ない。エンジンの製造機械を一度も扱ったことがないような幹部が、思いつきでなにか指示するようなことはもうない。『ワイアード』誌創刊編集長のケヴィン・ケリーは、自己組織化システムが企業の固定したヒエラルキーにとって代わることを『「複雑系」を超えて――システムを永久進化させる9つの法則』で予想している。そうなるのは、ITによって人間の文化がネットワーク化された組織体に変わりつつあるからだという。[3] ケリーによると、「管理不能《アウト・オブ・コントロール》」とは「管理されていない《フリー・オブ・コントロール》」状態であり、状態を指す。それは、真の実力の発揮を妨げている組織の束縛から解放されている状態であり、内なる自己《インナーセルフ》を抑えつけている惨めな日常から自由に超越している状態だ。

愛される企業のリーダーは、嵐のさなかのベテラン舵取りのように、知ってか知らずか、人間の超越エネルギーを上手に活用して舵取りしている。従来の「指揮統制型」ビジネスモデルは受け入れていない。用足しも幹部専用トイレ、雑談も幹部専用食堂、などということはない。愛される企業の幹部室は（そういうものがあるとすれば）、一番下も含めて全社員に常に開かれている。

愛される企業では、どの従業員も、顧客に満足してもらうための経費がかなり認められている。サウスウエスト航空の客室乗務員は、憤慨している客には無料チケットを渡していることで知られている。L・L・ビーンの従業員なら、同社の製品と勘違いした客が返品に来ても、新品と交換するかもしれない。愛される企業のリーダーは、従業員に並外れた信頼を置くことで並外れた仕事をしてもらえることをよく理解しているのだ。それはつまり、超越することであり、『オックスフォード英語辞典』によれば「上回る、優れる、秀でる、勝る」ことだ。これだけ評価されていれば、「指揮統制型」でこき使われているライバル企業の従業員よりはるかに高いレベルの仕事をするようになる。

自然界の生態系では、そこに関係しているすべてのあいだで最終的なバランスが保たれている。バランスが保たれていない生態系は、関係しているものを支えられなくなり、やがて崩壊してしまう。

愛される企業は、あるステークホルダー集団だけを特別扱いするのではなく、事業活動をおこなっている経済生態系のすべてが繁栄するよう注意を払っている。経済生態系が健全でなければ、すべてのステークホルダーの利益が危険にさらされてしまうからだ。

組織の自己実現において、愛される企業が重視しているのは、企業自身の利益でもステークホルダーの一集団だけの利益でもない。すべてにとっての利益を考慮し、生態系を重視している。ホールフーズはこの考え方をステークホルダーの全体ビジョンに反映させ、「相互依存宣言」で表明している。

ガーデニング用品スミス&ホーケンの共同創業者ポール・ホーケンが『サステナビリティ革

命——ビジネスが環境を救う』（鶴田栄作訳、ジャパンタイムズ、1995年）の数年後に共著で出した『自然資本の経済——「成長の限界」を突破する新産業革命』は、企業活動における画期的変化の一種のマニフェストであり、よりよい世界にするために企業にさらなる役割を果たすよう求めている。タイトルの「自然資本の経済《ナチュラル・キャピタリズム》」は、「世界の深刻な環境問題と社会問題を解決するために企業の力をうまく活用する」[4]一種の枠組みであり、ミルトン・フリードマンの考えている資本主義でないことは確かだ。

『最強組織の法則——新時代のチームワークとは何か』（守部信之訳、徳間書店、1995年）の著者ピーター・センゲは、「アダム・スミスの『国富論』を第1次産業革命のバイブルとするなら、この『自然資本の経済』が次の産業革命のバイブルとなるだろう」[5]という。この予想どおりになるかどうかにかかわらず、同書は、これまで主に行政の責務とされてきた課題解決において、企業の役割が大きくなりつつあるさまざまな兆しのひとつと言える。

『自然資本の経済』に次のような記述がある。

「世界は、企業を取り巻く環境における重要な変化の入口に立っていると思う。自然資本の経済のメッセージに耳を傾けない企業は危険を覚悟すべきだ」

BMW、パタゴニア、スターバックスといった愛される企業がその道筋をすでに示している。

BMWは、企業の持続可能性において世界をリードし、「直接の」利害関係を超えている社会問題（未成年の暴力問題防止プログラムなど）にも取り組んでいる。

パタゴニアは、売上の1パーセントまたは収益の10パーセント、どちらか多いほうを「地球税」として自らに課している。スターバックスは、コーヒー豆の仕入れを、家族経営の零細農園を守れるようなしくみにしている。

コミュニケーションの課題

ヨハネス・グーテンベルクが可動式の活版印刷機を発明した1450年あたりから、情報の流れの民主化が始まった。それでもその後550年ほどは、庶民への情報の流れは依然として情報発信者が管理していた。庶民が読んでもいいものをかつては教会が決めていたように、行政が決める場合も少なくなかった。

企業も同じで、情報のやりとりを厳しく管理する方針をとってきた。企業の法務部は、約2500年前にエウリピデスが書いたギリシア悲劇『オレステス』の「口は災いのもと」を奨励することで大きな役割を果たしてきた。ところがインターネットの登場で、企業の情報覇権はなくなっている。情報のパワーバランスを握っているのはいまや一般大衆だ。このことが、企業とステークホルダー、なかでも顧客とのコミュニケーションのルールを変えている。

いまの市場は、企業からの一方的な情報提供ではなく、対話が中心になっている。人々は、勤務先、購入先、投資先の企業について、かつてないほど活発にやりとりしている。こうなると企業は透明性をより高めて企業活動せざるをえないが、すべてのステークホルダーへのきちんとした対応に取り組んでいる思慮深い企業にとっては、別に問題ではない。透明性は、顧客、従業員、その他のステークホルダーからの企業に対する信頼性を高めることにつながる。従業員をやる気にさせる効果があることもわかっている。

スポーツシューズメーカーのニューバランスは、非公開会社ながら、製造データも財務データも従業員に開示し、生産データや目下の競争上のさまざまな課題などを把握してもらっている。数値化されたものを目にすれば、従業員は業績基準をしっかり意識し、やる気を引き出すリーダーのもと、より高い水準の成果をあげようと奮起する。

米国内のニューバランスの製造工場のほうが、契約している海外の製造工場より生産性が10倍高いのは、情報開示が大きな要因のひとつだと、ニューバランスの会長ジム・デイビスは確信している。詳細は第4章「従業員――資源から源泉へ」で説明しよう。

ザ・コンテナストア（2013年10月31日まで非公開会社）も、詳細な財務データを従業員に開示していた。おかげで従業員は、経営陣と経営目標により強いつながりを感じるようになる。

非公開会社の多くが極秘にしている情報を開示することは、従業員を信頼している表れでもある。

透明性が、外部からの脅威に対する脆弱性を軽減させる場合もある。ジョンソン・エンド・ジョンソンがそのことを認識したのは、1982年、シカゴ地域の店に陳列されていた鎮痛剤「タイレノール」のパッケージに、何者かがシアン化合物を混入させた事件への危機対応のときだった。

そもそもは、イリノイ州エルク・グローブ・ビレッジに住む当時12歳のメアリー・ケラーマンが原因不明で亡くなったことだった。その後2日間でさらに6名（うち3名は同じ家族）がやはり原因不明で亡くなった。全員がタイレノールを服用していたことがまもなく判明し、マスコミが大騒ぎしたことで、一地域の恐ろしい事件が全米を震え上がらせることになった。

タイレノールは不名誉にも、ブランドの歴史のゴミ箱行きに直面した。当時、広告業界のジェリー・デラフェミナが次のように公言している。

「自分ならこの問題を解決できる、と考えている広告人がいるなら、うちでぜひ雇いたいものだ。うちにも奇跡を起こしてほしいからね[6]」

ジョンソン・エンド・ジョンソンの当時のCEOジェームズ・バークもおそらく同じ考えだっただろう。問題があまりにも大きすぎて、広告で解決できるようなものではなかったからだ。

そこで、バークは透明性の戦略をとることにし、マスコミには包み隠さずすべて話そうと決めた。マスコミ――報道番組「60ミニッツ」のマイク・ウォレスと撮影スタッフもいた――に集まってもらい、この危機に対応するための、やらせではなく実際の会議を傍聴してもらった。数回に及ぶ会議や記者会見は、ゴールデンアワーのニュースで取り上げてもらえるようにタイミングを合わせておこなった。特に、ウォルター・クロンカイトの「イブニングニュース」に的を当てたのは、クロンカイトがアメリカでもっとも信頼できる人物、と呼ばれていたからだ。クロンカイトのニュース番組を見ている人なら、ジョンソン・エンド・ジョンソンの公開会議や記者会見の情報を信じてもらえるはず、と踏んだのだ。

あとは、よく知られているとおり。タイレノールのブランド生命は守られた。開封防止パッケージで販売を再開すると、以前にも増して市場シェアを広げたのだ。

バークのやり方は、ジョンソン・エンド・ジョンソンの脆弱性を高める可能性もあったかもしれない。おそらく高めただろう。だが、リスク低減にもつながったのだ。リスクは必ずしも脆弱性に比例するわけではなく、むしろ、脆弱性が高まることでリスクが小さくなる場合もある。このタイレノール事件がまさにそうだった。

ユーモアあふれる『これまでのビジネスのやり方は終わりだ――あなたの会社を絶滅恐竜に

しない95の法則』は、対話の場としての市場について論じている。[7] こうした動きはインターネットが主流になったからだと考えている人は多いが、バークがマスコミや市場との対話を通じてタイレノール事件を解決したのは、インターネットが主流になる、はるか前のことだった。

インターネットの普及で、こうした対話が避けられなくなっている。とはいえ、効果的に対話するための重要原則をどの企業も習得しているわけではない。その4原則を以下にまとめよう。

原則1「まず、良好な関係性を構築（あるいは既存の関係性を強化）したうえで、対話する」

ジョンソン・エンド・ジョンソンは、マスコミを招いて社内会議を傍聴してもらうことで、下手したら対立していたかもしれないところを好意的な関係性に発展させた。その結果、ニュースでの取り扱い、最終的には市場での取り扱いが好意的になった。

愛される企業は、ステークホルダーに気に入ってもらうことで、ずば抜けて高いロイヤルティを獲得する。おかげで、あらゆる面で好ましい結果につながりやすい。顧客がよく購入してくれる、従業員の生産性や創造性が高まる、サプライヤーが素早く対応してくれる、コミュニティが歓迎してくれる、そして、株主の満足度も高まる。

原則2「脆弱性をあえて見せる」

これこそ透明性の原則だ。もちろん、法務部はたいてい嫌がる。しかし、ステークホルダーとの対話から最善の成果を得るには絶対に必要だ。対話の場で一方が情報を伏せれば、もう一方も同じように伏せようとする。脆弱性の戦略的開示は、信頼の構築と維持につながる。信頼構築をビジョンや理念に掲げている企業は多いが、脆弱性をあえて見せる、とうたっている企業はどれくらいあるだろうか。

愛される企業はこの原則の実践に熱心だ。ホンダは、社内の上下関係をとっぱらって問題解決を促す「ワイガヤ」で、経営上の脆弱性を見せることを習慣化している。経営陣が決定した方針・やり方・決定事項に従業員が疑問を投げかけられるのだ。ホールフーズ、L・L・ビーン、ハーレーダビッドソンなど、愛される企業の多くにワイガヤと似たしくみがある。

原則3「ステークホルダーと相互の共感を育む」

ダニエル・ピンクの『ハイ・コンセプト「新しいこと」を考え出す人の時代』の「ハイ・コンセプトの時代」は「超越の時代」に相当するが、そこでカギとなる文化的6要素の1つに共感を挙げている。どの顧客も自分のことを理解してもらいたがっている。それは、従業員、サプライヤー、ビジネスパートナーも同じだ。この切なる願いは、関係性への期待に起因している。ステークホルダーが期待していることを共感の観点で理解していない企業は、当然、ステークホルダーのロイヤルティが低い。

数字を扱う「左脳的（論理的）」思考の企業人のなかには、「共感」ということばがビジネスの文脈で用いられるのを訝《いぶか》る人もいるかもしれないが、そういう人も、ロイヤルティの経済的価値は認めている。ロイヤルティは、言い換えれば愛情であり、共感するから愛情が湧いて来るのだ。顧客、従業員、その他ステークホルダーに共感するのは、トマトに肥料をやるのと似ている。ステークホルダーとの関係性が大きく育ち、花が咲き、やがては実を結ぶのだ。

顧客に共感してつながることの重要性はよくいわれている。営業研修では特にそういわれる。ところが、企業に共感してつながってもらえるよう顧客の側にも促すことの重要性は、ほとんど議論されていない。USAA（アメリカの軍人とその家族を対象にした保険大手）のあるエピソードが、そうした重要性を示している。

戦地へ赴く軍人の家族の苦労を心情的にもよく理解していたUSAAが、なんとかしようと決めたのは、第1次湾岸戦争後のことだった。湾岸戦争に出征経験のある保険契約者に対し、出征中に支払われていた保険料分を小切手で返金したのだ。ところが、約2500人からその小切手が返送されてきた。そこには「ありがとう、でも、USAAが破綻しないよう、この小切手はお返しします」と感謝の手紙が添えられていた。

ホールフーズの共同創業者ジョン・マッキーは、33年前に自然食品ビジネスを始めたとき、自分の夢が悪夢に変わる体験をした。テキサス州オースティンに開いた1号店が集中豪雨による洪水で浸水したのだ。運命のいたずらで事業は終わってしまった、と思っていると、各地から顧客が集まりだして店の再建を手伝ってくれた。顧客に対するマッキーの共感の姿勢が、この状況で、今度は顧客から共感してもらえたのだ。

わたしたちは、複雑で無秩序な世界にどっぷりと浸かっている。それはビジネスの世界だけでなく、日々の暮らしにもいえる。企業は、顧客や従業員がシンプルで秩序ある世界を見出せるよう手助けできるはずだ。それには共感してつながることが役立つ。愛される企業トレーダージョーズは、そこをよくわかっている。店は比較的小さく（1万平方フィート）、取扱商品は約2000点ほどだが（アメリカの一般的スーパーは3万点）、トレーダージョーズの常連客は、一般的なスーパーのようなだだっ広さや過剰な選択肢がなくても困らない。それどころか、トレーダージョーズの店の雰囲気は新鮮（あるいはトロピカル）と言うだろう。トレーダージョーズは、ハワイのエンターテイナー、ドン・ホーのようにいつも変わらないのんびりさで、複雑で無秩序な世界からひと息つく場を提供しているのだ。

原則4 「本当の意味で相互性のある対話をする」

相互にやりとりする会話が、良好で長続きする友情につながる。一方が話せば、もう一方がきちんと聞き、感化されていることをところどころで示し合う。顧客も従業員も、一方的にまくしたてることで、ある程度満足する場合もあるかもしれない。しかし、相手が話を聞いてくれているだけでなく、感化されているとわかれば、もっと大きな満足感が得られるのだ。

ザ・ボディショップは、従来のような市場調査に頼らずに誕生したが、創業者アニータ・ロディックは、各店舗に設置した提案箱に寄せられる顧客の不満の声に常に耳を傾けていた。こうして顧客の意見を集めては入念に調べ、意見を寄せてくれた顧客ひとりひとりにはスタッフが返事を書いた。こうしてロディックとスタッフは、対話の原則4を守り続けていた。

＊＊＊

そういうわけで、わたしたちはいま、ビジネスの世界でかつてない規模の激動を体験している。その激動が無秩序の種を周囲に蒔き散らしている。

それでも高い経営能力に恵まれ、従業員、顧客、サプライヤー、株主、コミュニティを、愛される企業に共通する超越のビジョンで刺激している企業なら、その未来予測は明るい。

第4章

従業員
――資源《リソース》から源泉《ソース》へ

ウェグマンズ・フードマーケッツ（以下ウェグマンズ）は、『フォーチュン』誌の「（アメリカで）もっとも働きたい会社ベスト100」に16年連続で選ばれ、うち11年連続でトップテン入り、2004年には1位になっている。薄利、低給料、高い離職率で知られるスーパーマーケット業界の企業にとって驚くべき栄誉だ。ウェグマンズは桁外れの顧客ロイヤルティを育んでいる。個人向け金融アドバイスのサイト「CBSマネーウォッチ」に次のような記事がある。

「ひょっとしたらウェグマンズは世界一すばらしい企業ではないだろうか。これをしのげる企業があるだろうか。（中略）顧客はロイヤルティが非常に高く、まるで『自分たちの』店のように思っている。デイヴィッド・レターマンのトーク番組で俳優のアレック・ボールドウィンが言っていた。母親がニューヨーク州北部から離れたがらないのは、ロサンゼルスにはウェグマンズが一軒もないからだと[1]」

ウェグマンズのモットーは、「まじめな人間が、共通の目標に向かって働いていれば、達成しようと決めたどんなことでも成し遂げられる」。ウェグマンズは、競争の激しいスーパーマーケット業界で顧客体験を通じた差別化をおこなっている。

その取扱品目は7万点を超え、標準的なスーパーより3万点以上も多い。店舗の多くには遊び場があり、子どもをそこで遊ばせているあいだに買い物ができる。店内には100～200席のマーケットカフェがあり、豊富なメニューを提供している。[2]

小売業の多くは、すぐに代わりのきく非熟練労働者をあえて雇うことで賃金を低く抑え、離職率の高さをやむなしと受け入れている、いや、歓迎すらしている。愛される企業はこれとは逆だ。賃金や諸手当を手厚くしたほうが、人件費は実際に「下がる」ことを知っている。この逆説的な結果が可能なのは、人材募集や研修の費用を抑えられるし、生産性も高くなるからだ。

従業員を大切にすることが顧客へのよりよいサービスにつながる、と信じている企業はウェグマンズだけではない。

ウェグマンズが（ほかの愛される企業を除いて）ユニークなのは、その信念に基づいて実行していることの多様さにある。同族経営の同社は、賃金が業界平均を大きく上回っている。支払いに無理のない健康保険のほか、確定拠出年金プランでは、従業員の積立金1ドルにつき50セントを、非課税の上限分まで支払っている。

ウェグマンズはパート従業員も優遇している。レジや袋詰めのアルバイトの高校生には、最大6000ドルの大学奨学金を4年間用意している。[3] この27年間で、2万5000人以上の正規、非正規の従業員に支払った大学奨学金は8100万ドルにのぼる。

時価60億ドル近いウェグマンズは、さまざまな研修を全従業員に提供している。知識が豊富な従業員は「ライバル店にはいませんから、お客様はほかのどこでもなく、うちへご来店になるのです」とCEOダニー・ウェグマン。[4] 従業員はそうした知識を、読書や地元の勉強会への参加のほか、「部門長の多くが海外へ出かけ、フランスのパティスリーで研修したり、農村部を回ってチーズについて学んだりして」身につけている。[5]

ウェグマンズの人事担当部長カレン・シャダーズがこう語る。

「従業員を大切にすれば、従業員もお客様を大切にします。自分の家族も大切にできない従業員に仕事はできません。従業員が生産性をさらに高められるよう、束縛しないことが重要です。（中略）当社の給与や諸手当はライバル企業と同じかそれ以上です。おかげで、より優秀な従業員に来てもらえるのです」

そして、優秀な従業員は確実に生産性が高く、結果的に収益アップにつながっているという。[6]

ウェグマンズは従業員に多大な信頼を置いている。どの従業員も、客に十分満足してもらうために必要なら何をしてもいい、と任されている。いちいち上司に相談しなくてもいい。サンクスギビングのターキーが大きすぎて家のオーブンに入らず、困っている顧客のために、店で調理してあげた従業員もいる。また、来客用の料理をしくじってしまった人の家へウェグマンズのシェフが出向き、挽回して仕上げたこともある。[7]

こうしたことを見ても、従業員に対する信頼と従業員のロイヤルティが直結していることがわかる。同社の正規従業員の自主退職率は年間わずか6パーセントだが、この業界の平均離職率は、非正規従業員で年100パーセントを、正規従業員で年20パーセントを、いずれも超えているのだ。

ウェグマンズは社内で昇進していく人がほとんどだ。店長の半数以上が10代のときにウェグマンズで働き始めている。新規開店時には、既存店から優秀な従業員を集めて配置し、全員対象のさまざまな研修をおこなったうえで開店する。

たとえば、バージニア州ダレスの一店舗開店のためだけで、研修に500万ドルを費やしている。2014年にマサチューセッツ州バーリントンの新規開店に派遣された他店の店長のひとりは、勤続27年で87の研修に参加したことがあるという[8]。

ウェグマンズの直接労務費は売上の約15〜17パーセントで、一般的なスーパーマーケットの12パーセントとくらべるとかなり高めだ。ウェグマンズが公開会社だったら、一部のアナリストから激しく批判されることは間違いない。ライバル企業の大半とくらべて25パーセント以上も高い賃金を支払っているのだから。

しかし、スーパーマーケット業界の従業員流出に伴う年間コストは、年間利益を約40パーセント上回っている、という調査結果がある[9]。なるほど、共同創業者ウォルター・ウェグマンの息子で前会長のロバート・ウェグマンが次のように発言したわけだ。
「与えたものより返してもらうものが少なかったことは一度もありません」

では、ウェグマンズはライバル企業の大半より高い賃金を払うことで何を返してもらっているのか。業界アナリストの多くの予想と異なるものであるのは間違いない。ウェグマンズの営業利益は、ほかの大手スーパーマーケットの**2倍**ある。売り場面積1平方フィートあたりの売上は、業界平均より50パーセント多いのだ。

ロバート・ウェグマンが従業員の重要性を次のように説明している。
「わたしが店を訪れるとお客様に呼び止められて、『ウェグマンさん、お店もすばらしいけど、店員さんも実にすばらしい』と言われるんです[10]」

広告費やマーケティング費をどれほど節約できているかを考えても、従業員給与だけを見て評価してはいけない理由がわかる。従業員給与は説明変数ではない。従業員は、企業の存在のあらゆる面で有益にも重荷にもなる。どちらがどの程度かは、企業文化や従業員価値を経営陣がどう見ているかで決まる。

やりがいのある仕事

仕事は収入のための一手段にすぎなかった時代があった。仕事内容は退屈で、労働条件も過酷だった。労働条件は時代とともに大きく改善してきたが、仕事そのものはあいかわらず退屈で、同じことを繰り返す味気ないものだと感じている人は多い。

ギャラップ社は従業員のエンゲージメント調査で定評がある。同社の調査結果から、アメリカの典型的な職場はかなり憂鬱であることがわかる。2000〜2012年の13年間をみると、アメリカ国内の従業員エンゲージメント〔意欲があり積極的に仕事に取り組む従業員〕は26〜30パーセント、「意欲を持とうとしない」（大きな不満を抱え、反感すら抱いている）従業員は16〜20パーセントだった。

これは衝撃的な事態であり、人的能力をとんでもなく空費している残念な事実を示唆している。責められるべきは企業リーダーだ。従業員が個々の才能を発揮し真に成功できるような環境づくりを、ただただ怠ってきたリーダーが多いということだ。

「超越の時代」には、人は収入以上のものを仕事に期待するようになる。つまり、金銭的収入だけでなく、「精神的収入」も切望している。

教育水準が上がり、人生にはさまざまな選択肢や可能性がある、と世界中の人々が気づくようになったのも、インターネットのおかげだ。感情的ニーズも社会的ニーズも満たされ完全にエンゲージできる、つまり、精神的な見返り、やりがいのある仕事をますます求めている。

「超越の時代」に入ったここ数年で起こりつつある文化の変容の広がりを象徴し、自分の仕事を天職、そのために生まれてきた使命、より高次の義務に応えるもの、と捉えようとしている。

こうしたことが、愛される企業のビジネスモデルに心を動かすものを感じさせている。愛される企業の従業員は、顧客のよりよい暮らしにつながるよう、地域や社会全体をよくするために自分にできることをする使命を感じている。


愛される企業のリーダーは、地域そして社会全体に貢献するよう、従業員を促し、励まし、報い、評価し、称賛している。ただ単にそれが正しいことだからだ。企業が社会的責任を果たす一番の方法は、慈善事業への寄付ではなく、そこで働いている全員が、収益だけではない意義ある仕事に熱心に取り組むことだ。

愛される企業は、経営陣、管理職、現場の社員が協力し合い、ステークホルダーのどの集団にも同じように貢献することで揺るぎない絆を築いている。こうしたことが協力や支援の意識を育み、従業員は互いを出世のライバルと見なすのではなく、それぞれが成果をあげられるよう助け合うようになる。

アウトドア用品パタゴニアの環境問題研修プログラムは、給与や諸手当を全額支給のまま、従業員が自ら選んだ環境保護団体で年に最大2カ月までボランティア活動をおこなうことを認めている。ハーレーダビッドソン財団は、従業員50名ほどの力を借りて、助成金の見直しや寄付先の検討をおこなっている。アウトドアウエアのＲＥＩ《アールイーアイ》は、地元の各種団体を支援しているが（２０１２年の助成金は４００万ドル）、その支援先は従業員が推薦した団体に限っている。

こうした活動は、企業の社会的責任（ＣＳＲ）の単なる一環ではない。明らかに社会的責任のある活動に人的資源を投じている愛される企業と、ステークホルダー関係管理モデルのほかの要素が戦略的しくみとなり、コスト削減、生産性の向上、顧客および従業員の高いロイヤルティの創出につながり、同業他社を常に上回る業績、ひいては株主への大きなリターンを可能にしている。

愛される企業は、優秀な人材しか採用しない。魅力的な職場で、給与や福利厚生面も同業種の平均をかなり上回っているからこそ、それが可能なのだ。

人材採用におけるこの高い選択自由度が、愛される企業の成功の「要因」なのか「結果」なのかは、検討に値する興味深い点だ。成功の「要因」であるなら、従業員がそこまで優秀ではない企業が同じように成功する可能性はなさそうだ。また、愛される企業の数は、総労働人口に占める優秀な人材の数にどうしても限られることになる。一方、それが成功の「結果」であるなら、愛される企業をまねることも可能かもしれない。

この点について、日産がある教訓を示してくれている。経験の浅いごく普通の労働者でも、高度な技術を身につけてすばらしい貢献ができるのだ（次の「ミシシッピの奇跡」参照）。

ミシシッピの奇跡

日産が２００３年５月に操業を開始した、ミシシッピ州キャントンの自動車組立工場で達成したことを紹介しよう。

アメリカ国内でも貧しく、産業化も遅れているミシシッピ州は、最先端技術を備えた20億ドル規模の工場を立ち上げるにはぴんと来ない場所だ。仕事の実績や経験のない労働力に頼らざるを得なかったのも、ミシシッピ州のお粗末な教育システムのせいだ。日産は同州の平均賃金の２倍近くを提示した。州内に82あるカウンティすべてで就職説明会をおこなうと、就職希望者の列が１キロメートルを超えるところもあった。ミシシッピ州知事から、新工場の労働者の半数はアフリカ系アメリカ人を雇うと約束するよう要請され、２００５年までに実際に半数を超えるようになった。

このキャントン工場は世界最高品質でたびたび評価されている。期待を大きく上回る成果であり、労働者が誇りと喜びにあふれているのが手に取るようにわかる。従業員の集会はいつも伝道集会さながらの雰囲気になる。新たに主任になる人たちの就任式で、ある人は次のように述べた。「日産で働くことにしたのは、いままでで最高の決断でした」。また別の人は「どうやって人間関係を築けばいいかわからなくても、日産が教えてくれます」と言い、ある女性など、発言しようと立ち上がったものの声が震え、目に涙を浮かべて言った。「うれしさで胸がいっぱいで、言葉が出てきません」。

教育も経済もアメリカでもっとも遅れているこの州に、非常に複雑な自動車工場を立ち上げるなんて判断ミスも甚だしい、と考える人も少なくなかったが、そうした疑り深い人たちもがらりと意見を変えた。同工場の労働者は２０１３年までに５２００人に増え、いまでは年間45万台を製造している。当初は批判していたある著名人も、日産がミシシッピ州でなしえたことは「奇跡」だと言っている[11]。

スタンフォード大学経営大学院のチャールズ・オライリー教授がおこなった調査研究で、「平凡な従業員」がすばらしい企業づくりとすばらしい業績達成の力になりうる、と結論づけている。オライリーは共著書『隠れた人材価値――高業績を続ける組織の秘密』（廣田里子、有賀裕子共訳、翔泳社、2002年）で、従業員が心理的オーナーシップで「自分ごととして」仕事をする文化を生み出せば、平凡な従業員でも高水準の成果を出せるとしている。意見を聞いてもらえる、理解してもらえる、自分は影響を及ぼせる、と感じさせることが必要で、そうなれば従業員は間違いなく影響を及ぼす。

愛される企業の多く、なかでも特定のライフスタイルに特化している企業は、自社の存在意義《パーパス》に強い関心がある人を雇うようにしている。パタゴニア、L・L・ビーン、REIのいずれも、アウトドア人間しか採用しないようにしているのもそうで、そのことが従業員と顧客の結びつきを強くしている。トレーダージョーズ、ウェグマンズ、ホールフーズは、グルメな人を採用している。デザインコンサルタント企業IDEO《アイディオ》には、医者から建築士にいたるまで、システム思考のバックグラウンドを持つ驚くほど多彩な経歴の人々が働いている。

愛される企業の経営幹部は平社員から昇進してきた人が多く、そのことが新規採用者にとって大いにやる気につながっている。自分の将来に夢と希望を感じられるからだ。カーマックスやトレーダージョーズは、出世への道筋をはっきりと示している。カーマックスは新社員に4つのキャリアパス（営業、購買、オペレーションズ、事務）からひとつを選ばせている。社員はそれぞれのキャリアパス内で段階を経て昇進できる。トレーダージョーズの新社員は「見習い」に始まり、スペシャリスト、商船員《マーチャント》、一等《ファースト》または二等航海士《セカンドメイト》を経て、最終的に船長《キャプテン》や指揮官《コマンダー》に昇進する。

経営陣と労働組合が協力関係にある強み

経営陣と組合側が友好的な関係を維持できていれば、組合がない企業より好業績の傾向が見られる、とスタンフォード大学経営大学院のジェフリー・フェファー教授が指摘している。敵対する関係に転じれば当然、その逆になる。

組合があることとの一番の直接的利益は、賃金が比較的高いことであり、それが優秀な人材の雇用や離職率の低減につながっている。純利益への影響がたいていゼロなのは（プラスにすらなりうる）、離職はコストが高くつくし、経験豊富な従業員のほうが生産性が高いからだ。カイザーパーマネンテは、組合とついに協力関係を築き、業績が大幅に改善した。従業員の満足度は急上昇し、顧客の満足度もアップし、結局1億ドルのコスト削減につながったのだ。[12]

愛される企業の労使関係には2通りある。経営陣が組合としっかりした協力関係を築いているタイプ（サウスウエスト航空やハーレーダビッドソン）と、経営陣が、すばらしい労働環境や手厚い給与・福利厚生で従業員との協力関係を直接築いているため、組合が交渉するようなことがほとんどないタイプ（ホールフーズ）だ。

ハーレーダビッドソンは、従業員の大半が組合に加入している。同社の将来が危ぶまれていた1980年代はじめ、組合は、この困難な時期を乗り越えられるよう協力を惜しまず頑張りぬいた。以来、経営陣は組合と非常にオープンな関係性を維持しており、そのことで会社も従業員も、そして株主も利益を得ている。

ハーレーダビッドソンは、経営陣と組合がそれぞれのニーズと目標にバランスよく貢献することで双方の利益のために協力する、という目標を共有している。経営陣はアウトソーシングの逆の「インソーシング」で仕事をなるべく米国内に取り戻し、解雇を避けるよう努めている。組合側は、不満足な仕事をした組合員を懲戒処分にすることで知られている。職場環境の安全性の向上のため、経営陣と組合が緊密に協力し合っている。[13]

サウスウエスト航空は、経営陣とパイロット組合が互いを批判することがほとんどない関係を築いている。どちらも率直に意見を言い、関係者全員に敬意を払っている。[14] この敬意ある関係性が試されることになったのが、アメリカ同時多発テロ事件後だ。この悲劇の直後、サウスウエスト航空は、いかなる人員削減も一切おこなわない対応をとった。

「人員削減していれば、もっと利益が得られる機会がいくらでもあったかもしれません。でも、それは近視眼的だと常に考えていました。社員を大事にしていること、短期でわずかばかりを稼ぐために社員を傷つけたりしないことを示すべきなのです」[15]

一方、組合のない愛される企業のリーダーは、「従業員が組合結成に関心を示すようになるのは、自分たちが社員の期待を裏切っている警鐘だ」と捉える傾向がある。ホールフーズの創業CEOジョン・マッキーは間違いなくそう考えている。ウィスコンシン州マディソン店の従業員が、健康保険料の値上がりと服装規程を理由に組合結成を（65対54で）票決したとき、マッキーの反応は素早かった。公式に認めて次のように発言したのだ。

「改善の余地はあります。ホールフーズが時価総額32億ドルの企業に成長したため、従業員への配慮と、ほかのステークホルダーへの配慮とのバランスがとれなくなってしまっているのかもしれません」[16]

マッキーは同社のモットー「ホールフーズ、ホールピープル、ホールアース（自然食品、健康な人々、健全な地球）」に立ち返ることで、自分に活を入れることにした。145店舗すべてを訪れてチームメンバーともう一度つながるために話し合いの場を持った。話し合ったマッキーは、従業員の福利厚生をどのように立て直すべきかについて、全社員の投票で決めることにした。

こうしてマディソン店の「警鐘」がきっかけとなり、健康保険料は会社が全額負担することが決まった。それだけではない。フルタイム従業員全員に、1700ドル分のデビッドカードで「健康管理カード」を発行し、医療費および歯の治療費に充てられるようにした。マディソン店の組合は、こうした福利厚生が交渉によって実現したものではなかったため、同店のメンバーに受け取らせようとしなかった。これを受けて同店の従業員は、組合の不承認を2003年11月に票決した。

信頼を築いている

愛される企業の特徴のひとつに、従業員間の信頼度の高さがある。信頼は築くのに時間がかかり、維持するのが難しい。

ザ・コンテナストアが従業員のあいだに信頼を築いて維持している様子を見てみよう。同社がこの点を非常にうまくおこなっているのは明らかだ。『フォーチュン』誌の「働きがいのある会社」ランキングで1位（2000年および2001年）、2002年と2003年に2位、2004年に3位など、14年連続でランキング入りを果たしている。同社に新規採用された人は、「ファンデーション・ウィーク」と呼ばれる1週間の研修を受け、社内のしくみや同社の企業哲学を学ぶ。これが相互信頼の関係性を築く第1ステップとなる。従業員関係性担当の前部長バーバラ・アンダーソンが次のように語っている。

「新規採用者の中には、他社で働き、幻滅した者が多数います。最初私たちの文化のことを聞いたとき、彼らはそれを信じたいと思いながらも、過去の経験から素直に信じる気にはなれないのです。ファンデーション・ウィーク（新人研修）だけでこの問題が解決できるとは思っていません。信頼を築くには時間がかかります。しかしこのオリエンテーションは、その時間を短くする効果があります。新人とストア・マネジャーが終日一緒に過ごすだけでも、大きな効果があります」[17]

愛される企業が従業員との信頼を構築するために活用している重要要素が4つある。個人の尊重、透明性、チームづくり、エンパワーメントだ。

個人の尊重

従業員ひとりひとりを「ホールパーソン」として捉えている。非人間的な「生産要素」扱いなどしない。このことは、従業員の階級に関係なく、会社の意思決定に積極的に参加させていることからもわかる。前述したように、寄付先の団体を従業員に相談している（REIとハーレーダビッドソン）、顧客に十分満足してもらえるよう従業員各自に判断させている（ウェグマンズ）、従業員が自分の時間と専門知識を活かして理想のために貢献できるようサポートしている（パタゴニアとL・L・ビーン）のもそうだ。

透明性

全従業員やほかのステークホルダーとの情報共有に疑心暗鬼の企業は多いが、愛される企業は一般公開の道を歩んでいる。ニューバランスやザ・コンテナストア（現在は公開会社）のような非公開会社でさえ、従業員に財務情報を公開している。ニューバランスは、製造工程、生産数、生産コストの情報も公開し、信頼の構築はもちろん、米国内で製造に携わっている従業員に、米国内外それぞれの製造コストを理解してもらうのにも役立っている。これは効率性のアップと競争力の維持において重要で、米国内の雇用を守ることにもつながる、とニューバランスの経営陣は考えている。

チームづくり

並外れて強いチーム意識を育んでいることが、低い離職率の主な要因になっている。

サンフランシスコに本社があるデザインコンサルティング会社ＩＤＥＯでは、たまには午後から仕事を休んでチームのみんなで映画鑑賞やスポーツ観戦に出かけるよう促し、従業員に明確なアイデンティティを身につけさせている。グーグルの社員は「グーグラー」と呼ぶことで、ほかとは違う存在だと自覚させている。トレーダージョーズの従業員にも明確なアイデンティティがあり、勤務中はアロハシャツ姿で、船長《キャプテン》、一等航海士《ファーストメイト》などと呼び合う。ジョーダンズ・ファニチャーは、「Jチーム」という考え方で、顧客を喜ばせて忘れられない体験をしてもらうべく、従業員全員が協力する仕組みをつくっている。顧客と従業員は対等、経営陣とパート従業員も対等、という考え方が、このJチームの信条の中心になっている。

エンパワーメント

顧客を満足させたり製造上の問題を解決したりするために必要な手段をとる権限（そして義務）が従業員にある。企業が従業員を信頼しているので、当然、企業に対する従業員の信頼構築にもつながる。

IDEOは、採用されてまもない人になんらかのプロジェクトを任せている。サウスウエスト航空は、創業まもない頃、4機しかなかった航空機の1機を売却せざるをえなかったことがある。従業員は（少ない人員で済む）減便運行ではなく、4機で運行していたこれまでのスケジュールをなんとか3機で維持する計画を考案した。その実行のため、パイロットや管理職が荷物の取り扱いを手伝い、客室乗務員が客室清掃を簡素化しておこない、地上勤務員が飲み物の補充プロセスを改善するなど、まさに全員協力の賜物で、ゲートでのターンアラウンドタイム〔着陸から離陸までの間隔〕を10分に減らした。ジョーダンズ・ファニチャーでは、Jチームのコンセプトのもと、顧客を満足させるために必要な手段をとる権限が全従業員に与えられている。従業員は顧客に対する企業の顔として、仕事にやりがいを感じている。自分のすることが顧客体験にもろに影響することがわかっているため、自主性が促され、仕事がうまくいったときに満足感がある。

仕事をする喜び

愛される企業は、楽しく、仲間意識があり、建設的で、目的意識のある職場環境を育んでいる。職場環境は、優秀な人に来てもらい、やる気にさせ、維持するうえで重要な要素だ。プレッシャーを感じることなくベストを尽くせる雰囲気は、従業員がストレスをためずに生産性を高めることにつながる。真剣かつユーモアを忘れずに仕事に取り組み、「リラックスかつ集中している」状態で持てる力を最大限に発揮する。

トヨタは1970年代後半まで、自社工場の組み立てライン労働者の待遇がよくなかった。常時稼働しているベルトコンベアで何時間も作業させられたという。勤務時間中は「自由時間」がないも同然だった。作業員の人数はそのままで、生産性をアップするためだ。ベルトコンベアが動いているあいだはそこに張りついていなければならず、その日の生産目標台数を達成するまでベルトコンベアが止まることはなかった。組み立てラインで働いたことのある鎌田慧《さとし》によると、欠勤は認められず、自殺者も少なくなく、不自然な姿勢や動作で長時間作業させられるせいで、首、肩、腕に問題を抱えている人が多かったという。[18]

幸い、トヨタはようやく目を覚まし、全従業員の健康と安全が最重要であることに気づくようになった。教育や啓発を通じ、作業中の事故や職業病をなくすことに重点を置いている。健康診断を毎年おこない、従業員の健康増進を目指す生活習慣改善キャンペーンを立ち上げたりしている。また、心の健康にも配慮し、従業員の心の問題の予防や早期発見の手段として、監督者を対象に積極的傾聴法《アクティブリスニング》コースを実施している。

愛される企業の職場環境は明るく、融通が利き、(仕事とプライベートの)バランスがとりやすいため、従業員は創造的な生活の質《クオリティ・オブ・ライフ》を実現できる。

仕事は楽しく

サウスウエスト航空のハーブ・ケレハーは、楽しい雰囲気づくりと同社の宣伝のためになにかと目立つパフォーマンスをした。ある広告スローガンの使用権をめぐってライバル社のCEOと腕相撲をしたり（マスコミに大きく取り上げられ、従業員1800名のチアリーダー姿が注目を浴びた）、女装やエルビス・プレスリーの扮装をしたりした。[19] 楽しいこと好きなケレハーの人柄は、その企業文化にも、洒落っ気のある従業員にも浸透し、いまではしっかり根づいている。

この文化をこれからも絶やさないよう、同社が立ち上げた「企業文化委員会」は、各地のあらゆる階層の従業員から指名された100名近い従業員で構成されている。この委員会は「サウスウエスト航空をすばらしい会社、つまり家族にしている独特の精神と文化を創造し、高め、豊かにしていくために必要なことはなんでもする」責任があるほか、従業員感謝会、目標を達成した部署の祝賀会、永年勤続者を表彰する毎年恒例の祝宴会など、全社を挙げての特別イベントも催している。

グーグルのロゴには（数百種類のバリエーションがあり、さまざまなタイミングや状況に合わせている）楽しさや陽気さが込められている。

ザ・コンテナストアは、顧客には「Contain yourself［自制と収納のダブルミーニング］」と茶目っ気で、従業員には「Think Outside the Box［型にはまるな］」と促している。同社の「お楽しみ委員会」は、従業員同士をつなげる活動やイベントを後援している。これは、企業が成長するにしたがって、ひとりひとりが見えなくなり、埋没してしまうのを防ぐために設けられた。

レオナルド・ベリーが『成功企業のサービス戦略――顧客を魅了しつづけるための9つの原則』でこう述べている。

「（家族は）一緒に楽しむことにお金や時間をかけるが、それは高い信頼を実現した企業においても同じである。楽しむことは、信頼を構築するうえで大きな役割を果たす。というのも、ケアの精神が伝わるからである[20]」

数年前、ジョーダンズ・ファニチャーが全従業員をあっと言わせたことがある。休業にし、ジャンボジェット機4機を借り切り、Jチーム全員（当時の従業員1200名）をバミューダ島へ連れて行って「真夏の1日を、ビーチ、バーベキュー、ライブ、水中ゲーム、ダンス」でもてなしたのだ[21]。このご褒美はJチーム哲学を確固たるものにした。従業員の熱心な働きぶりとロイヤルティに感謝の気持ちを示したかったのだ。

従業員ひとりひとりに旅行券などをプレゼントするのとは違い、全員参加の社員旅行だからこそ、チームワークの意識強化につながった。みんながいっしょに働いて手に入れた旅行だからこそ、みんなでいっしょに楽しんだのだ。

IDEOの創業者デイビッド・ケリーは、「遊ぶことがイノベーション精神を刺激する」[22]と信じている。急に思い立っての息抜きはごく普通だし、気晴らしや同僚へのちょっとしたいたずらも良しとされている。みんなで一緒に出かけることも多く、職場で遊ぶことも奨励されている。社内廊下でミニチュアゴルフに興じたり、ナーフボールを投げたりして遊んでいる人もいる。

バランスとフレキシビリティ

人生における「バランス」は、いつなんどき崩れるかもしれない均衡を微妙に保っている状態だ。いつ、どこで、どのように働くかの融通がきく企業であれば、従業員は仕事をきちんとこなしつつ、プライベートで必要な用事や義務も引き続き果たせる。

愛される企業は、各従業員のスケジュール上のニーズに配慮している。パタゴニアやニューバランスはフレックスタイム制を採用しているので、たとえば、子どもが学校から帰ってくる時間帯に家にいてやることも可能になる。

ティンバーランドの元CEOジェフリー・シュヴァルツはこう考えている。

「従業員には仕事以外にもやるべきことがあるのに、それを認めようとしない経営者はなにか勘違いしている」

シュヴァルツは以前、会社のセキュリティログを定期的に確認し、週末にしょっちゅう出勤している従業員がいないかチェックしていた。そうした傾向が見られれば、なにか問題があるにちがいない――能力不足または人手不足――と考えたのだ。

「社員が燃え尽きてしまうことほどムダなものはありませんから」[23]

北米イケア社長のパーニル・スパイアーズ＝ロペスは、通常の勤務時間内に仕事を終えて、家には持ち帰らないようにしている。週末の出張も避けるようにしている。そして社員にもそうしてほしいと考えている。

イケアは、社員へのコミットメントを明確に示し、売上不振でも社員を大事にしている。スーパーバイザーやマネジャーには、メンターとしての役割と、店舗のニーズと従業員のニーズをうまく調整することが期待され、その実現のために、フレックスタイム制、ワークシェアリング、コンプレスト・ワークウィーク［1週間の所定労働時間は変えずに、1日あたりの就業時間を長くして就労日数を減らす働き方］を導入している。また、正規従業員を対象にアンケートをおこない、士気を測ったり、取り組むべき課題を特定したりするのに役立てている。

グーグルのビジネスモデルと企業文化のユニークなものに「20パーセントルール」がある。勤務時間の20パーセントを、仕事とは関係のない自主プロジェクトに充てることを認めるもので、ここから重要な新サービスに発展したものは多い。アドセンス（コンテンツ連動型広告配信サービス）、グーグルニュースなどもそうだ。[24]

グーグルにはヒエラルキーがほとんどなく、だれもが複数の仕事をこなしている。グーグルのホリデーロゴを担当しているインターナショナルウェブマスターが、グーグルサイトを韓国語に翻訳するのに1週間費やしたこともある。業務の垣根がフレキシブルな文化はサウスウエスト航空にもあり、結果として、ライバル航空会社より効率のよい運航につながっている。マネジャーもスーパーバイザーも、現場社員といっしょになって働いている。[25]

バランス、融通性、従業員エンパワーメントのすばらしい例が、ブラジルの企業にある。1980年代なかば、サンパウロにある船舶部品会社セムコは苦戦していた。商船用のポンプやスクリューを製造していたセムコは、ブラジル経済同様、ゆっくりと沈みかけていた。

この会社を父親から引き継いだリカルド・セムラーは、事業を多角化する大がかりな計画に着手した。すべて自分がコントロールし、部下にほとんど任せず、多くのベテラン社員とも疎遠になった。こうして率先してがむしゃらに働いていたところ、ニューヨーク州北部にある工場の視察中にとうとう意識を失って倒れ、ボストンのレーヘイクリニックで検査してもらうことになった。医師には、「仕事のペースを落とさないといずれ心臓発作を起こしますよ」と言われた。[26]

この警告を肝に銘じたセムラーは、会社も自分も改めることにした。仕事とプライベートのバランスをとり、従業員にも同じようにさせる、と決意したのだ。

節度ある新たな仕事のペースで、自分も従業員も遂行能力が高まっただけでなく、セムコの業績自体もアップしたため、セムラーも驚いた。従業員に自分で計画を立てさせるようにすると、生産性も忠誠心も高まり、より多彩な能力を発揮するようになった。

セムラーは、受付係、組織図、さらには本社まで廃止した。従業員には、自分の給与額を申告させたり、上司の仕事ぶりを評価させたり、仕事のやり方を互いに学ばせ合わせたりした。全従業員に会計帳簿を開示し、労使間の利益分配計画に透明性をもたらした。

これで終わりではない。セムラーは、異様に思えるほど従来とは真逆の方針をとり、会議はすべて任意出席とし、休暇は強制的にとらせた。どんな会議であっても関心がなければ途中退席して構わないし、かえってそのほうがいい、とされている。残った人たちこそが、その議題に本当に関心があり、真剣に話し合えるからだ。

こうした一切を通じてセムコの財務状況はどうなったのか。売上は6年間で3500万ドルから2億1200万ドルにアップ、数百人程度だった従業員数は3000人に増え、離職率がわずか1パーセントというから驚きだ。

セムラーは自身の経験を2冊の本に書いている。[27] 勤務時間を従業員に決めさせていることについて、次のように述べている。

わたしたちは、責任ある大人を相手にしている、と常々思っていますし、実際、みんな大人です。ところが、従業員を子ども扱いし、「遅刻するな」「このトイレは使うな」なんて言い出すから、相手の子どもの部分を引き出してしまうのです。（中略）うちの社員は、仕事とプライベートのバランスを上手にとっています。子どもを学校へ送っていってから出社する社員は大勢います。その一方で、社員の27パーセントが日曜の夜8時に社のコンピュータに接続していることが最近のデータからわかっています。おそらく、熱心に仕事をしているのでしょう。

次は、ステークホルダーの観点についての箇所。

うちの会社がしてきたことが見習われているのは、従業員はもちろん、ステークホルダーのあいだにも大きな不満がはびこっているからではないでしょうか。（中略）航空業界を例にとりましょう。ステークホルダー全員をものの見事に損させている、唯一の業界ではないでしょうか。株主はまったく儲からない、経営陣は長続きしない、航空機は改良されない、航空管制官は世界最悪の仕事だし、乗務員はいつだって無愛想です。パイロットはストライキをする、機内食はとにかくまずい、航空ビジネスでいい話はひとつもありません。要するに（中略）従来型ビジネスモデルは機能していないのです。だから、ほかのやり方を探してみよう、となるわけです。[28]

創造的な生活の質《クオリティ・オブ・ライフ》という恩恵

ちょっとしたことで、従業員の生活の質は大きく変わる。ＩＤＥＯは、自分のワークスペースは自分でデザインするよう従業員に促し、創造性の表現や促進につなげている。ある従業員が、自分のオフィスに飾る古い航空機の翼１枚分の費用４０００ドルを経費として請求したところ、支払ってもらえたケースもある。

そこまで特殊ではないが、ティンバーランドは、授乳室と託児所を社内に用意している。グーグルは、社内診療所、無料マッサージ、ゲーム室、シャワー室、託児所、週５日の無料ランチ、ドライクリーニング、税金相談、個人および家族サービス、ビジネス関連の法律サービスなどを用意している。

トヨタも、ケンタッキー州ジョージタウンの工場に24時間託児所を設けている。1万9000平方フィートあるこの工場の敷地内には、教員90名を含む115名の職員が働き、各種教室、自習室、活動スペース、ベッド、ウェルネスセンターを運営している。

パタゴニアは、その企業文化に合わせて「環境保護《グリーン》」手当を支給している。定期開催の「知的好奇心を満たす《ブレインフード》」講座では、サーフィン、ヨガ、時間管理、フランス文化入門、ビジネスコミュニケーション、非暴力の市民的不服従など、さまざまなテーマを扱っている。ハイブリッド車を購入した従業員には2000ドルの補助金を出している。

こうした福利厚生の効果はかなり大きい。パタゴニアの社内託児所は「親の職場と子どもの日常環境をひとつにし、親子双方の軋轢《あつれき》や不安を最小限にとどめることで、職場への満足度と生産性の向上を可能にしている」[29]。社内食堂で親子がいっしょに昼食をとっている姿もよく見かけられる。しかも、地元の自然食材を使った新鮮かつヘルシーな食事ができるのだ。毎年100名程度の新規採用募集に対し、1万人の応募があるのもうなずける。運良く採用された人は、家庭、仕事、休養のバランスがとれた理想的な生活が可能になる。

従業員に「ぴったりの」福利厚生を提供する、といっても、なにもかも揃えるのは当然ありえない。それでも、どういう福利厚生を整えたら最大効果が得られるか、研究調査に基づいた裏づけはいろいろあるから、良識あるＣＥＯの指針となるはずだ。[30]

研修や能力開発を重視している

人は一生を通じて成長・向上していくべきであり、それは従業員にもいえる。だれよりも経験豊富で有能な従業員であっても、引き続き学んで向上していかなければならない。愛される企業は、従業員がその力を最大限に発揮できるよう、研修、能力開発、養成制度などに力を入れている。また、従業員の功績は、その大小に関わらず常に讃えている。

ザ・コンテナストアは、アメリカでもっとも働きたい会社のひとつとして長らく定評がある。『フォーチュン』誌の「働きがいのある会社」ランキング上位の常連であるほか、『ワークフォース』誌の人材マネジメント戦略部門で優秀賞も受賞している。こうした成功ぶりの主な要因は、研修への取り組みにある。小売業界の平均的企業がおこなっている研修は7時間。一方、ザ・コンテナストアの新規採用者は、最初の1年めだけでも３００時間近く、その後も毎年、少なくとも年に１６０時間は研修を受けている。

愛される企業のほとんどが、いわゆる「社内大学」で従業員教育をおこなっている。サウスウエスト航空には「ピープル大学」があり、新規採用者はここで数か月間研修を受ける。トヨタの従業員は、熟練工による「カイゼン」や技術伝承を通じ、広範囲にわたる技術研修を受ける。UPSの継続教育は、7万4000人を超えるドライバーに対し、年間のべ130万時間の研修をおこなっている。毎年のべ380万時間の安全研修に年間1億2000万ドルほどかけている。すべて合わせると、UPSの社員教育費は年間3億ドルになる。

1999年、UPSは「稼ぎながら学ぼう」プログラムを立ち上げ、2年間で2万人を超えるパートタイム従業員の大学進学を支援した。1年めだけで900万ドル超を、大学の授業料、納付金、テキスト代に費やしている。このプログラムが将来のフルタイム従業員を育てたり、パートタイム従業員がフルタイムの監督者に昇進するのに必要な技能を身につけてもらったりすることにつながる、と経営陣は考えている。このプログラムは、UPSが242校の大学と提携し、延べ払いを認めてもらうなど、経済的に無理なく利用しやすい機会をつくっている。[31]いまでは全従業員が、UPSに在籍しながら大学へ通う支援金として最大2万ドル受けられる。

IDEOでは、プロジェクトメンターが人事部の役割を担っている。新規採用者には、必要な研修科目への登録、初めてのプロジェクトや職場への適応の支援をおこなっている。

組織における感情知能の重要性は前述したが、従業員の採用および研修のプロセスでは、EQ（感情知能指数）がもっとも重要になる。

EQが高い人は、自分の価値観を反映し、心情的に共感できる企業で働こうと考えるから、就職先を慎重に選ぶ。仕事は自分を成長させてくれる意味あるものであって、単なる生計の手段とは考えていない。[32] EQが高い従業員やチームは、ストレス度が低い、仕事への満足度が高い、組織へのコミットメントが大きい、創造性が高い、離職率が低い、生産性が高いなど、さまざまな恩恵をこうむっている。[33]

評価や称賛を重視している

愛される企業には祝賀会が多い。サウスウエスト航空の元COO（最高執行責任者）兼社長のコリーン・バレット（ハーブ・ケレハーの法律事務所で弁護士秘書としてスタートし、サウスウエストの社長時代には企業文化の維持に務めた）はこう言っている。

「うちは堅苦しい会社ではありません。なにかとお祝いするんです。大学の親睦クラブや同窓会のようなノリですね。とっても楽しんでいますよ！[34]」

グーグルは、従業員に自由裁量権を与えることにも、企業目標の達成に重要な役割を果たしている点を評価することにも秀でている。傑出したさまざまなプロジェクトに取り組んでいる従業員への報奨金は、数百万、数千万ドルに及ぶ。

1200万ドル相当の譲渡制限付株式を授与する「創業者賞」の初回は、それぞれ10数名から成る2チームが受賞した。共同創業者のセルゲイ・ブリンがこう言っている。

「うちの社員はとにかくすごいことをやってくれていますから、そのことに報いる制度をつくりたかったのです[35]」

ボブ・チャップマンのサクセスストーリーは桁外れだ。チャップマン率いるバリー＝ウェーミラーは、時価総額15億ドルの産業用機械コングロマリットで、製造企業を数多く抱えている。チャップマンが「真に人間的なリーダーシップ」と呼んで実行している哲学は、思いやりと称賛に満ちたすばらしい共通文化を生み出している。

同社は「人づくりがわたしたちの仕事」「人々の暮らしへの関わり方が成功の物差し」と表現している。チャップマンがこう述べている。

「持って生まれた才能を発揮・活用・発達させ、共通のビジョンの追求に貢献することに心から充実感を覚えるような文化的環境をつくることで、企業は社会に対してもっとも強力なプラスの影響力を及ぼしうる、とわたしたちは信じています」

バリー＝ウェーミラーの企業文化で重要なのは、従業員による評価で祝っている点だ。従業員が受賞者候補を推薦する賞がいくつもあり、従業員で構成する委員会がその推薦理由を吟味したうえで、候補者ひとりひとりと面談する。賞そのものにはあまり費用をかけず、「特別社用車を1週間使い放題」といった感じのものが多い。同社の社用車はその地域社会でよく知られているから、大いに注目されてプライドがくすぐられる。表彰式には受賞者の家族親戚も招待される。こうした文化の創造に力を入れていることが、バリー＝ウェーミラーが買収した多くの企業の救済や発展に大きく寄与している。[36]

パート従業員にも手厚い待遇

パートタイムで働いている人の割合が近年増えてきている。米国労働統計局によると、労働時間が週35時間未満の人が、2013年には労働人口の20パーセントを占め、1996年の18パーセントから増えている。この流れは今後も続く可能性が高い。ベビーブーマーが退職すると、今度はパートとして働くようになるためだ。

パート従業員に福利厚生を用意している企業は比較的少ない。2000年で見ると、大企業および中堅企業のパート従業員で、企業が提供している医療保険に加入しているのはわずか13パーセント、退職金積立はわずか12パーセントだった。

ただし、愛される企業は例外で、大半がパート従業員にも手厚い福利厚生を用意していて、なかには労働時間が週15時間しかないパートでも対象にしているところもある。ウェグマンズは、週に最低17・5時間働いていれば、自己負担なしの医療保険と利益分配型の退職金積立の対象になる。

ウェグマンズは特にシングルマザーをパートとして雇うようにしている。双方にとって都合がいいからだ。人手確保が難しい時間帯に来てもらえて助かるし、シングルマザーは一番必要な医療保険に加入できる。

UPSは、組合に加入しているパートに、自己負担なしの医療保険のほか、大学の授業料援助を用意している。おかげで暮らし向きが良くなった従業員とその家族が数えきれないほどいる。パート従業員のクリスティーン・ヴィレリがUPSで仕分け係として働き始めたのは、夫がケガで働けなくなったためだ。日本の中学3年生相当で中退して以来16年間、一度も働いたことがなかった。UPSは、クリスティーンが高校卒業相当の資格を得るための学費と、その後は大学の学費を援助した。クリスティーンはこう語っている。

「UPSを辞めるわけにはいきません。こんなにいろいろお世話になっているので、ここで働かないなんて考えられないのです。いつの日か、UPSの人事部で働きたいと思っています。

UPSのおかげで人生が好転し、日々成長させてもらっています。この会社で成長していくことがわたしの目標です」[37]

トップとヒラがやりとりしている

愛される企業は、従来型の企業とは異なり、現場で働いている人たちが経営幹部と直接やりとりできる機会が多い。トップと個人的に話をしたことがないほうが珍しいくらいで、規模が小さい企業であれば、相当頻繁なやりとりがある。

愛される企業がこうしたつながりを増やそうとしている理由は2つある。1つは、CEOには刺激に、従業員にはやる気につながるから。もう1つは、幹部だけが戦略的な知恵を出せるとはかぎらず、どんな階級の従業員も、意見を求められれば、会社に役立つすばらしいアイデアを出してくれるのを経営陣が理解しているからだ。

REIの経営陣は、年に数回、各店舗を訪れ、スタッフに各種賞を手渡したり、提案を受け取ったりしているほか、重要な意思決定はすべて従業員に伝えている。同社が毎年400万ドル超の補助金を出しているNGOは、従業員からの推薦に基づいて決めている。L・L・ビーンは、「スピークアップ（自由に意見を述べる）」プログラムで従業員に意見を促し、品質改善プログラムに反映させている。コストコは、従業員感謝デーを定期的に開催し、経営陣が従業員をもてなしている。ハーレーダビッドソンには、「フリーダム・ウィズ・フェンシズ（制限付き自由）」というものがあり、社内の常識や概念に思い切って異議を唱えるよう促している。また、「オープンドア」ポリシーに従い、従業員はCEOほかどの階級の人とも自由に面会できる。

BMWは、自分がしている仕事は本当に必要なのか、疑ってみるよう勧めている。信頼の文化のおかげで、従業員は仕事を失うのではないかと心配することなく、この仕事は不要だと言える。その場合でも、BMWは解雇するのではなく、社内でほかの仕事に就けるよう研修を受けさせる。

ホンダには「ワイガヤ」があり、目下の問題に取り組むべく、上下関係を気にせず自由に意見を言い合える。ワイガヤはだれが招集をかけてもよく、求められれば役員も参加しなければならない。アメリカでバイクを宣伝した際のユニークな広告キャンペーン「素晴らしき人々ホンダに乗る」も、ワイガヤで決定した。もっと保守的なアプローチがいいと経営陣は言ったが、ある従業員が、いままでとは違うやり方でいくことをワイガヤで説得したのだ。[38]

これからのヒューマンリソース部門

ヒューマンリソース（HR）は、愛される企業の存在そのものに関わるきわめて重要な部門だ。なによりも、才能ある人々の採用・活用・教育、そしてやる気の引き出し方に愛される企業は長けている。人の心に共感の架け橋を渡す方法をよく心得ている。

こうした斬新かつ人間的な扱いからも、いまの人たちがワークライフに期待していることを愛される企業がしっかり理解しているのがわかる。従業員個人のニーズと仕事ぶりとの関連性に気づいている企業はそう多くなかった時代が長く続いた。従業員は資源《リソース》であり、資本、技術、軍需物資などと同じように見なされていた。だから、それまでの「人事部」が20世紀後半になると「ヒューマンリソース（人的資源）」と呼ばれるようになったのだ。

ところがいまは「ヒューマンリソース」という言い方への非難が高まっている。顧客が消費者としてモノ扱いされてきたように、従業員も資源や資産として長らくモノ扱いされ、企業の目的のために搾取されてきた。それもいまは大きく変わりつつあり、愛される企業がその先頭を走っている。

「人は資源《リソース》ではなく、**源泉**《ソース》」[39]とはうまく言ったものだ。資源は石炭などと同じで、一度利用すればなくなったり、減ったり、使い物にならなくなったりする。源泉は太陽と同じで、ほぼ無尽蔵であり、エネルギー、光、ぬくもりを常に生み出す。いきいきと自ら行動する人ほど強力なエネルギー源はない。愛される企業は人に活力を与え、自由裁量で行動させ、企業の崇高な存在意義《パーパス》にそれぞれの熱意を活かし、最大限貢献できる職場環境を意識的につくり出している。

こうした新しい考え方を反映し、HR部を「ピープル」部と呼び始めた企業は多い。サウスウエスト航空の「ピープル部」はこう表現している。

「当社で働いている人々《ピープル》こそが競争優位であることを認識し、さまざまなリソースや便宜を提供して、うちの人々《ピープル》が人生で成功を収め、社の発展と収益性をサポートできるよう整えています。また、サウスウエスト航空の価値観と独自の企業文化を維持していきます」[40]

かつてHRといえば、社内でもあまりぱっとしない部署で、給与支払いや人員配置などの労務管理が主だった。これが急速に変わってきているのは、福利厚生管理や給与支払いといった基本的な労務管理を外部委託しているからだ。

おかげでHRは、従業員のエンゲージメント、能力開発、流出防止など、より戦略的な課題に焦点を当てられるようになり、収益にもじかに影響を及ぼしうる。ふさわしい人の採用・教育・維持が競争優位の大きな源泉となりうることを企業は理解し始めている。HRに詳しい人が、企業文化の維持と従業員への倫理的価値観の浸透に重要な役割を担うからだ。CEOはいま、信頼のおける助言者となる、HRに詳しい幹部を求めている。実際、HR畑出身のCEOも増えてきている。[41]

北米イケア社長のパーニル・スパイアーズ＝ロペスもそのひとりで、社長に指名される前の4年間はヒューマンリソース担当部長を務めていた。あくまでも家庭優先で仕事と家庭とのバランスをとる企業文化を生み出し、2003年には『ワーキングマザー』誌の「ファミリーチャンピオン賞」を受賞している。北米イケアは、労働時間が週20時間以上の従業員にフルの福利厚生とフレックスタイム制を提供していて、リーダーシップの本質は「自分が何を支持し、何を重視しているか」だとスパイアーズ＝ロペスはいう。経営陣は誠実さとオープンさを心がけ、従業員と相互信頼を生むよう努めなければならない。信頼されることで、人は当人の予想を大きく上回る力を発揮するのだ。[42]

要するに、顧客と同じように従業員にも敬意を払い、相手のニーズをよく理解して扱うことに尽きる。ジョーダンズ・ファニチャーの経営陣は、従業員に「熱狂的ファン[43]」になってもらうことを究極の目標にしている。それを実現するため、人としての成長の機会やさまざまな福利厚生を用意しているほか、従業員も一種の顧客と捉えている。

コストコ、SASインスティチュート、トヨタ、いずれも、従業員の満足度調査をおこなっている。UPSは、従業員の採用・維持・動機づけに関するアンケート調査をおこない、「選ばれる企業指数」を測定している。

正しいおこないが株主にもたらす利益

この章で一番伝えたいことはきわめてシンプルだ。「優れたピープルマネジメント＝優れた企業」である。オートメーション化される作業がますます増えても、企業の業績における人的資本の重要性は高まり続ける。ブランドや顧客の資産価値《エクイティ》を追っているように、従業員の資産価値《エクイティ》も追うべきだ。

有能な従業員の資産価値を測る主な指数が2つある。低い離職率と、高い生産性だ。愛される企業は例外なく、業界平均とくらべて離職率がはるかに低く、生産性が高い。従業員ひとりあたりの収益も、愛される企業以外の同業他社を大きく上回っている。ジョーダンズ・ファニチャーは、売場面積1平方フィートあたりの売上が950ドルで、1年の在庫回転率が13、対する米家具店業界の平均は150ドル、1〜2回転しかない。トヨタは、従業員ひとりあたりの売上で世界の自動車メーカーをリードしている。ホンダは、組み立て工場の生産性が世界第

2位、エンジンの生産性が世界第1位だ。

ニューバランスは、競合他社が製造拠点を賃金の安い国にすべて移転させたあとも、アメリカとイギリスでの製造をずっと続けている。誇りを持ってそうしているのであり、慈悲心などからではない。ニューバランスのCEOジム・デイビスが、『インダストリーウィーク』誌の2002年のインタビューで次のようにコメントしている。

> **このように順調なのは、ここで働いているみんなが熱心に取り組んでくれているおかげです。だからこんなに順調で、こちらからもお返しができるのです。（中略）適切な機器を設置したり、新たな［製造］技術を開発したり、権限を与えたりして、従業員が製造プロセスを引き続き改善できるようにしています。**[44]

離職率の低さと生産性の高さには関連性がある。離職率が低ければ、経験を積んだ従業員がだんだん増え、結果として生産性が高まる。

そうなれば、コスト全般を低めに抑えて競争力を高められるし、高賃金や手厚い福利厚生を提供できる。企業は株主のためにも、労働環境を物心両面、そして経験を積ませる面で向上させる義務がある。愛される企業を見ればわかるように、富の鉱脈が走っているのは経営陣のところではなく、従業員が働いている現場なのだ。

Firms of Endearment

How World-Class Companies Profit from Passion and Purpose

第5章

顧客

——癒やすか、売らんかなで行くか

顧客に繰り返し利用してもらう方法はいくらでもある。喜ばせる、相手の期待を上回る、意見に耳を傾ける、欲しいものを与える。顧客に何度も繰り返し利用してもらうことは、突き詰めれば、顧客の「すごい（驚き）」体験指数ということになる。

顧客がどう「感じる」かのほうが、どう「思う」かよりつながる力が強い。顧客ロイヤルティは愛と同じで、理屈ではなく、心で育まれるものなのだ。

「心」は、ビジネススクールではあまり耳にしない言葉だ。ところが、心――共感、愛情、育み、思いやり、優しさなどの象徴――が最近大飛躍し、企業の主流の考え方のど真ん中に着地している。職場で愛を語っても、もう問題にはならない。もちろん、理想主義的《プラトニック》な意味での愛だ。上司と部下が（理想主義的な）愛を育んでもいいし、顧客と企業の関係性を愛の視点で考えても問題ない。

これからのマーケティングの考え方

20世紀はもう終わっているが、21世紀に入ってかなりたつのに、いまだにおこなわれているマーケティング活動を見ていると、すでに21世紀だと気がつかないかもしれない。マーケティングは依然として、誘惑し、口説き落とし、巧みに操ることがベースにある、20世紀的思考に大きく偏っている。

20世紀末に出版されたマーケティング関連書籍のタイトルをちょっと振り返ってみよう。

1999年出版の*Triggers: 30 Sales Tools You Can Use to Control the Mind of Your Prospect to Motivate, Influence and Persuade*［直訳すれば「トリガー——お客の心をコントロールし、欲しがらせ、影響を及ぼし、買わせる30の売り込み手法」、邦題『シュガーマンのマーケティング30の法則——お客がモノを買ってしまう心理的トリガーとは』（ジョセフ・シュガーマン著、佐藤昌弘監訳、石原薫訳、フォレスト出版、2006年）］は、いまも売れている。

これと同様のタイトルの書籍がほかにもいろいろあることから、マーケターやセールスパーソンが、消費者の心をコントロールする方法をなんとかして知ろうと、いまだに躍起になっていることがわかる。

顧客と協力してそのニーズによりよく応じよう、という考え方は、こうした人たちにとってはかなり異質なのだ。セールス研修のほとんどが、依然として消費者の心をコントロールすることに重きを置いている。「市場占有率」ということばを聞いたことがあるだろうか。これこそ20世紀的マーケティング思考の発想であり、愛される企業は、20世紀がまだ終わらない頃から受け入れていなかった。

20世紀的マーケティング思考の主な特徴は、売らんかな主義だった。消費者の「真の」ニーズよりも企業の販売目標ありきで、猛烈な販促や売り込みをおこなっていた。

こうしたマーケティング思考に感じられるどこか胡散臭い部分は、大手広告代理店による華やかで魅力的な広告でも完全にはごまかし切れなかった。いたるところで売上ノルマが課され、営業部長も営業員も、「売って売って売りまくれ」とプレッシャーをかけられ続けた。ノルマが達成できなければクビという状態は、倫理や道徳の観念を危うくすることには考えが及ばなかった。顧客は獲物、マーケターやセールスパーソンは捕食者だ。こうしたマーケティングやセールスモデルは、ビジネス史のゴミ箱行きだとわたしたちは考えている。

もちろん、顧客を食い物にしようとする個人や企業は、いつの時代にも存在するだろうが、わたしたちは、これからのマーケティングで主流となる道徳的な面を考えている。ニューヨークにある未来派シンクタンク、ネクストグループのCEO、メリンダ・デイヴィスが、マーケティングについて斬新な意見を述べている。

「真の差別化につながる機会は、売り物そのものではなく、癒やされたいという消費者ニーズにどう応えるかにあります。（中略）**これこそ、企業の新たな責務です。これからの企業は癒やし手であるべきです」**[1]

これこそ「超越の時代」のマーケティングだ。晩冬の凍《い》てついた大地に霞がふんわりと漂い始め、あたたかい春が近づいているのを知らせてくれるように、愛と癒やしの文化がビジネスの世界に広がりつつある。そして、あらゆる企業のトップから末端の人々にまで行き渡る。それは、顧客を食い物にするような流れを変えていく気持ちにさせる。

顧客を食い物にする流れがピークだったのは、20世紀最後の二、三〇年であり、ちょうど企業が顧客に対して前代未聞の情報優位を獲得した頃だ。情報技術を駆使し、わたしたちを単なるデータの塊として扱っていた。「シート〔ライセンスのユーザ数〕」「目玉〔視聴者数やサイト訪問者数〕」「ライフ」や、顔のない「エンドユーザー」など、味気ない呼び方をされていた。わたしたち以上にわたしたちのことを知っている、とされる予測モデルは、わたしたちを、意志がないに等しく、刺激に反応する単なるメカニズム扱いしていた。

こうした考え方を端的にとらえたＰＢＳのドキュメンタリーがある。ダイレクトマーケティングをテーマにした１９９０年放送のもので、タイトル「We Know Where You Live（あなたのことはわかっています）」が不気味だ。

愛は、こうした人間性喪失に対する解毒剤というと、あまりにもニューエイジっぽいだろうか。しかし、メレディス・パブリッシング・マガジン・グループの元トップも、ヤフーのチーフ・ソリューションズ・オフィサーも、ホールフーズのＣＥＯも、世界的な大手広告代理店の

CEOも、市場における愛について臆面もなく語っている。おそらく愛は、ビジネス思考の主流にすでに確かな足がかりを築いているのだ。

いずれにせよ、愛される企業がそうではない直接の競合他社をしのいでいることを十分に理解するには、その成功ぶりに愛が役割を果たしているのを知っておかなければならない。愛される企業の経営陣は、強い決断力や固い意志で率いながら、愛する力も愛する気持ちを呼び起こす力も失わない。その力は、職場でも市場でも、ステークホルダーのどの集団に対しても発揮されている。

興味深いことに、わたしたちのゼミやワークショップの学生は、癒やしの概念よりも愛の概念のほうがまだ理解しやすいようだ。「企業が癒やす？ 冗談でしょう」とよく言われるが、もちろん冗談ではない。愛と癒やしは切り離せない。宝石と切子面《ファセット》のようなものなのだ。

愛される企業ニューバランスは、癒やしをベースにした市場戦略をとっている。その戦略は同社のマーケティングコミュニケーションを見てもよくわかる。同社の歴史を考えれば、癒やし中心のマーケティング、という崇高な考え方を早くから実践してきたのも不思議ではない。米ウェブサイトには次のようにある。

ニューバランスの歴史は20世紀の夜明け（１９０６年）とともに始まりました。マサチューセッツ州ボストンで、当時33歳だった英国移民ウィリアム・J・ライリーは、足に問題を抱えている人たちの役に立とうと決心し、フィット感を高めるアーチサポートや処方シューズの製造を開始しました。

ジム・デイビスがニューバランスを買収した（中略）のは、１９７２年のボストンマラソンの日でした。デイビスは、創業時の価値観である、フィット感、性能、製造をしっかり守っていく、と明言しました。１９７８年、ニューバランスの経営に参加するようになったアン・デイビス（ジムの妻）は、同社の仲間や取引関係のある世界中の企業のために、より優れた文化を築いていくことに焦点を当てるようになったのです。

これで、ニューバランスが足囲《ワイズ》の種類を他の大手スポーツシューズメーカーより多く取り揃えている理由がおわかりだろう。[2] 履き心地のよさや癒やし《ヒーリング》は、きちんとフィットしてこそ実現される。

ニューバランスの創業理念である癒やし《ヒーリング》の考え方は、ジムと、ビジネスパートナーでもあるアンの夫妻によって、創業後１００年以上たったいまも維持され、ニューバランスの遺伝子に組み込まれている。社会が高齢化し、足に関する問題が増えるにつれ、ニューバランスは癒《ヒーリング》やしというマーケティングモデルにさらに熱心に取り組んでいるようだ。シューズの適切な形状とフィット感への強いこだわりを、足の専門医など、足の問題に関わっている人たちにもっと知ってもらうためのさまざまな活動にも力を入れている。

ニューバランスの癒《ヒーリング》やしの文化が表れているのは、シューズの機能性だけではない。特に、いま中年期のベビーブーマーに対する配慮によく表れている。

中年期は人生の岐路であり、少なくとも、これまでになかった不慣れな問題に向き合う時期だ。自分の精神エネルギーを「社会的実現」ではなく「自己実現」に振り向けたい衝動が絶えないため、現状維持が難しくなる。

社会的実現は、社会に認められたいという発達プロセスの一段階であり、仕事や物質的な成功につながりやすい。また、内なる自分自身よりも外の世界の人たちの要求や期待を重視しようとする。

ところが、中年期に近づくにつれて、これが変化してくる。ニューバランスのスローガンにあるように、「Connect With Yourself. Achieve New Balance.（自分自身とつながろう。新たなバランスを手に入れよう）」の必要性を感じるようになる。精神エネルギーをもっと内なる自分自身に向けていく真剣な様子は、ダニエル・J・レビンソン他『人生の四季――中年をいかに生きるか』に描かれている。このレビンソンたちの研究をベースに中年期について深い洞察を記したゲイル・シーヒーの *Passages*（通り道、旅）はベストセラーとなった。レビンソンがこう記している。

「中年への移行期」に入ると、人は自分の人生を見つめ直し、どうすればもっと意義深いものにできるだろうか、と考えていくうちに、人生の根本的な側面としての破壊と創造を新たなやり方で受け入れなければならなくなる。自分もいずれ死ぬ、という自覚が高まり、破壊もまた普遍的プロセスのひとつだと強く意識するようになる。自分の死もそう遠い話ではない、と思うと、自分のためにもこれからの世代のためにも、人生を肯定したくてたまらなくなり、もっと創造的でありたいと願う。それは、単になにかを「つくる」のではなく、なにかをもたらしたり、生み出したり、命を吹き込んだりしたい、という創造的衝動だ。（中略）こうして、「破壊と創造」というまさに両極のいずれもが、中年期に強まる。[3]

中年期のテーマとしてよく耳にする「今度は自分の番」とか「自分の時間」というのは、アビゲール・トラフォードが *My Time: Making the Most of the Rest of Your Life*（わたしの時間——残りの人生を最大限に活用する）でどうやって「自分自身とつながる」かについて述べたものだ。[4]この「自分の時間」は、自分のことにもっと没頭するという意味ではない。レビンソンが中年期の基本的な発達課題について述べ、そのベースが消費とは対照的な創造性にあると考える、その意味においての「自分の時間」だ。

中年期は、人格形成という、遺伝子に組み込まれて太古から変化を促してきたものが、いっそうの精神的成熟をわたしたちに促す。もちろん、生存・安全・社会的帰属という基本的ニーズを満たすだけで必死ではない場合に限られる。

マズローによると、これが発達段階のひとつである自己実現の始まりであり、自分の世界観や行動に及ぼす外界の刺激が減っていき、内なる自己にもっと注意を向けるようになる。ユング心理学でいえば、思春期から大人になるときに必要だった自意識も見栄の「ペルソナ[5]」もなくなり始める。

アブラハム・マズローが在籍していたブランダイス大学からそう遠くないボストンに本社がある、愛される企業ニューバランスの会長ジム・デイビスは、自己実現の欲求も、その欲求が人生後半において人々の行動に及ぼす影響も、直観的に理解しているようだ。その洞察力は、ニューバランスとナイキがそれぞれのマーケティングで推進している価値観の違いにはっきりと現れている（図5－1）。この図のように、ナイキが推進している価値観は、男性的価値観がかなり色濃い若者中心の文化ではきわめて理にかなっており、大当たりの可能性が高いことがわかる。一方、ニューバランスが推進している価値観は、中高年層の価値観と、女性的価値観の高まりを強く反映するようになった文化にますますうまく合わせている。

図5-1｜ナイキとニューバランスがそれぞれ推進している価値観の比較

ナイキとニューバランスが
それぞれ推進している価値観

ナイキの価値観	ニューバランスの価値観
勝利 群衆のどよめき 極限の努力 汗の匂い 身体的発達	自己の向上 内面の調和 バランスのとれた努力 自然の香り
⬆	⬆
ナイキは、若くて自己陶酔的な、男性的自己にアピールしている。	**ニューバランスは、女性的で他者中心の、今ここの自己にアピールしている。**

ニューバランスの広告に、きらめく海を見渡す山道をひとりの男性が走っているものがある。ヘッドラインは「2つの地点《ポイント》の最短距離が重要《ポイント》なのではない」。ナイキが同じような広告を打つとしたら、より優れたパフォーマンスや勝つことを強調するはずだ。ニューバランスのテーマは自分自身との闘い、あるいは「自然とともにある人間」であり、ナイキの広告にありがちな「1対1の対決」にはならない。

　闘志満々の若者や大人になったばかりの頃は、「なんとしても成功してやる」と意気込み、恋愛、仕事、遊びにおいてライバルをしのごうと多大なエネルギーを注ぐ。しかし、中年期に近づくにつれて、とても人間らしい部分がそうしたエネルギーをほかのことの追求に向けようとさせる。ニューバランスのマーケティングはそれを反映している。同社の広告には、スポーツシューズのマーケティングにありがちな男らしさがまったく見られない。人間の価値は他者に対する優位性ではなく、「真の自己」に忠実かどうかで判断されることを前提としているからだ。

こうして、かつてのようにがむしゃらに走り回ることができない事実に気づき始めたり、なぜ以前のように「モノ」では心が満足しないのかを考えるようになったり、「これでいいのだろうか」「人生の意義、『わたしの人生』の意義は何なのか」といった中年期の疑問が絶えず浮かび始めたりしたとき、自己発見や新たな眺めの安らぎのメッセージを発信しているニューバランスがそこにいる、というわけだ。

なぜ「癒やし」がマーケティングに必要か

20世紀の売らんかな主義的マーケティング思考を生んだマインドセットのままでは、21世紀の新たなマーケティング思考を取り入れられない。古いやり方でうまくいかないときは、考え方そのものを変えることが大切、というアインシュタインの言葉を思い出そう。

「どんな問題も、それをつくり出したのと同じ考え方では解決できない」

だれに聞いても、マーケティングは問題だらけだ。古い考え方も熟知している法則も捨て、新たな考え方と未知の法則を受け入れるのは、なかなか厄介だ。理屈のうえでも、気持ちのうえでも難しい。「古き良き時代」が過ぎ去ったことへの嘆きや、新たな概念にまごつくストレスが気持ちを不安定にさせる。

その結果、多くの人が、問題をつくり出したのと同じ考え方のままでその問題と格闘し、同じやり方を何度も繰り返し、今度こそ違う結果が出るはずだと期待している。同じことを何度も繰り返して違う結果を期待するのは狂気の沙汰だと、もうみんな気づいてもいいのではないだろうか。

愛される企業のうらやましいほどの成功ぶりは、そうでない競合他社とは異なる考え方のリーダーシップから来ている。ナイキの創業者フィル・ナイトはれっきとしたすばらしいリーダーだが、ニューバランスのジム・デイビスとはかなり異なる考え方で経営している。ナイキは、競争力の観点からスポーツシューズ市場を考えている。だからこそ、象徴的なスポーツ選手とのエンドースメント契約に数千万ドルを費やし、そのことをアピールする広告を打つのにさらに数千万ドルを費やす。

ちなみに、アディダスがサッカーのデイビッド・ベッカムに推定1億6000万ドルを支払ったのが、エンドースメント契約の史上最高額だ。ナイキがバスケットボール選手の新人レブロン・ジェームズと推定9000万ドルでエンドースメント契約したのが、スポーツシューズのエンドースメントの史上最高額であり、タイガー・ウッズと契約したゴルフのエンドースメント契約の最高額1億ドルに次ぐ。

一方、ニューバランスは、別の考え方でスポーツシューズ市場を捉えている。まず、自分たちをスポーツシューズの「製造」企業と捉えている。製品の30パーセントは米国内の自社工場で製造している。ジム・デイビスは、ナイキその他のライバル企業をスポーツシューズの「販売」企業と捉えている。自社で製造せず、すべて外部委託しているからだ。

ニューバランスのマーケティングの基本にあるのはフィット感と機能性だが、同社のシューズを購入する人のなかには、外部委託を（しようと思えばできるのに）せずにがんばっていることを評価したいから、という人もいる。わたしたちは、外部委託の善し悪しを云々するつもりはない。ただ、価値観を共有している企業やブランドを応援したい消費者の「メタ」ニーズの高まりには注目している。

ニューバランスの最大のライバル企業が一番重視しているかっこよさを、ニューバランスはそれほど重視してない。ナイキやほかの企業は、基本的には社会的自己（仲間に合わせる、相手の注意を引く、競う）の観点で顧客を捉えている。ニューバランスは、内なる自己（バランスのとれた意義ある人生）の観点で顧客を捉えているから、高額のエンドースメント契約にも、それを大々的にアピールする広告にも頼らない。[6] その分を研究や販売店パートナーへのケア（この点でもニューバランスは秀でている）に多く費やしているほか、米国内従業員の高めの給与コストをカバーしている。といっても、米国内従業員の生産性が非常に高いため、補って余りある。

「では、スポーツシューズ市場に対するそうした型破りな見方で、ニューバランスはうまくいっているのか」と思われるかもしれない。

大成功している。スポーツシューズで1990年の12位から、2004年には2位に浮上している。アディダスがリーボックを吸収合併する前年のことだ。思春期と若年成人の人口減少で、スポーツシューズ市場がどんどん縮小していた時期に、これだけの成功を収めている。1990年代に、スポーツシューズの購入層である18～34歳のアメリカ人の人口は900万人近くに減少した。アメリカでは、ナイキ、リーボック、アディダスが、売上、市場シェアともに減少したのに対し、ニューバランスは売上、市場シェアともに劇的に伸ばしている。

年間売上は1990～2003年のあいだに平均で約25パーセント増加した。2013年には収益が20億ドルに迫り、世界市場シェアが6パーセントになった。これを上回ったのはナイキ、アディダス、プーマのみで、リーボックと並んだ。愛される企業であることは、ニューバランスにとって見事な実を結んでいる。

ユニリーバのパーソナルケア製品ブランド「ダヴ」のマーケティングチームも、新たな考え方を取り入れている。従来型マーケティングにきっぱりと別れを告げ、企業は癒やし手という考え方を受け入れている。理想的な観点ではなく、現実的な観点で美しさをとらえるよう、考え方を変えたのだ。

この意識変化をもたらしたのは、ある調査結果がきっかけだった。自分を美しいと考えている女性は、わずか2パーセント、自分の体重を「まあよしとしている」、自分の美しさを「まあよしとしている」と回答したのも、それぞれ13パーセントだった。ダヴのマーケティングチームはこうした調査結果を、いままで気づかなかった絶好のチャンスだと捉えた。

まず検討したのは、女性は思春期になると自分の身体を不適切だと考えるようになる、という事実だった。そのため、自信が持てない、不安になるなど、数えきれないほど多くの若い女性が自分の可能性に気づかないまま人生を送るようになってしまう。そこでユニリーバは「ダヴ・セルフエスティーム（自己肯定）基金」を立ち上げ、若い女性が自分自身の見方を変えるきっかけをつくっている。パーソナルケア製品の従来型マーケティングが伝えていた美しさの定義を広げ、女性たちに自信を与えている。

大多数の女性は——若者も中年も高齢者も——広告に出ている若い女性の性的魅力に共感していない。ダヴのマーケティングチームは、ここにチャンスがあると考えた。

そこで、美しさを再定義するキャンペーンを世界規模で立ち上げたところ、大きな反響があった。「リアルビューティー（ありのままの美しさ）」に特化したウェブサイトを立ち上げ、「ひらめきを、リアルな女性たちからリアルな女性たちのために」提供し、「リアルな女性が自分のリアルな美しさに気づいてもらえるよう、インスパイアし、自信を持ってもらうのに役立つ情報」を届ける、と約束している。3人の年配の女性の写真に、それぞれこんな問いかけを配した広告がある。

●白髪、それとも美髪？
●シワ顔、それともしあわせ顔？
●欠点、それとも無欠？

こうした癒やしのメッセージが出てくるのも、顧客と共感してつながっているからだ。「だけど、それで売れるのか」と思われるかもしれない。もちろん、答えは断然イエスだ。このキャンペーンをまず開始したヨーロッパでは、あらゆる期待を上回る成果をあげている。たとえば、ファーミングローションの売上は、2004年に西ヨーロッパでの予測を110パーセント上回り、イギリスでは売上本数が2003年の28万本から、2004年上半期だけで230万本に増加した。2013年、ダヴはまた画期的なキャンペーンを新たに立ち上げた。自分の美しさに気づいて正しく評価してもらおう、というこのキャンペーン「ダヴのリアルビユーティースケッチ」は、プロの絵描きが、本人の説明に基づいた似顔絵と第三者の説明に基づいた似顔絵を描いていく様子を動画にしたもの。前者の似顔絵は後者とくらべて例外なく魅力に欠け、実際の美しさが反映されていなかった。このキャンペーン動画は1カ月もたたないうちに43億回視聴された。

マーケティングの真髄として、愛される企業の文化の特徴のひとつである「癒やし」が「売らんかな主義」にとって変わりつつあるのは間違いない。

熱心な従業員が熱心な顧客をもたらすのは当たり前

この見出しはそのとおりだと、だれもが思うのではないだろうか。しかし、実際にこのとおりになっている企業がいったい何社あるのか。

愛される企業はこのとおりになっている。優れたカスタマーケアは、仕事にも顧客にも配慮できる人材を採用することから始まることも、十分満足している従業員の仕事ぶりが、十分満足している顧客をもたらすことも、理解している。競合他社より高い賃金や充実した福利厚生は、長い目で見れば、人件費の削減や顧客体験の向上につながる、と考えている。マーケティング費の軽減や、顧客ひとりあたりの売上アップにつながることも理解している。

どれも常識にはそぐわないように思われるかもしれないが、さまざまな事例を見ても、人件費が高めの愛される企業は、収入1ドルあたりの人件費もマーケティング費も実際に低いことがわかっている。経費削減しか頭にない企業には、高賃金と充実した福利厚生がこんな都合のいい結果につながりうることが理解できない。コストの各項目を独立変数のように扱い、ひとつひとつ細かく見ていくやり方では、報酬と生産性、収入と利益の重要な関連性が見えにくくなるのも当然だ。

ビジネスのあらゆることは、大きな全体の一部だ。企業は経済という生態系のなかの存在であり、そこに関わっているあらゆるものが相互に関連し合い、依存し合っている。ある関与グループの行動が、ほかの関与グループの繁栄や行動に影響を及ぼしうる。

そう考えると、賃金や福利厚生も全体のなかで検討されなければならない。こう考えてみよう。低賃金や不十分な福利厚生は、低い従業員エンゲージメントや高い離職率に確実につながる。そうなると生産性も低下し、新たな採用・研修コストも増える。さらに、顧客ひとりあたりの収益が下がり、顧客離れも進む。[7]

従業員エンゲージメントが高いほど、優れた業績につながるのは当然だ。企業は人のエネルギーが具現化したものであり、そのエネルギーはますます、より崇高な目的に向かって自己表現しようとする。それを実現するための環境づくりをリーダーが仕向けられれば、財務業績は必然的についてくるのだ。

コンサルティング会社ケネクサの2008年の調査によると、従業員エンゲージメントで上位4分の1に入っている企業は、下位4分の1の企業とくらべて、純利益が2倍、株主リターンが5年間で7倍だった。[8] コンサルティング会社タワーズペリン［2010年にワトソンワイアットと合併して現在はタワーズワトソン］の2011年の調査でも、従業員エンゲージメントの高い企業のほうが、純利益率が6パーセント高かった。

こうなるプロセスを、ケビン・クルーゼが「エンゲージメント・プロフィット・チェーン」と呼んでいる。ジム・ヘスケットとアール・サッサーの「サービス・プロフィット・チェーン（SPC）」と似ている。

「従業員のエンゲージメントの高さはサービス、品質、生産性のアップにつながり、そのことが顧客満足の高さにつながり、そのことが売上アップにつながり（リピート購入や紹介が増えるため）、そのことが利益アップにつながり、そのことが株主への利益還元（株価）のアップにつながる」[9]

ダグ・コナントが2000年にキャンベルスープのCEOに就任した当時、同社の従業員エンゲージメントはお粗末なものだった。コナントはその改善を最優先課題とし、めざましい成果をあげた。2009年には、エンゲージしている従業員の数が、そうでない従業員の23倍になり、株価も市場平均を大きく上回るようになった。

愛される企業は、自社の存在意義《パーパス》に純粋に関心がある人、熱狂的ですらある人を、なるべく採用するようにしている。

パタゴニアのターゲットは登山好きな人なので、山登りの「ダートバッグ文化（仕事や出費を最小限にして、なるべく多くの時間をアウトドアで費やす暮らし方）」に熱心な人材を求めている。L・L・ビーンのターゲットも大自然でのアウトドアライフだから、なによりも自然が好きな人材を探している。同業のREIは、自然と再びつながることに深い関心があり、従業員も当然、ハイキングやキャンプに夢中だ。

すでに触れたように、ホールフーズの企業哲学はそのモットー「ホールフーズ、ホールピープル、ホールアース（自然食品、健康な人々、健全な地球）」に要約される。だれでもいいから採用するのではなく、このモットーで人生を味わい楽しんでいる「グルメ」な人を求めている。食への情熱が、顧客に買い物を楽しんでもらうことにも、人件費1ドルあたりの利益アップにもつながることを理解している。

従業員の情熱は、ホールフーズなどの愛される企業がライバル企業をしのいでいる大きな要因のひとつだ。客が愛される企業を贔屓《ひいき》にするのは、そこでの買い物が楽しいからでもある。著者のひとりは料理が好きで、ふだんの買い物には店を使い分けている。必需品と楽しさのトレーダージョーズ、健康志向と楽しさのホールフーズ、楽しさと……やっぱり楽しさのウェグマンズ。ウェグマンズはグルメにとって天国だ！

従業員と経営陣の感情知能の重要性については先に触れた。感情知能は、組織内はもちろん、接客においても非常に重要だ。たとえばセールスパーソンは、矛盾することもある曖昧なことを要求される。すぐに利益を出す、顧客を満足させる、生涯価値の高い顧客のロイヤルティを促す、企業の長期的・経済的継続性に貢献する、こうしたすべてを同時に求められている。すべてを見事にこなして達成する能力は、感情知能の高さと強い関連性があることが研究でわかっている。[10]愛される企業には、従業員の、特に、普段から顧客とよく接している従業員の感情知能が高い特徴が見られる。

信頼は戦略によって構築するものではない

顧客との信頼構築を第1目標に掲げているビジョンや理念は無数にあるが、ビジネスをおこなう理由としてまったく意味をなしていない。信頼が企業の第1目標というのは、どう考えてもおかしい。

信頼は、顧客の期待に常に応えたり期待を上回ったりした結果、得られるもの、と考えるべきなのだ。つまり信頼は、どれだけ顧客のためになっているか、もっといえば、どれだけすべてのステークホルダーのためになっているかの一種の目安といえる。

L・L・ビーンの元CFO（最高財務責任者）リー・スラーチェは、経費節減しか頭にないような典型的タイプではなかった。自分の仕事に対し、お金とは関係のない深い使命を感じていた。信頼を構築するための戦略など考えなかった。L・L・ビーンの全ステークホルダーのためになる戦略を考え、聖職者のような謙虚さと敬意で仕事に取り組んだのだ。

「私にとって、仕事の目的はお金ではありません。人々の暮らしを実際によくしている感覚なのです。（中略）**企業の社会的責任は、従業員に対してだけでなく、サプライヤー、ベンダー、顧客、地域社会に対してもあることを自覚するようになれば、企業としてどれだけ儲けるかが最重要ではない、と気づくのです**[11]**」**

同社の企業文化は、アウトドアに情熱を傾けた創業者L・L・ビーンが100年以上前に打ち立てたものであり、今日も変わっていない。ビーンは『ウォール・ストリート・ジャーナル』紙の「20世紀の起業家ベスト10」に選ばれている。無期限返品保証［現在は保証期限がある］もその文化の表れで、こんなエピソードがある。1950年代に購入し、ぼろぼろになったコートを数年前に返品した人が、無期限返品保証どおり新品コートと交換してもらえたという。時価総額15億ドルの同社は、無期限返品保証が「お客様を信頼しています」のメッセージであることを知っているのだ。顧客も変わらず贔屓にすることで「わたしたちもL・L・ビーンを信頼しています」と応えてくれる。

コストコも顧客からの信頼が厚い、愛される企業だが、創業者で元CEOのジム・シネガルは、顧客との信頼構築を考えることにそれほど時間を割いていない。それよりも、コストコの核となる価値観を日々一貫して示し続けることに専念した（同社の価値観は、第8章「社会——究極のステークホルダー」参照）。

顧客を大事にするシネガルは、まず、どのブランド商品もマージンの上限を14パーセント、同社のプライベートブランド「カークランド」は15パーセントと決めた。何年か前に、このカークランドブランドの35ミリフィルムが飛ぶように売れ出した。売上が増え続けるにつれ、サプライヤーがコストコへの卸売価格を下げ続けた結果、マージンが15パーセントの上限を超えてしまった。15パーセントに維持するためにフィルムを値下げすれば、カークランドのブランド価値が下がってしまうことを経営陣は懸念した。結局、フィルム1本あたりの価格は下げるが、1パックのフィルムの本数を増やして1パックの価格を維持することで解決した。

コストコも、L・L・ビーンほかの愛される企業同様、返品保証を徹底している。レシートも返品理由も不要で、無期限返品に応じている。ただし、パソコンだけは例外で、6カ月の猶予期間がある。コストコは顧客を信頼し、顧客もコストコを信頼している。互いに信頼し合っている関係における信頼ほど強いものはない。顧客には信頼してもらいたいが、自分たちは顧客を信頼していない企業はごまんとあるが、愛される企業は、顧客を育んで信頼することの恩恵を理解している。こうした保証制度を悪用しようと考える人もたまにいるが、愛される企業は、ごく一部の人が違反するからといって、大勢の人のためになることを変えるつもりはない。

コストコがステークホルダーを信頼していることは、従業員待遇にまず表れている。コストコの経営陣は、従業員、顧客、サプライヤー、その他いかなる相手も、個人的利益のために搾取することはない。そのことはシネガルが従業員にはっきり示している。ほかの大企業のCEOが受け取っている報酬とくらべれば、はした金程度の報酬しか受け取っていないからだ。収益で上位350社のCEOの全報酬額（ストックオプションを含む）は、2010年の平均で約1200万ドルだった。コストコの同年の収益は710億ドルと堂々たるものだった（しかも利益をきちんと出している）にもかかわらず、シネガルの報酬は54万ドル（給与35万ドルとボーナス19万ドル）だった。

シネガルは、大儲けではなく、十分な利益をあげて、17万5000人いる従業員にもっと投資するほうがビジネスにかなっている、と真剣に考えていた。「従業員に十分な給与を払い、家を買ったり家族が医療保険に入ったりできるようにして、なにが悪いのでしょう」と述べている。[12]

愛される企業には魂《ソウル》がある

ハーベイ・ハートマンは魂《ソウル》にはまっている。といっても、ソウルミュージックやソウルフードの話ではなく、企業の魂《ソウル》や文化の話だ。人の魂こそ、ほかの動物との大きな違いだとほとんどの人が考えているが、ハートマンは、企業の魂こそ、他社との違いをはっきりと示すものだと考えている。

ワシントン州ベルビューにある魂のこもった市場調査会社、ハートマングループの創業CEOであり、企業の魂がその存続と繁栄にとってますます重要になる、と考えているハートマンは、「産業革命の頃の『理性の時代』から、ポストモダニズムの『魂の時代』へと変化している」という。

「魂のこもった」企業とは、と尋ねると、「製品の誕生について、物質主義ではなく道徳的価値観を擁護している信頼できるナラティブ・エピソードがある企業のこと」とハートマン。ここにも、資本主義の社会的変化を促している「超越の時代」の精神が表れている。

魂のこもった体験を求めてウォルマートへ買い物に行く人はいないが、ホールフーズにはその体験を期待して買い物に行く。豊富な品揃えで同族経営のウェグマンズにも、魂のこもった体験を求めて大勢の買い物客が押し寄せる。ショッパーテイメント満載のジョーダンズ・ファニチャー（現在はウォーレン・バフェットのバークシャー・ハサウェイ傘下）にも、楽しさいっぱいで魂のこもった体験を求めてやって来る。サウスウエスト航空をあえて利用する人たちも、常に笑顔を絶やさない、このひょうきんで愛される企業が、空の旅の苦痛をいくらか和らげてくれるからで、これもまぎれもない魂のこもった体験だ。

魂がこもっているのも、愛される企業の特徴だ。これは「超越の時代」の文化に際立って見られ、精神的なものに対する関心の急激な高まりと社会の高齢化を反映している。日常生活にもっと魂のこもった体験が求められ、物質主義的なものが社会から薄れつつある。

消費者はモノやサービスに対し、機能性だけでなく、暮らしの満足度を高めてくれる体験をますます期待するようになっている。ジョセフ・パインとジェームス・ギルモアが『新訳　経験経済』（岡本慶一、小高尚子共訳、ダイヤモンド社、２００５年）でこの点を立証している。

もちろん、ウォルマートのように「価格」勝負の小売企業は、買い物する際に価格を最優先する人たちを取り込み続けるだろう。しかし「超越の時代」――ハートマンの「魂の時代」や、ダニエル・ピンクの『ハイ・コンセプト　「新しいこと」を考え出す人の時代』も同じ――には、増えつづけているある層にとって、価格は買い物する際の最優先にはならない。

ホールフーズを知っている人なら、ホールフーズは「ホールペイチェック〔買い物すると給料が丸ごとなくなる、つまり高い」」と冗談めいた愚痴を耳にしたことがあるだろう。それでも、何百万という人々が結局買い物に来る。オーガニック食品も、放し飼いの動物の肉・乳製品・卵も、コストが余分にかかっていることを受け入れているのだ。だからこそ、セイフウェイに行けば「普通」サイズの卵が安く買えるのに、ホールフーズの放し飼いの鶏卵、グレードAのLサイズに、かなりの値段を快く支払っている。

つまり、「高価格《ハイプライス》、気高い魂《ハイソウル》」は、実現可能なビジネス戦略であるのは間違いない。では、「低価格《ロープライス》、気高い魂《ハイソウル》」は可能だろうか？　コストコ、トレーダージョーズ、サウスウエスト航空、ジョーダンズ・ファニチャー、トヨタ、イケアを見ればわかる。いずれも、すばらしい価値を低価格で提供している。

コストコなどの愛される企業は、顧客にも、従業員やほかのステークホルダーにも、愛情を吹き込むビジネスモデルによって存続し、繁盛している。

愛は言葉では言い表せない愛着の気持ちであり、わたしたちをほかの存在とつなぎ、市場においては好きな企業のブランド・会社・従業員とつないでいる。企業の知的財産の価値について、声を大にして言いたい。企業の投資価値を評価するときに、その感情的資産も考慮してはどうだろう。

Firms of Endearment

How World-Class Companies Profit from Passion and Purpose

第6章

投資家

——愛される企業が蒔いたものを刈り取る

クリスは、アメリカの大手金融機関で働いているベテラン投資マネジャー。クリスとその勤務先を特定できるようなこれ以上の情報は、当然ながら書けない。

2005年秋のこと、愛される企業投資ファンド設立についてのある話し合いの席で、クリスは、ホールフーズの動きをかなり長いあいだ追っていると話してくれた。

「四半期ごとのレポートが届くたびに『PER［株価収益率］はもうこれ以上は上がらないはず』と思うのですが、いつも上がっているのです」

当時、ホールフーズの株価は年に70パーセントアップしていた。よりによってマージンがもっとも少ないはずの小売業界の、いちスーパーマーケットがこれほどの好成績を上げられるなんて、いったいだれが想像しただろう。クリスは、この現象に戸惑《と》《まど》っていることを認めた。しかし、愛される企業のビジネスモデルを知ることで、ホールフーズの目覚ましい財務実績の全体像を理解するようになった。

どの愛される企業も、さまざまな投資ホライズン［期間］で並外れて高い実績をあげていることは前に説明した。また、本書で取り上げる愛される企業を選ぶ際、すべてのステークホルダーの利益に貢献しているかどうかを基準にした。それが今後繁栄していく証だとわたしたちが考えているからだ。

それぞれの過去の財務実績を詳しく分析したのは、愛される企業として選んだあとだ。先にも述べたように、好実績だろうと直感的には思っていたが、これほどまでとは正直、思っていなかった。

愛される企業のすばらしい財務実績については、第1章「思いやりと愛情をベースとしたビジネスの構築」でごく簡単に述べた。S&P500など株式市場全体と比較したほか、ジム・コリンズの「ビジョナリー・カンパニー」とも比較した。

この章では、愛される企業の財務実績についてさらに詳しく見ていく。その前にまず、ステークホルダーとしての投資家に関して、いくつか論じておきたい。

株主リターンが大きいホールフーズのやり方

愛される企業ホールフーズは、ステークホルダー関係管理ビジネスモデルの模範的存在だ。2013年9月30日までの20年間で、2270パーセントの累積リターンを生み出している。同社の企業哲学が盛り込まれて各店舗に掲示されている「相互依存宣言（Declaration of Interdependence）」に、ステークホルダーが相互につながっていることが反映されている。その一部を以下に紹介する。

「ホールフーズは高品質の食品業界を力強く牽引しています。使命感を持ち、食品小売業界の卓越した基準となることを目指しています。高い基準が社内のあらゆる面に浸透している事業を構築して参ります。品質はホールフーズの精神です。

わたしたちのモットー『ホールフーズ、ホールピープル、ホールアース（自然食品、健康な人々、健全な地球）』は、わたしたちのビジョンが単なる食品小売業をはるかに超えていることの証です。このビジョンの達成度を、お客さまのご満足度、『チームメンバー（従業員）』の優秀さと満足度、投下資本利益率、環境状況の改善、地域とさらに広いコミュニティからのご支援で判断しています。

相互依存という明確な意識を、さまざまなステークホルダー（当社の繁栄に利害関係があり、利益を得ている人々）に浸透させていけるかどうかは、わたしたちがもっと頻繁に、もっとざっくばらんに、もっと思いやりをもってコミュニケーションに取り組むことにかかっています。よりよいコミュニケーションは、理解と信頼を深めるからです」

「相互依存宣言」の後半にはこうある。

「すべてのステークホルダーにご満足いただき、こうした基準を達成することが、わたしたちの目標です。ホールフーズの経営陣のもっとも重要な責務のひとつは、さまざまなステークホルダーの利益・ご要望・ニーズをバランスよく保つことにあります。これはダイナミックなプロセスであり、すべてのステークホルダーにご参加いただいてコミュニケーションをとることが必要です。思いやりをもって耳を傾け、慎重に検討し、誠実に行動することが求められます。いかなる対立も、話し合いでウィンウィンの解決策を見出さなければなりません。このようなステークホルダーコミュニティをつくり、育んでいくことが、当社が長期的に繁栄するためにきわめて重要なのです」

ホールフーズは、株式市場が外部のできごとに過剰反応しうる例として興味深い。ホールフーズの株価を法外に高く、持続不可能な株価収益率に競り上げたあと、２００８年のグレート・リセッション［米国サブプライムローン問題に端を発した世界的不況］で市場はその真逆へ大きく振れた。

ホールフーズの株価は70ドル前後の高値から下がりに下がり、７ドルにまで下落した。ホールフーズ既存店の売上の伸びは鈍化し、減少傾向すら見えたが、ＣＥＯのジョン・マッキーが言うように、少し前まではその10倍の価値があると見なされていた企業であることに変わりはなかった。ホールフーズは金融業界に振り回されるのを拒み、自分たちの存在意義《パーパス》と経営哲学に忠実であり続けた。その後まもなく、同社の株価は歴史的な急上昇を見せ、この原稿執筆時点で112ドル近く（調整後終値）まで値上がりしている。

いまの投資家はこんな人たち

株式や債権の所有は、かつては富裕層や特権階級に限られていたが、いまはもう事情が異なる。米中央銀行の「消費者金融」調査によると、株式を所有しているアメリカ人世帯の割合は、1983年の19パーセントから、1989年には32パーセント、1995年には41パーセント、2001年には51・9パーセントと、増え続けている[1]（ただし、2010年には46・9パーセントに減少）。もっと重要なのは、投資家が政治の主力になっていることだ。2004年の大統領選挙の出口調査によると、投票者の70パーセントが株式を所有していることがわかった[2]。

株式の所有が一般的になったことで、企業のさらなる透明性への動きが加速している。影響はほかにもある。個人投資家の多くは、自身の道徳的価値観を投資判断に取り入れている。社会によい影響を与える、持続可能かつ責任ある投資の考えを支持しているのだ。ファースト・アファーマティブ・ファイナンシャル・ネットワーク社長、スティーブン・J・シュエスの次のメッセージが、同社ウェブサイトに掲載されている。

「社会的責任投資に関心がある人には2タイプあり、両者はたいてい補完し合っています。一方は、自分の価値観や社会的な優先事項になるべく沿い、反映されているところへ投資したいタイプ。もう一方は、社会全般における生活の質《クオリティ・オブ・ライフ》の向上を支援したり促したりできるところへ投資したいタイプです。後者は、地球上のすべての人々にとって、もっと経済的に公平で、環境面で持続可能な世の中の実現に向かう動きを後押しするために、自分のお金でできることを重視しています。こうした人たちは一般的に、アメリカ国内での社会的責任投資に不可欠な、社会変革の方策により強い関心を持っています」[3]

経営の神様と言われた故ピーター・ドラッカーが20年ほど前にこう述べている。

「年金基金が有力株主かつ債権者として台頭してきたことは、経済史上もっとも驚くべき力の構造の変化を意味している」[4]

以下、ドラッカー。

「全体で見ると、年金基金などの機関投資家たちがアメリカの大企業（それにかなりの数の中小企業）の普通株式の40パーセント近くを保有している。最大かつもっとも急成長している、公務員の各種年金基金は、物言わぬ投資家でいることにもはや飽き足らなくなっている」[5]

ドラッカーの見識と、アメリカ人世帯の半数以上が株式を所有していることを考え合わせると、投資家が株価を上げもすれば下げもしていることへのフレデリック・ライクヘルドの洞察が思い出される。長期では損失を出すことになっても、目先の利益優先で判断するよう、経営陣に圧力をかけているデイトレーダーその他の短期投機家は株価の破壊者だと、ライクヘルドは非難した。企業に対しては、年金基金やごく普通のアメリカ人世帯のような、長期投資家に関心を持ってもらえる戦略を開発するようアドバイスしている。ライクヘルドは、長期投資家が企業にとって付加価値となることを、説得力ある指標で示している。

このことは、愛される企業のビジネスモデルで「すべての」ステークホルダーにいえる重要な特徴であり、愛される企業の経営陣もライクヘルド同様、顧客から地域社会にいたるまで価値を創造するものと捉えている。すべてのステークホルダーを巻き込むことで、さまざまな手段をより広く、深く活用し、さらなる価値創造を可能にしている。

愛される企業は、ウォーレン・バフェット好みの投資先だ。どの程度長く投資を続けたいかと問われると、バフェットはよく「永遠に」と答えている。[6] 回転売買についてのバフェットの考えが、バークシャー・ハサウェイの1992年の年次報告書に掲載されている。

―「当社が所有している株は、ほかのどの公開会社の所有株よりも銘柄の入れ替え《ターンオーバー》がはるかに

少ない。（中略）取引手数料――多くの企業の株主にかなり『重い負担』となっているもの――は、バークシャー・ハサウェイでは皆無に等しい」[7]

わたしたちは、ライクヘルドやバフェットの考えを大いに信用している。ライクヘルドは株式の回転売買と株主価値の低下との関連性を入念に調べている。バフェットが世界第2位の富豪になったのも、ひとつには、そうした関係性はもちろん、長期的な価値創造とそれに沿った投資の原動力を理解しているからだ。

ではなぜ、こうした考え方をもっと多くの企業が取り入れていないのか。ひょっとして、取締役会が経営陣を短期報酬で釣って、価値を破壊するような短期的な経営判断をあえてさせているのだろうか。

利益追求の禅的な考え方

本書が推進している考え方――この新たな時代にますます多くの人が受け入れている考え方――は、ビジネスを成功させるには儲けばかりを考えるのではなく、どうすればすべてのステークホルダーのための価値創造ができるかに焦点を当てることが重要、というものだ。愛される企業も、ステークホルダーが抱えている問題を解決する一助となったり、力をより発揮できるようにさせたりして、それぞれの生活の質《クオリティ・オブ・ライフ》の向上につながるようにしている。

このように間接的に利益を追求する取り組みを支持するイギリスの経済学者ジョン・ケイは、ほとんどの目標は間接的かほぼ無関係に追求するのが一番だという。[8] たとえば、ジャグリングができるようになりたければ「投げることに集中し、受けることは心配するな」とよくいわれる。[9] 要するに、きちんと投げさえすれば受けるほうはなんとかなる。実際、自然に受けられるようになるのだ。

ビジネスでいえば、まさに精神的な教えに従うことになる。つまり、常に正しいおこないを心がけ、設定目標、仏教でいえば「大願成就」にばかり気を取られるな、ということだ。そうした大願にばかり焦点を当てている企業は「誤った」行動を起こしやすく、いずれはなにもかも裏目に出るはめになる。

目標達成を間接的に追求する考え方は、こんな禅問答のような逆説に表れている。「儲けようと儲けようと懸命になるほど、儲からない」。つまり、儲け主義の企業はたいていあまり儲かっていないのに対し、よく儲かっている企業の大半は、儲けを優先していないのだ。ピーター・ドラッカーがいったように、「利益は、企業活動や企業の意思決定の理由でも、動機でも、根拠でもなく、その妥当性の判断基準となるもの[10]」なのだ。第5章で紹介した、L・L・ビーン元CFOのリー・スラーチェの言葉「私にとって、仕事の目的はお金ではありません。人々の暮らしを実際によくしている感覚なのです」を覚えているだろうか。CFOの発言とは思いもよらないが、愛される企業のCFOは例外だ。

大手コンサルティング会社マッキンゼーの調査も、長期的視野で判断していれば利益はなんとかなる、という考え方が有効であることをはっきりと示している。言わば、ジャグリングでほうり投げた玉が手に自然に戻ってくるような感じだ。

2005年の『マッキンゼークォータリー』誌で、企業の短期的業績と長期的な健全性との関連性をリチャード・ドブスが検証している。健全な企業は、優れた業績を長年維持し「しっかりした戦略、きちんと管理された資産、斬新な製品やサービス、顧客・規制当局・行政・その他ステークホルダーの高評価、優秀な人材を引き寄せ、維持し、伸ばす能力[11]」といった特徴が見られる。

投資家にとっては特に残念なことに、並外れた短期業績を達成しようとすると、長期的な健全性に悪影響を与えかねないことに気づいていない企業が多すぎる。トップアスリートが目の前の競技を勝ち抜くために筋肉増強剤などのパフォーマンス向上薬を摂取し、破滅的な結果に長く苦しめられるようなものだ。

人員削減、サービスの縮小、福利厚生の廃止などで、短期的には確かに業績はアップできる。しかしこうした措置は、いずれ業績不振につながる可能性を大幅に高める。大量の人員削減を発表すると株価が上がるのも、当然よくあることだ。取引が活発になってデイトレーダーは儲かるかもしれないが、長期投資家は、その企業の健全性が危うくなる警告だと解釈したほうがいい。

利益追求について、マッキンゼーが次のように述べている。

「矛盾するようだが、株主価値という言い方は（中略）株主価値の最大化を妨げている。『商売で肝心なのは商売』と呪文のように唱えてばかりいるから、短期の成果アップにばかり力を入れ、社会の圧力、顧客からの信頼、イノベーションその他の成長が見込めるところに投資するなどの、重要で長期的な機会や問題を疎かにするようになる」[12]

短期で成果を出せ、という圧力に影響されやすい経営幹部が多すぎるのだ。

全米経済研究所（NBER）の調査によると、投資をすれば魅力的なリターンがあるとわかっていても、それで四半期目標が達成できなくなるのであれば、投資は「しない」と回答した幹部がほとんどだ。驚くことに、同じ理由で研究開発費をカットする、と回答した経営幹部は80パーセントを超える。そんなことをすれば長期的には企業に損害を与えることになる、とわかっているにもかかわらずだ。[13] そして、そういう判断をする経営幹部がボーナスやストックオプションといった報酬を受け取っているケースが多い。

ある著名な株式アナリストが、四半期ごとに成果を出すよう企業にプレッシャーをかけているのはよく知られている。実際、そういうアナリストは多いが、株式市場全体で見れば、長期的な価値を創造する行動が報われているのはいい傾向だ。

企業は経営陣の報酬を短期的な成果から切り離し、長期的な健全性を表すさまざまな指標ともっと緊密に関連づけるべきだ。[14]

投資家、従業員、顧客を結びつけている

投資家、従業員、顧客を結びつけることで、企業の安定性を高められ、ステークホルダー各集団の利益も調和させられる（図6－1）。たとえば、愛される企業はもちろん、順調な企業はたいてい、従業員に自社の製品やサービスを利用する顧客となるよう促し、お得な社員割引制度を用意している。雇うならロイヤルティも要求も高い顧客のなかから選ぶのが一番だと考えている企業も多い（ライフスタイル製品ならなおさらだ）。こうした企業にはたいてい、手厚いＥＳ

図6-1｜ハイブリッドな関係性

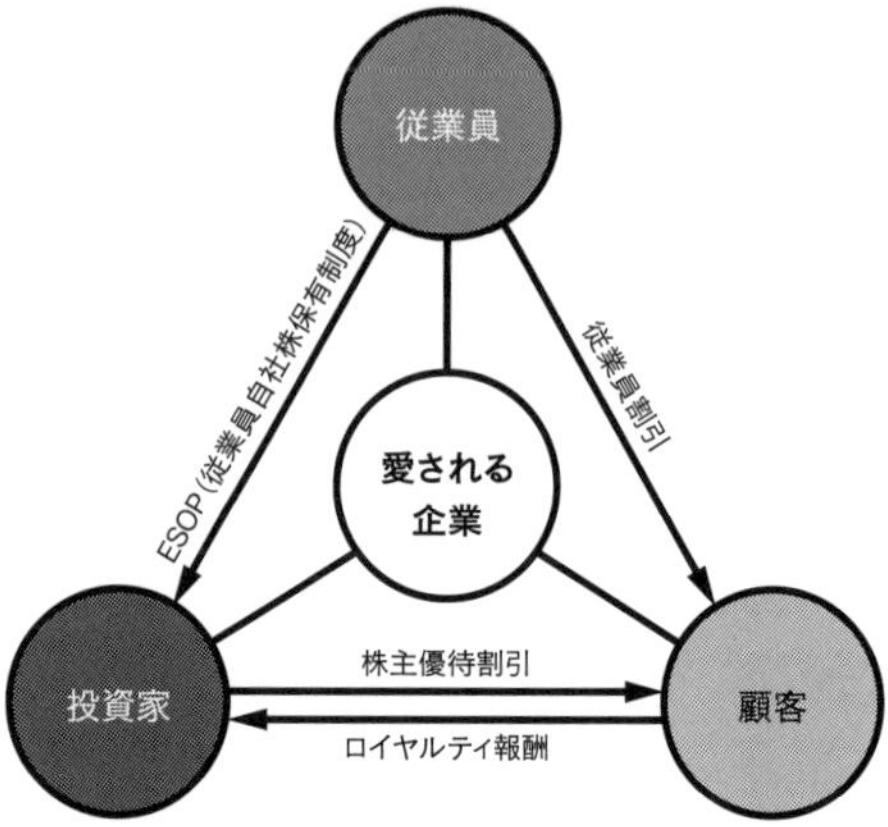

OP（従業員自社株保有制度）もある。愛される企業は、報酬としてストックオプション（その性質上、短期になりやすい）を与えるのではなく、自社株を購入して長期保有するよう従業員に勧めている。

顧客と投資家に考えうる結びつきのほうが珍しいから、ある意味もっと興味深い。投資家にも顧客になってもらい、ハイブリッドな関係性を促進すべきだ。

長期投資家にも従業員と同じように割引制度を提供してはどうだろう。逆に、優良顧客への新しいロイヤルティプログラムとして自社株をプレゼントし始めたところもある。ホテルチェーンのジェイムソン・インは、年間3泊以上の利用客に、1泊分の平均宿泊料金の10パーセントに相当する自社株をプレゼントしている。[15] ボストン・ビール・カンパニーが1995年に株式を公開した際、CEOのジム・コッチは、プロの投資家ではなく、自社の顧客でもある一般株主を最前列に並ばせようとした。公開株は1株20ドルだったが、顧客は1株15ドルで購入できた。

ステークホルダーをこのように結びつける利点は明らかだ。さまざまな形で企業と結ばれているステークホルダーのほうが、企業にとっての価値が高く、激動の時代でも支援し続けてくれる可能性が高い。ステークホルダー同士の結びつきだけでなく、企業とも直接結びついているべきだ。長期的戦略の計画プロセスには、ためらうことなく、全ステークホルダー（ここに挙げた3グループだけではない）の各代表者に直接関わってもらうのがいい。

株主リターン

愛される企業のなにが投資家には違って見えるのか。愛される企業の株価が「ビジョナリー・カンパニー」を長期にわたってしのいでいるのはなぜなのか。[16] 一般的に、愛される企業のほうが株主リターンは大きく、株価収益率（PER）も通常より高めだが、株式市場全体とくらべてリスクが特に高いわけでもない。

わたしたちは、株主リターンを比較するため、アメリカの愛される企業のうち株式公開している28社と、「ビジョナリー・カンパニー」11社、S&P500企業の、2013年9月30日までの、3年、5年、10年、15年間の株価実績を調べてみた。この間の市場環境はさまざまで、インターネットブームの幕開け、ITバブルの崩壊、緩やかな回復、2008~2009年の世界的金融危機などがあった。リターンの計算方法は次のとおり。

● 四半期の保有期間収益率(HPR)には、ブルームバーグ端末で検索した1998年10月1日から2013年9月30日の終値と配当のデータを使用した。
● トータルリターンには、再投資された配当金を計上するため、保有期間収益率(HPR)を積み上げて計算した。
● ベータ値は、ブルームバーグ端末で検索した1998年10月1日から2013年9月30日までのデータを、線形回帰分析で計算した。
● この期間に株式公開した企業は、株価データが入手可能になってから計算に加えた。つまり、株価データがない期間のリターンを0パーセントにはしなかった。そのカテゴリーの平均リターンを減じてしまうからだ。

表6－1および表6－2が示すように、愛される企業の株価とくらべると、S&P500企業の株価はどの投資期間で見てもわずかだ。愛される企業は、ビジョナリー・カンパニーも長

表6-1 | 累積リターン

累積リターン実績	15年	10年	5年	3年
愛される企業(米)	1681.11%	409.66%	151.34%	83.37%
愛される企業(米以外)	1180.17%	512.04%	153.83%	47.00%
ビジョナリー・カンパニー	262.91%	175.80%	158.45%	221.81%
S&P500	117.64%	107.03%	60.87%	57.00%

表6-2 | 年率リターン

年率リターン実績	15年	10年	5年	3年
愛される企業(米)	21.17%	17.69%	20.24%	22.40%
愛される企業(米以外)	18.53%	19.86%	20.48%	13.70%
ビジョナリー・カンパニー	8.97%	10.68%	20.91%	47.64%
S&P500	5.32%	7.55%	9.98%	16.22%

期にわたってしのいでいる。

株価収益率（PER）とベータ値

株価収益率（PER）は、株価が割高か、割安か、適正かの判断に使われる。従来は、過去の実績や業界平均より低い株価は割安と考えられる。しかし、わたしたちは今回の調査で、それとは異なる理論を証明しようとした。

愛される企業は従来の株価収益率では判断しきれず、通常より高めの株価収益率をもたらしている、という理論だ。通常より高めの株価収益率は、その企業が主なステークホルダーのあいだでうまくバランスをとり、将来にわたり持続的な成長軌道に乗っていることを示している（その分、従来の利益主導型ライバル企業がある程度犠牲になるわけだ）。こうした経営を続けているかぎり、愛される企業は業界平均や相場全体（S&P500）と比較して高めの株価収益率をこのまま維持し続ける、とわたしたちは考えている。

「ベータ値」は、リスク、つまり株の値動《ボラティリティ》きの指標だ。アメリカの愛される企業全体のベータ値は現時点で1・02で、ビジョナリー・カンパニーと比較してもわずかに高い（表6－3）。

しかし、ベータ値は低いほうがいいとは限らない。重要なのは、さらなるリスクをそれほど

表6-3｜ベータ値

	株価収益率（PER）	ベータ値
愛される企業（米）	26.15	1.02
ビジョナリー・カンパニー	17.20	0.91
愛される企業（米以外）	23.57	0.81

＊ 2013 年 10 月 4 日現在

表6-4｜愛される企業（米）のリターン（次ページへ続く）

企業名	15 年	10 年	5 年	3 年
アドビ	1096%	164%	32%	99%
アマゾン・ドット・コム	1580%	546%	330%	99%
ウォルト・ディズニー	157%	224%	110%	95%
オートデスク	526%	383%	23%	29%
カーマックス	629%	284%	172%	43%
クアルコム	2147%	223%	56%	49%
グーグル	—	576%	119%	67%
コグニザント	16239%	801%	260%	27%
コストコ	388%	271%	77%	78%
コルゲート・パルモリーブ	244%	111%	57%	53%
サウスウエスト航空	62%	−18%	0%	11%
シュルンベルジェ	287%	264%	13%	43%
スターバックス	1602%	435%	418%	200%

表6-4 愛される企業（米）のリターン（前ページ続き）

企業名	15 年	10 年	5 年	3 年
チポトレ	—	674%	673%	149%
チャブ保険	182%	174%	62%	56%
ティー・ロウ・プライス	388%	247%	33%	43%
ノードストローム	353%	351%	94%	50%
ハーレーダビッドソン	333%	33%	71%	125%
パネラ・ブレッド	5103%	287%	211%	79%
フェデックス	411%	77%	45%	34%
ホールフーズ・マーケット	1011%	324%	484%	215%
ボストン・ビール・カンパニー	3268%	1434%	414%	265%
マスターカード・ワールドワイド	1302%	1302%	279%	200%
マリオット・インターナショナル	277%	109%	72%	24%
3M	222%	72%	74%	37%
IBM	188%	109%	58%	37%
JM スマッカー	359%	148%	88%	72%
UPS	55%	43%	44%	36%

招くことなく、相場を上回るリターンで投資家に報いることだ。愛される企業はまさにそうで、相場全体よりはるかに高いリスク調整後リターンをもたらしている（表6－4）。

より小さなリスクで大きな利益を得るために

わたしたちは、企業の唯一の存在目的《パーパス》は利益の最大化、という従来の視野の狭い考え方がいずれ時代遅れになるのを密かに夢想しているわけではない。しかし、そうした考え方を指針とする企業の数は減っていくし、ますます不利になっていくのは間違いない、と見ている。すべてのステークホルダーの生活やコミュニティとのつながりを重視する企業のほうが有利だからだ。

後者のビジネス哲学を好む人は、顧客、従業員、サプライヤー、その他のステークホルダーのあいだでどんどん増えている。人道主義的文化の企業に投資するほうが長期にわたり大きな利益が得られそうなことも、愛される企業を見ればわかる。もちろん、健全な経営および資本の適切な活用が重要であることは変わらないが、そこがきちんとしていれば、愛される企業への投資は、より小さなリスクで大きな利益を刈り取ることにつながりそうだ。

第7章

パートナー
——見事な調和

メキシコのチアパスのコーヒー生産者のあいだに、こんなブラックジョークがある。

「コーヒー栽培はこれからのビジネスだ。次の年こそ必ずよくなるはずだから」

アーウィン・ポーレンツは、まさにその次の年が来るまで、長年汗水流してあくせくと働き、苦労を重ねていた。1998年には、1250エーカーあるコーヒー農園サンタテレサのうち、山腹にあるコーヒーの木を豪雨ですべて失った。同じ年、自宅に強盗が押し入り、10万ドル出せと脅された。ポーレンツは、自分が現代版ヨブ［旧約聖書に出てくる、数々の苦難に耐えて信仰を守りとおした人物］のように感じられた。続く数年は、猛暑でコーヒーの木が大打撃を受けた。害虫も農園全体にはびこった。生産量が激減し、その後、コーヒー豆の価格も世界的に急落した。これ以上うまくいかないことがありえるだろうか？　そう自問する毎日だった。

あるとしたら、人々のコーヒーの好みが変わることだろう。そしてまさにそうなった。サンタテレサ農園が栽培していたコーヒー豆より、さらに品質の高い、スペシャルティ・グレードに需要が移ったのだ。50年以上前にドイツから移民してきた父親エルネストが始めたコーヒー農園は、破産寸前だった。

そのとき、容赦ない不運の流れが変わり始めた。仲買業者のメキシコ農産関連産業連合（AMSA）が、ポーレンツ家の農園に救いの手を伸べてきたのだ。AMSAは、商品取引をおこなう世界最大級の企業集団のメキシコ部門だ。

サンタテレサ農園が高地にあり、アラビカ種の「ムンドノーボ〔新世界の意〕」という、スペシャルティ・グレードの買い手からの需要が高まりつつある主要品種を栽培していることを、AMSAのコーヒー担当責任者、テディの愛称で呼ばれているエドゥアルド・エステベは知っていた。

ところが、調査のためにエステベが技術専門家を派遣すると、サンタテレサ農園のやり方には品質上の問題がいろいろあることが判明した。青くて未熟なコーヒーチェリー（実）も熟した実もいっしょに収穫し、精製する際に「フローター〔水に浮くような欠陥豆〕」も取り除いていない。豆を発酵させる時間も必要以上に長く、乾燥しすぎたり、香り成分のオイルが失われたりする恐れがあった。

ポーレンツはAMSAの指摘を真剣に検討した。生産工程のこうした問題に取り組んだ結果、翌年の収穫分の契約をAMSAと結ぶことができた。

その後4年にわたり、AMSAの幹部はサンタテレサ農園のさらなる品質向上を指導し、そのコーヒー豆をコーヒー市場の大手専門企業スターバックスに売り込んだところ、2001～2002年収穫分のサンプルロットを購入してもらえた。1年後、スターバックスはサンタテレサ農園と、ファーストグレードの全収穫分を現地の市価より30パーセント高値で仕入れる契約を結んだ。2003年、ポーレンツは、当時のチアパスの相場を76パーセントも上回る価格で3年契約を結んだ。

「危機的状況でしたが、スターバックスのおかげで瀕死の状態から救われました」

とポーレンツ。

サンタテレサ農園の改革は始まったばかりだった。2003年、レインフォレスト・アライアンスとコンサベーション・インターナショナルがサンタテレサ農園を訪れると、そこで目にしたことに触発された職員が、当時スターバックスが立ち上げたばかりの、仕入れ基準となる認定プログラム「C.A.F.E.（Coffee and Farmer Equity コーヒーと生産者の公正な取引）プラクティス」の試験農園として、サンタテレサを推薦してくれたのだ。

「C.A.F.E. プラクティス」は、高品質かつサステナブルなコーヒー栽培をおこなっている生産者を評価・認証・称賛するためもので、SCS［グローバルサービス］と共同開発された。

SCSは、第三者による評価および認証をおこなう機関で、社会と環境のためにさまざまな活動を推進している。「C.A.F.E. プラクティス」のガイドラインに従って改善している生産者にはポイントが与えられ、優先サプライヤーの資格が得られるようになったり、すでに得た資格を維持できたりする。

2003年、AMSAのエステベは、生産者との会議の席で、こうしたプログラムでもたらされる財務面、社会面の恩恵を詳しく説明した。ポーレンツが語る。

「そこでビジョンがはっきりと見えてきたのです。それは、自然環境、生産者、労働者、すべてがうまくいっている農園です」

ポーレンツは、農園で働いてくれている人たちが安心して快適に暮らせるよう、もっと注意を払うようになった。コンクリートの壁を設置し、臭いのする堆肥《たいひ》が混ざった泥が雨で山の麓《ふもと》まで流されて労働者の住宅に押し寄せないようにした。環境を汚染しないバイオトイレも設置した。薪グリル式の屋外キッチンも2つ設置した。それまで労働者は焚き火で食事を用意していたのだ。

やるべきことがもっとあるのはわかっていた。改善しなければならないことは、新たな経営ビジョンによるものもあれば、スターバックスとの契約上の義務によるものもあった。たとえば、コーヒー豆の販売量1ポンドあたり10セントを社会や環境の改善に取っておかなければならない。「C.A.F.E. プラクティス」で獲得した優先サプライヤーの資格も励みになった。1つ改善するごとにポイントを獲得していき、優先サプライヤーになったが、あぐらをかいているわけにはいかない、とポーレンツは自覚していた。

「スターバックスはうちが長期サプライヤーになれるかどうかの確信がまだ持てていないと思

います。でも、わたしたちを救いに来るのがスターバックスの仕事ではありません。自分たちでなんとかすべきなのです。ベストプラクティスに基づいて質の高いものを生産すれば、スターバックスが適正価格で仕入れてくれるはずです。そうなればわたしたちも長期にわたり生産し続けることが可能です」

AMSAは、スターバックスの持続可能な認定基準「C.A.F.E. プラクティス」のおかげでサンタテレサ農園が破産寸前の状態から模範的な農園経営に転じたことに触れ、有効性が証明されているこうしたさまざまな支援を、ほかの生産者たちにも盛んに勧めている。

このような支援は、AMSAのような仲買業者の従来のイメージとは正反対だ。生産者を食い物にし、わずかでも利益があれば上前をはねるというイメージだったからだ。しかし、サンタテレサ農園がスターバックスと契約した成功例を見ればわかるとおり、

「正しいことをおこなえば、長期的にはきちんと見返りがあります」

と、AMSAの営業部長エリック・ポンソン。

「それは、AMSAのビジョンも農園の環境および社会的責任を引き受ける方向に広げていくことを意味しているのです」

実際、スターバックスをはじめとする買い手からは、高品質のコーヒー豆の生産量をこれからも増やすよう求められていて、AMSAやほかの取引業者の未来は、社会的・環境的道徳心

で高品質のコーヒー豆を提供できる生産者をさらに見つけて育てていくことにかかっている。

「サンタテレサ農園だけが、特別なのではありません」

とポンソン。

わたしたちが本書のための調査で見聞きしたすべての事例のなかで、このポーレンツのコーヒー農園の例ほど、企業が経済生態系に関わる存在であることを如実に物語っているものはない。スターバックスは、数字主導型というより人間主導型の企業であり、同じ経済生態系にいる人々や組織を育む力がある。コーヒー生産国の、役人、仲買業者、農園主、農園労働者などに対し、目の前の利己的な目標を超えて、自社の影響力が及ぶ範囲のすべての人々の生活の改善に貢献するよう促している。

スターバックスがその経済生態系内の社会問題や環境問題の解決を主導していることは、私企業の成長ぶりを示すものとして注目すべきだ。これまではもっぱら行政がおこなってきた公共福祉の分野に企業の役割が拡大している。

しかも、スターバックスの創業CEOハワード・シュルツを、株主利益の浪費だなどとだれも責められない。同社の株価は過去10年間で6倍に、2009年から2013年で10倍に値上がりしているのだ。

ここで指摘しておかなければならないのは、スターバックスが、大量の広告や販促活動といった大手広告代理店のこれまでのやり方で世界的ブランドになったのではない、ということ。サプライヤーをはじめ、ステークホルダーのどの集団のニーズにも注意をしっかり向けたからなれたのだ。

なんなら、企業の社会的良心、と呼んでもいいが、わたしたちにしてみれば、スターバックスは、相手に行動を促すハワード・シュルツの天性のリーダーシップのもと、非常にうまく経営されていて、これまでと異なる「愛される企業」というビジネスモデルの特徴である「全体の調和《コンシニティ》」を達成している企業、ということに尽きる。

本当に必要な指標

「コンシニティ」は古い英語の名詞で、今日ではあまり使われていないが、いまの時代を象徴しているかもしれない。「結論」や「要点」ばかりを性急に求めていると、コンシニティが意味するものへの感受性が鈍ってしまう。事実の一部だけをとりあげ、リアルでもなんでもない「リアリティ」番組で露骨に描くような社会には、コンシニティの正しい理解に必要な、繊細な心配りが欠けている。

コンシニティとは「さまざまな要素が巧みに組み合わさり、洗練された・見事な調和を生み出している状態」を指す。精巧な工芸品を詩的に表現したり、美しく構築された思考を指すときに使われたりする言葉だ。意外かもしれないが、組織もコンシニティの状態を達成することが可能なのだ。


ミルトン・フリードマンが提唱した自己中心的な企業目的モデルを道義的に超えて活動している企業のほうが、コンシニティの状態を達成している可能性が高い。自己実現の状態に至った人と同じで、あらゆるものがまとまり、見事に調和している。

アブラハム・マズローならきっと、愛される企業を、自己実現の行動を反映している企業と捉えるだろう。マズローは、自己実現とは要するに「自分にできることをすべて発揮している(being all you can be)」状態だといっている(このフレーズが米陸軍の入隊勧誘に使われたのは、何年もあとの話)。

「自分にできることをすべて発揮している」状態まで成長していくには、自我を手放すことも含まれる。この成熟した行為で、自己中心的な物の見方から他者中心の見方に変わる。

これは、なにも自己利益を犠牲にするという意味ではない。自己利益は、成熟段階のもっとも高いレベルで十分に叶えられる。その頃には、自分の領域にあるものをすべてコントロールしたい、という自我の欲望が、より広い人生観のおかげで薄れているからだ。

これは人だけでなく、企業にも当てはまる。「超越の時代」に勝ち続ける企業は、株主だけでなく、すべてのステークホルダーのための価値創造に努めると同時に、コンシニティの状態で活動をおこなっている企業である、とわたしたちは強く信じている。そこではあらゆるカテゴリーのステークホルダーが見事な調和のなかで影響し合うすばらしい体験をしている。


当然、こんな疑問が生じてくる。

「自己中心的でない企業のほうが順調、なんてことがありえるのか」

従来の考え方をする人は、企業が配慮する対象をステークホルダーすべてに広げるのは、株主利益を犠牲にしなければムリだという。そんなことをすれば、儲けることが軽視されて利益を最大化できなくなる、と主張する。

この主張の誤りは、「AかBのどちらか一方」しかないから「Aの場合はこう、Bの場合はこう」という考え方から来ている。これでは選択肢が2つしかない。愛される企業のCEOは、もっと包括的に「AもBも両方」という考え方で方向性を示すことができる。これなら、選択肢はまさに無限だ。

競合他社ともコンシニティ

２００５年11月９日、マサチューセッツ州サウスショアのストートンという街に、イケアが州内初の店舗をオープンした。

オープニング前には、青と黄色のイケアロゴをボストンの地下鉄のあちこちに貼ったり、１００万部を超えるカタログをエリア内の世帯に配ったり、寝室のモデルセットをガラスのショーケースに入れて牽引する宣伝カーを街中に走らせたりした。北米イケア社長のパーニル・スパイアーズ＝ロペスが開店前の店頭に立ち、丸太をのこぎりで切る儀式に参加した。幸運を呼ぶ、スウェーデンの伝統儀式だ。

35万平方フィート（アメフト競技場の６．５倍の広さ）の店舗には約２万５０００人の客が訪れ、はるばるアトランタ州からやって来た人たちもいた。一番乗りを目指して１週間以上テント暮らしをしていた客も少なくなかった（先着１００名に1脚99ドルのポエングチェアが無料プレゼントされた）。オープニングの水曜日に合わせて仕事を休んだ人が何千人もいた。

イケアの従業員は、青と黄色のスティックバルーンを叩きながら大歓声で来店客を迎えた。来店客は、99セントの朝食セットに向かい、昼になると３ドル99セントのミートボールランチを食べ、その間、子どもたちは見守り係のいるボールプールで遊んだ。

いち家具店のオープニングになぜここまで大騒ぎするのだろうか。イケアの顧客には熱烈なフアンがいて（愛される企業の多くがそうだ）、ここボストンエリア在住のファンはこの日を何年も待ち続けていたのだ。

このオープニングで一番興味深いのは、ストートンでイケアとご近所さんになる、いずれも愛される企業のジョーダンズ・ファニチャーとコストコの反応かもしれない。両社ともに、自社に隣接している駐車場をイケアのグランドオープニングに来た客に使ってもらって構わない、と申し出たのだ。「ジョーダンズはイケアを歓迎します」の看板も車道にずらりと並べられた。[1] 家具店業界でもろにぶつかるライバル企業からのメッセージがこれなのだ！

従来の資本主義的な考え方で、食うか食われるかの「弱肉強食」のイメージだったら、ライバル企業に手を差し伸べるなどありえないが、愛される企業はだれに対しても、たとえ競争相手であっても、気遣いを示す。第1章「思いやりと愛情をベースとしたビジネスの構築」でヤフーのティム・サンダースの次のことばを紹介した。

「愛」より重要なことがあるだろうか。（中略）**「愛」はどんどん広がっていく。この本で「愛」をどう定義すべきか、いい考えがなかなか浮かばなかったけれど、わたしなりに定義すれば、「愛」とはほかの人の成長を無私無欲で促すことにほかならない。**[2]

また、サーチ＆サーチCEOケビン・ロバートのこんな言葉も紹介した。

サーチ&サーチでは、「愛」と、それが企業にとって意味しうるものの追求に、ずっと焦点を当てている。人間には「愛」が欠かせない。それなしでは生きられない。「愛」は応えることであり、思いやりであり、直感的なものだ。「愛」は常に双方向であり、そうでなければ「愛」の名に値しない。「愛」は上から命じられるものでも、当然の権利として要求されるものでもなく、ひたすら与えられるものなのだ。[3]

イケアの開店をジョーダンズ・ファニチャーとコストコが歓迎する様子を目にした顧客、従業員、サプライヤー、地域住民などは、すでにライバル同士のこの2社が、第3のライバル企業の参入で息を合わせたことに感心せずにはいられないはずだ。全体の調和《コンシニティ》の好例といえる。

企業が自己実現する存在として語られることに違和感を覚える人もいるかもしれないが、考えてみれば当然だ。結局、企業は人が拡大したものだし、特に、経営者の人間性の拡大、または類似だといえる。したがって、人のふるまいを表現するのと同じ言葉で企業のふるまいを説明するのは筋が通っている。

たとえば、理不尽なほど攻撃的な企業があるのも、そういう人がいるのと同じだ。このような企業は自己利益を追求するあまり、他者の利益を容赦なく無視している。

また、凝り固まった思考や「白か黒か」の両極端な考え方、気分の波の激しさ、感情に過度に根ざした屁理屈なども、人だけではなく企業にも見られる。こういう企業は何社かすぐ思い浮かぶのではないだろうか。

一方で、すべてがうまくまとまっている企業もある。愛される企業はこの幸運なグループに入る。思いやりを持って活動し、道義的に正しい道を断固として歩んでいる。ただし、誤解してはいけない。愛される企業はそもそも経営がしっかりしている。愛される企業のリーダーは、経営が順調でなければ、正しいことをしようという意志も守れないことをよくわかっている。そして、自社の成功がかかっているすべてのステークホルダー集団の利益に目配りすることで、財務目標を達成しやすくなることも理解している。わたしたちはこうした企業を「成熟企業」と呼んでいる。

よく知られている、ミルトン・フリードマンによる企業の存在意義《パーパス》の考え方は、組織の全体の調和《コンシニティ》と「長期にわたる」偉大《グレート》な企業への進化との関連性を見落としている。組織の偉大《グレート》さは、量より質なのだ。

ジム・コリンズの『ビジョナリー・カンパニー2　飛躍の法則』で模範的な飛躍企業の選定に用いられた、徹底した指標にもかかわらず、長期にわたり偉大《グレート》な企業であり続けるために必要なものは、財務状況や決算結果のように正確には測れない。企業の偉大《グレート》さの本質は、概算しかできない。それはどちらかというと、目に見えるものより、見えないものの産物なので、会計の枠組みでは計り知ることができない。

従来の金融業界的な企業分析は「ハード」データにばかり頼りすぎていて、「ソフト」データを徹底的に吟味していない。結局、企業の偉大《グレート》さは、組織の各要素がいかにうまくかみ合っているか、そうした各要素がいかに全体を活気づけているかにかかっている。それがわかるのは「ソフト」データなのだ。

投資家に必要なのは、企業が各要素をいかにうまく融合させているかを示す「全体の調和《コンシニティ》指標」だ。

ステークホルダーの全体の調和《コンシニティ》か、搾取か

愛される企業は、ステークホルダーを搾取の対象や財務目的を達成する手段としてではなく、パートナーと捉えている。ステークホルダーを「モノ扱い」しないどころか、会社が前へ進んでいくのに協力してくれるよう促している。

ホールフーズは、主なステークホルダー集団の各代表者に5年おきに集まってもらい、次の

5年間の戦略的ビジョン策定に協力してもらう「フューチャー・サーチ」をおこなっている。顧客やベンダーも、ほかのステークホルダー集団とともに、ホールフーズの未来計画づくりに参加している。

数十年前、フェミニスト活動家のグロリア・スタイネムが、男性は女性を「モノ扱い」している、と非難したのはよく知られているが、多くの企業がそれと同じことをステークホルダーにおこなっている。大きな違いは、企業の場合はセックスのためではなく、利益のためにステークホルダーをモノ扱いしている点だ。

スタイネムはまた、女性がモノ扱いされている状況を黙認している社会は大きな代償を支払っている、とも言っていた。モノ扱いは残酷で非人道的で、多くの女性が本来持っている力を発揮するのを妨げているからだ。ステークホルダー——特に投資家——も同じで、企業にモノ扱いされることで法外な代償を支払っている。ステークホルダーも企業も、本来の力を存分に発揮できないからだ。

ステークホルダーを搾取する時代はもう終わりに近づいている。企業がステークホルダーを利用してもなんの咎《とが》めも受けないわけにはもういかない。

これは独善的な意見ではなく、新たな時代の夜明けの光に照らされた市場の現実なのだ。経験を積んで賢くなっているいまの年配層は、過度な物欲に惑わされず、搾取の気配にすぐに気づいて反応する。

インターネットのおかげで、消費者、従業員、その他ステークホルダーが情報を共有したり拡散したりする力も大いにつけている。王様が裸であることが、インターネットでわかってしまうのだ。

コメディアンのジョージ・バーンズがうまいことを言っている。

「人生で一番大切なのは、誠実であること。だから、誠実なふりができれば成功ってわけ」

愛される企業のふりをすることはできないから、本当にそうならなければならない。

ステークホルダーをパートナーにして成功の可能性を高めている

米国史の大惨事に数えられる同時多発テロ事件のあと、前例のない破綻の波が米航空業界を襲った。航空各社は人員削減や高賃金の引き下げを続々と推し進めて生き残りを図ろうとし、経営陣と従業員や労働組合との関係は最悪になった。そうしたなか、サウスウエスト航空が例外だったのは注目に値する。大手航空会社のなかでただ1社、「人員削減を一切おこなわずにこの嵐を乗り切る」と決めたのだ。しかも、既得権利の返還を労働組合に求めることも一切なかった。

ミシガン大学ビジネススクールのキム・キャメロン教授が、アメリカ同時多発テロ事件後の企業のレジリエンスについて調べている。

「人員削減を回避し、関係性の維持に努めた航空会社のほうが、（中略）契約上の義務に違反したり、人員削減を始めたり、退職手当を取り消したりした企業とくらべて、より高いレジリエンスを示していた。人員削減を控えたことで、なんとかして乗り切ろうという気運が生まれ、従業員が団結し、斬新なやり方でこの危機的状況に対処するようになり、危機以前のレベルまで業績をいち早く回復できるようになった」[4]

同時多発テロ事件後のサウスウエスト航空のレジリエンスは、人員削減や給与カットをおこなわなかっただけではない。サウスウエスト航空も、アメリカン航空、ユナイテッド航空、デルタ航空など、ほかの大手航空会社と同じように、経済的課題を抱えている。それでも、40年間のどの景気後退の時期にも、ただの一度も赤字を出した年がない。航空業界はだいたい、利益より損失のほうが大きい[5]。同社が創業まもない頃、所有している4機のうち1機を手放さざるを得なかったのを覚えているだろうか（第4章「従業員――資源《リソース》から源泉《ソース》へ」143ページ）。それまで4機でおこなっていた運航スケジュールを3機でおこなえるように従業員が工夫したことで、損失を出す恐れは解消した。サウスウエスト航空の従業員は、厳しい状況下でもその難局にうまく対処している。同社の従業員が加入している複数の労働組合もそうだ。

慢性赤字に悩まされている業界にいながら、なぜサウスウエスト航空は一度も赤字になった年がないのか。それをある有名な航空業界アナリストがマサチューセッツ工科大学の学生に説明しようとして、「サウスウエスト航空は従来型の労働組合に束縛されていないから」と言った[6]のだが、それは間違っている。サウスウエストは、アメリカの航空会社のなかでも労働組合への加入率がもっとも高い。

また、ほかのどの大手もやっていないが、サウスウエストはすべてのステークホルダー集団と強いパートナーシップ関係を築こうとしている。当然、労働組合も含まれている。労働組合もまたステークホルダーだからだ。労働組合をパートナーとして扱うことが、顧客やサプライヤーをパートナーとして扱うのと同じように、利益につながりうるのだ。

労働組合に入っている従業員を抱えている企業の多くは、労働組合をうっとうしく思っているが、サウスウエスト航空は労働組合をパートナーと捉えている。ひょうきんさと、すべてのステークホルダーへの愛の精神を備えている、この型破りな企業（同社の銘柄コードはLUV《ラブ》、つまり愛だ）がアメリカの国内線最大の航空会社となったのも、労働組合があるにもかかわらず、ではなく、ある意味、労働組合があるおかげなのだ。

サウスウエスト航空の文化は、長年CEOを務めたハーブ・ケレハーが定めた5つの基本的考え方に基づいている。

- ●当人ではなく、その状況、問題点、行動に焦点を絞れ。
- ●ほかの人の自信や自尊心を傷つけるな。
- ●従業員、同僚、幹部と建設的な関係を維持せよ。
- ●自ら進んで改善せよ。
- ●自ら身をもって示せ。

いずれも「他者中心」の考え方であることに注目してほしい。マズローの、自己実現しつつある人の特徴とも一致している。よくある指揮統制型のビジネスモデルの気配が感じられるものはひとつもない。

自己実現している人は、他者をコントロールしようとはしない。模範を示したり助言したりすることで、指揮統制するよりはるかに大きな効果をあげている。自己実現している企業もそれと同じなのだ。

自身のリーダーシップ哲学について尋ねられて、ハーブ・ケレハーがこう答えている。

「企業は、恐れではなく、愛で結びついているほうがはるかに強いのです」

ここでも「愛」という言葉が使われている！　さまざまな関係性が、いや、「愛ある」関係性が、サウスウエスト航空のビジネスモデルの根幹を成しているのだ。

愛という言葉が経済学の本に出てくることがまずないのは、もちろんわかっている。しかし、銘柄コードからして「LUV《ラブ》」であるこの航空会社のすばらしいサクセスストーリーや、その成功の元である愛の実践を共同創業者が臆面もなくしきりに勧めている様子をここまで詳しく見てきた以上、愛の経済的価値に異論などあろうはずがない。


サウスウエスト航空のビジネスモデルは、ほかの大手航空会社のものとくらべて、きわめて重要な2つの点で異なっている。1つは、人の行動の原則に基づいている点、もう1つは、臨機応変で柔軟な組織構造で運営している点だ。

ほかの大手航空会社のビジネスモデルは、数字に基づいている。従来型の航空会社は従業員を職種別に組織し、固定化したヒエラルキー構造で運営している。パイロットが客室乗務員を手伝ったり、地上勤務員が次の運航の準備を整えたりする様子を、他の航空会社で見たことがあるだろうか。サウスウエスト航空では普通におこなわれている。折り返し時間の短縮は年に数百万ドルの追加収益となり、しかも余分なコストはまったくかかっていない。こんなことは、ヒエラルキー構造がなく、現場の従業員、労働組合、経営陣のあいだに愛が広がっている企業でしかありえないだろう。

ハーレーダビッドソンも、労働組合をパートナーと考えている。経営陣、従業員、労働組合の関係性が友好的であるのも、元ＣＥＯリチャード・ティアリンクの功績といえる。

「わたしたち経営陣には変化の原動力となる責任があったのです。企業をうまく機能させるためには、すべてが順調にいっしょに機能しなければなりません。毎朝仕事に出かけるのがわくわくするようでなければいけないのです[7]」

こうした考え方を機能させるうえで重要な役割を担ってきたのが、パートナーである労働組合だ。

ハーレーダビッドソンの労働組合は、１９８０年代はじめの厳しかった時期に同社を支え続けた。倒産寸前だった同社をアメリカン・マシン・アンド・ファウンドリー（以下ＡＭＦ）から役員13名が買い取った頃だ。ＡＭＦに倒産の瀬戸際まで追いやられ、生き残りに必死だったときに労働組合が支えてくれたことを、ハーレーダビッドソンの経営陣が忘れたことはない。

景気の浮き沈みが何度もあったにもかかわらず、ハーレーダビッドソンは景気を理由にした人員削減を25年間おこなわなかった。そうするくらいなら、外部委託していた業務を社内に戻すこともある。ここ数年こそ、ある程度の人員削減をおこなわざるをえない状況もあったが、人道的なやり方でおこなえているのも、一番いいやり方を労働組合と緊密に協力して模索しているからだ。

ハーレーダビッドソンの労働組合が経営陣と緊密な関係にあることを反映し、仕事ぶりがお粗末な従業員を労働組合が懲戒していることはよく知られている。労働組合と経営陣がいっしょになって、職場の安全性の向上にも長年熱心に取り組んでいる。

こうした取り組みがオープンなコミュニケーションを育み、従業員はだれでも、どんな問題でも、意見を述べられる。ここでもまた、すべてのステークホルダー集団、とりわけ株主が、その恩恵をこうむっている。


AMF傘下だった当時のハーレーダビッドソンは、ディーラーとの関係が最悪だった。ディーラーはバイクを市場に出す手段でしかなかったが、AMFから解放されてまもない頃からずっと、ハーレーダビッドソンはディーラーをビジネスパートナーと捉えている。再生して早い時期に、ディーラーがセールスやマーケティングの技術を磨ける支援プログラムを立ち上げている。このプログラムは、いまは「ハーレーダビッドソン大学」がバックとなり続けている。

1983年、ハーレーダビッドソンの経営陣が、あるアイデアを思いついた。ハーレーライダーにブランドの伝道師になってもらう「ハーレーオーナーズグループ（H.O.G.）」を立ち上げたのだ。このH.O.G.が、ライダーとディーラー双方に対する時間稼ぎという重要な役割を果たしている間に、同社は、AMFに1969年に買収されるまでは定評のあった品質レベルを挽回しようと、大急ぎで作業計画に邁進した。

AMFの傘下に入ったことが、ハーレーダビッドソンにとって大打撃となっていた。1973年には77パーセントだった米国内での市場シェアが、1980年代はじめには23パーセントに急落していた。ハーレーダビッドソンの再生は、ヒエラルキー組織の指揮統制の産物ではない。瀕死の状態から息を吹き返して輝かしい名声を取り戻せたのは、史上最高のこのバイクブランドの力を信じていた役員13名によって巧みにまとめあげられた、さまざまな関係性を熱心に育んできたからだ。


ニューバランスの共同オーナーで会長のジム・デイビスは、ステークホルダー関係管理の考え方に従い、1990年にはスポーツシューズ市場で12位だった同社を、2005年のアディダスによるリーボック買収前に2位に浮上させた。第4章で触れたように、従業員とのパートナーシップというニューバランスの考え方は、米国内にある製造工場の生産性を海外工場の10倍にまで高めている大きな要因のひとつだ。同様のパートナーシップ精神は、販売店との関係性にも浸透している。

販売店はニューバランスにとって最高のパートナーであり、逆もまた然りだと語るジム・デイビスは、販売店を訪問して回り、そこで売上の改善やトレンドデータの共有にいっしょに取り組むことに大半の時間を費やしているという。

ほかの上位ライバル社とくらべて、ニューバランスの重要な競争優位点として、販売店により早く製品を補充できる点が挙げられる。工場出荷から店頭に並ぶまで数カ月かかることもある海外の工場とくらべて、米国内の工場ならより早く店に届けられる。ニューバランスなら、数カ月ではなく数週間で店に製品を届けてくれるから、販売店は在庫コストを減らせるし、消費者の好みが急に変わってもすばやく対応できる。

サプライヤーも、ニューバランスのステークホルダー関係管理の考え方の恩恵をこうむっている。1994年、ニューバランスは皮革の仕入れ先としてプライム・タニング社と提携し、当時投入したばかりのカジュアルシューズ「アメリカン・クラシックス」の素材用に防水性のより優れたレザーを開発した。プライム・タニングCEOのケネス・パーディが、ニューバランスとの関係性をこう語っている。

「夫婦のようなものです。（中略）［製品開発は］お産のようなものですよ」[8]

ニューバランスはサプライヤーと緊密な関係を築くことで、シューズのサイクルタイムを減らしている。プライム・タニング社とニューバランスの関係性が、新たなコンセプトづくりからシューズを製造して店に並べるまでの時間を、半分に減らすことにつながった。

ニューバランスが公開企業だったら、株式アナリストから批判されていたのは間違いない。中国の工場なら時給30セントで製造できるのに、米国内の労働者には時給15ドルと福利厚生もあるからだ。まさにこうした直線的思考が、多くの企業に破滅への道を歩ませ、投資家に失望売りをさせている。すべては全体の一部なのだ。時給15ドルの従業員なんてけしからんから時給30セントの従業員に置き換えろ、というわけにはいかない。この時給15ドルの従業員は、販売店との有利な位置づけを確保する戦略上、必要不可欠であり、そのおかげで、販売店のニーズにも素早く対応し、あの手強いナイキさえもしのぐことができる。

これほど短期間で大成功を収められるようになったのも、販売店の熱心なサポートがあったからだ。販売店との関係深耕は、ほかのどのスポーツシューズメーカーもおこなっていないため、うらやむほどの実りある戦略となっている。

ホールフーズ、スターバックス、グーグル、パネラ・ブレッド、ニューバランスその他の愛される企業が株主にたっぷりと報いているのであれば、こうした企業が本当に偉大《グレート》な企業となったわけを探り出して真似る企業がなぜもっと出てこないのだろうか。

会計報告の考え方は直線的だ。会計報告の目的は、確実なことの把握にある。しかし、会計報告で明らかになる確実性は過去のものなのに、アナリストなどはシェークスピアの名言「過去は物語の始まり」に敬意を表してか当てにしている。これがビジネスにも当てはまるのであれば、倒産などめったに起こらないはずだ。企業の将来性を判断するために財務データをじっくり読み込むことも重要だが、ステークホルダーとの関係性、企業文化、組織構成といった背景にあるものも検討しなくては、全体像は得られない。

実際、こうした質的なもののほうが、過去の数字よりも、今後の業績を大きく左右するのだ。たとえば、ロイヤルティ――ステークホルダーとの関係性の質的側面――は今後の業績を予測するものとして、バランスシートのどんなデータよりも強力な因子となりうる。このあたりのことはライクヘルドが『顧客ロイヤルティのマネジメント』でうまく説明している。

協力するほうが搾取するより得策

愛される企業は、自社と関わることがステークホルダーの得になるよう心を砕く。サプライヤーのさらなる繁栄を手助けすることもそうだ。

長年、大手小売業者の多くがサプライヤーに毎年のように値下げを要求している。サプライヤーの収益性や存続が危うくなっても、それはサプライヤーの問題、というわけだ。愛される企業ならわかっているが、こうした冷淡なやり方で価格をコントロールするのは近視眼的で、サプライチェーンの健全性を害している。もっと悪いのは、サプライヤー同士に熾烈な価格競争をさせることにつながり、パートナーシップの恩恵が得られなくなることだ。

サプライヤーに毎年のように値下げを要求するのは持続可能な戦略ではない、という認識が高まりつつある。ＩＢＭがそれを認識し始めたのは、外部委託が急に増えた１９９０年代だ。ノースカロライナ州ローリーでＩＢＭの調達サービスを担当しているビル・シェーファー部長が次のように述べている。

「長年、調達に関わっていますが、これまでの調達には、サプライヤーを信頼のおけないどうでもいい相手として扱うイメージがあります。それは良くないし、持続可能でもない調達のモデルだとわたしたちは考えています。ＩＢＭとサプライヤーのあいだに、緊密なチームワーク、信頼、分かち合いがなければ、うまくいかないのです[9]**」**

ホンダがサプライチェーン管理で世界をリードしていることは広く知られている。サプライヤーとの長期にわたる、価値主導型の関係性の構築・維持に重点を置くことで、順調に成果をあげている。

ホンダは、製造会社というより組立会社に近い。たとえ新車であっても、そのパーツのほとんどをホンダは製造していない。米ホンダでは、車づくりに必要なパーツの約80パーセントを外部サプライヤーから調達している[10]。だからこそ、サプライヤーを使い捨てにするのではなく、パートナーとして扱うのが賢明な判断なのだ。サプライヤーが重圧に苦しんだり、どんどん人が辞めていったりするようでは、品質が大きく損なわれて製造コストが膨らんでしまいかねない。

そこで、協力が重要になる。ホンダからの押しつけは一切なく、あらゆることが交渉で決められる。協力とは当然、双方向のものだからだ。ホンダは、サプライヤーが生産性・品質・収益性をさらにアップできるよう支援しているほか、どうすれば自社の工程を改善できるか、サプライヤーから提案してもらうようにしている。サプライヤーから寄せられた多くの改善案のなかから、これはというものを取り入れた結果、アコードの製造コストを21・3パーセント削減できた例もある。

ホンダは、緊密なパートナーシップで協力している一方、仕入価格を抑えることにももちろん取り組んでいる。ただし、ほかの自動車メーカーのように、そのためにサプライヤーを締めつけたりしない。[11]「原価企画」というものを通じて、原価管理とサプライヤーの繁栄とのバランスをとっているのだ。

そのため、ある特定部品の製造コストが正確にいくらになるかを把握する必要があり、アメリカだけでも15~20人のチームが目標コストを調べている。このチームが仕入れ対象すべての実際のコストを把握したうえで、目標コストの一覧表を作成している。[12]この一覧表に基づいてサプライヤーと仕入れ価格を交渉するわけだ。

ただし、生産効率の劣るサプライヤーに対しては、その収益性を無視してまでこうした価格水準での製造を強いるのではなく、サプライヤーが目標コストを達成できていない非効率的な要因を特定できるよう協力している。このように、サプライヤーの生産効率を上げることで、ホンダの部品コストを下げているのだ。

サプライチェーン最適化のこうした取り組みを支えているのが、ホンダの「ベストパートナー（BP）」プログラムだ。この名称を見ても、ホンダがサプライヤーをパートナーと考えていることがわかる。

世界的に知られているこのBPプログラムは、品質分析と問題解決の技術を組み合わせることで、次の5つの戦略的改善分野を目指している。[13]

- ベストポジション
- ベストプロダクティビティ
- ベストプロダクト
- ベストプライス
- ベストパートナー

自動車業界での成功を左右するのは、スタイリング、馬力、価格、成約特典などではなく、もっとはるかに重要なものだ。愛される企業の自動車メーカーは、サプライヤーとの関係性が非常に良好、そして、労働組合との関係性も非常に良好だといっていいだろう。おそらくこのあたりに、米自動車産業の生き残りのヒントがありそうだ。数字に基づくのではなく、関係性に基づいた経営戦略と事業戦略が、生き残るために必要な数字の達成につながりうる。

ステークホルダーとの関係性の質と収益が強く結びついていることは、これまでさまざまな業界で確かめられた。これは不思議でもなんでもない。こちらが好意や敬意を抱いている相手といっしょに仕事をするほうが、そのどちらも抱けない相手と仕事をするより、達成できるものが大きい。

サプライヤーとも、パートナーシップの関係で協力したほうが、搾取するよりも、当然ながら実りが大きい。

「皮肉経営《アイロニック》」という技

愛される企業は、よりよい世界にしたいといつも考えている。といっても、経営陣は社会改革をぼんやりと夢見ているのではなく、「皮肉経営《アイロニック》」の技を駆使している。

「皮肉《アイロニー》」という言葉は誤用されがちだから、ここでの意味を明確にしておきたい。ある行動や状況の結果が、当然こうなると思っているものとそぐわなかったり、予期しないものになったりする意味での「皮肉《アイロニー》」だ。

皮肉な結果を、直観とは異なる結果、と言い換えてもいいだろう。いずれにしても、愛される企業が頻繁にとっている行動は、従来の経営論理とはかなり異なる結果をもたらしている。いくつか例を挙げよう。

- 愛される企業は、意思決定を分散させている。といっても、それで社内全体へのトップの影響力が低下するのではなく、逆に高まるようなやり方をとっている。
- 愛される企業は、従業員給与が業界水準を上回っている。それによって売上原価が上がるのではなく、収益1ドルあたりの賃金割合が下がっているケースが多い。
- 愛される企業は、従来型のマーケティングにほとんど、あるいはまったく頼っていない。それでも堅実に成長しているのは、ステークホルダーに愛され、口コミ宣伝してもらえるおかげだ。
- 株式を公開している愛される企業は、金融アナリストの期待に左右されにくいが、おおむね高めの株価収益率（PER）を達成している。
- 愛される企業は、ほかの企業とくらべて透明性が非常に高く、訴訟を起こされることが少ない。

愛される企業が世界をよりよくするために自社のリソースを捧げていることが、富を築く有効な戦略となっている点も、まさに「皮肉《アイロニー》」といえるのではないだろうか。

もちろん、こうした考えに反対する人はいまだに多い。いかにも『エコノミスト』誌らしいこんな記事がある。「企業の社会貢献事業は、他人の金でおこなう施し《チャリティ》[14]。こうした見方で企業の慈善行為を捉えているサイプレス・セミコンダクターCEO、T・J・ロジャースのような経営者に対して、わたしたちは憐れみ《チャリティ》しか感じない。こんな視野の狭い経営幹部に率いられている企業の株主にも同情する。サイプレス・セミコンダクターの株主には特に同情するが、その理由をこれから説明しよう。

2006年、サイプレス・セミコンダクターのロジャースは、世界をよりよくするための手段としてホールフーズを役立てるというジョン・マッキーの誓いをあざけるように激しく非難している。自由至上主義を掲げる『リーズン』誌の誌上討論「企業の社会的責任について」にロジャースは次のように寄稿している。

「マッキーが利他主義の理想を自分の経営する企業より重視しているのは、『利己主義』による明確な社会的利益を『短期的利益のアップ』でしかない、と狭い捉え方で否定しようとしていることに表れています」

ロジャースのこの発言だけを見ても、マッキーの考え方を曲解しているのがわかる。さらにロジャースは、マッキーをマルクス主義信奉者だと非難し、不満をぶちまけている。

「マッキーの企業哲学のせいで、わたしが自己中心的な子どものように思われていることに憤りを感じています。わたしが道徳上の理由で集産主義や利他主義を拒んでいるからですが、こうした考え方は、どんなに聞こえは良くても、人類に不幸の種をさんざん蒔いてきたではありませんか」[15]

ロジャースの考え方では、ホールフーズのビジネスモデルの妥当性がどうしても理解できないのだ。理解できないどころか、株主利益を不当に損なうものとして見下している。

奇妙なことに、ロジャースは、ジョン・マッキーをこき下ろしている一方で、サイプレス・セミコンダクターが黒字化を目指して不毛な努力を何年も重ねていることにはまったく触れなかった。同社のバランスシートを見ると、利益剰余金が4億800万ドルのマイナスになっている。

「つまり、サイプレス・セミコンダクターは創業以来23年間、投資家を儲けさせるどころか、大損させていることになりますね」

というマッキーの反論は明らかに節度あるものだ。

マッキーのビジネス哲学がいかに株主のためになっているか、この誌上討論でのマッキーの発言を見てみよう。

「ホールフーズは、フォーチュン500に入っている食品小売企業全社（ウォルマートも含む）のなかで、売上に対する利益割合、投下資本利益率、売り場面積1平方フィートあたりの売上、既存店売上、成長率、いずれもトップです。ここ数年は、3年半ごとに倍増しています。つまり、ホールフーズのステークホルダー重視のビジネス哲学はうまく機能しているし、投資家はもちろん、すべてのステークホルダーにとって大きな価値を生んでいるわけです[16]」

ホールフーズのビジネスモデルはなにも、企業の社会的責任という漠然とした理想主義的概念に基づいているのではない。サプライヤーをはじめとする外部のステークホルダーを5年計画の策定に巻き込んでいることが、信頼という資産構築に役立っているのだ。自社が関係しているすべての相手と信頼を構築することが寝ぼけた考えであるはずがない。

スウェーデンの愛される企業イケアは世界最大の家具量販店であり、2013年の年商は350億ドルだ。イケアは厳しい環境基準をサプライヤーに課している。また、環境への影響の軽減に力を入れているサプライヤーと契約するため、低価格入札はおこなっていない。「こうした慣行にもかかわらず」イケアはあんなに成長した、と見る人もいれば、成長はこうした慣行の「おかげ」の部分もある、と見る人もいるだろう。

イケアは、自社が定めている世界標準規格を守るよう、木材サプライヤーに求めている。この規格は、無責任な森林管理に対する規制が緩い国や地域のサプライヤーにも適用される。

イケアのサプライヤーは、木材は認可された仕入れ先から調達する、木材製品から有害化学物質を取り除く、環境に配慮したパッケージを使用する、といった要件を満たさなければならない。環境基準を熱心かつ厳格に遵守しようとするイケアの姿勢に、当初は驚いていたサプライヤーも少なくなかったが、サプライヤー契約を継続してもらうには従わなければならないことをすぐに悟った。

アウトドア用品のパタゴニアもまた、品質、環境コンプライアンス、社会的責任それぞれに一定の基準を定めており、それを満たすようサプライヤーに強く求めている。実際、わたしたちが調べた愛される企業全社のなかで、サプライヤーに対する社会および環境への責任に対する要請がもっとも厳しいのがパタゴニアだ。

パタゴニアと提携するサプライヤーは、相当なリスクを覚悟しなければならない。新たな製造機械の導入、新たな製造工程についての従業員研修、資本設備費の追加などが生じるためだ。それでも、パタゴニアと提携しているサプライヤーの多くは生産性がアップし、収益性の改善につながっているし、低価格製品で熾烈な競争を繰り広げているライバル企業に対し、かなりの競争優位を確保している。

こうした要求をまったくしてこないクライアントがほかにいくらでもあるのに、パタゴニアの道徳概念にサプライヤーがあえて従おうとするのはなぜなのか。

(1)パタゴニアを長期的関係性が築ける貴重なクライアントだとみなしているから。

(2)パタゴニアのサプライヤー選定基準が価格ではなく、品質、対応の早さ、社会的道義心だから。

(3)パタゴニアと提携することで自社の格が上がるから。

あるサプライヤーが誇らしげに語っている。

「いろんな銀行が融資させてくれと言ってくるんです。パタゴニアは信用度がピカイチですからね[17]」

パタゴニアは、自社の価値連鎖《バリューチエーン》すべてにおける環境インパクトの軽減に絶えず取り組み、それが製品の企画・製造・流通に反映されている。この取り組みをさらに推し進めるうえで、サプライヤーとの協力は欠かせないが、サプライヤーとは世界をよりよくするための「共同ベンチャー」の関係だから、具体的な行動はそれほど要求していない[18]。

わたしたちが目にしているのは、道徳の伝道が形となってビジネスの世界に現れたものにほかならない。これは重要なできごとであり、資本主義の社会的変革が大規模に進んでいる証拠だ。

従来の考え方の人たちは、本書を読んで動揺しているかもしれない。しかし、フリードマンモデルの資本主義に戻ることがもうないのは、ますます明らかな現実だ。

大企業、中小企業、零細企業を問わず、自社の存在意義《パーパス》が合法的な営利活動だけではもはや飽き足らない企業が増えている。こうした企業のリーダーは、その社会的道義心を自社の事業で実践しているだけでは満足できず、その購買力を活かし、サプライヤーの道徳基準も高めようとしている。顧客の道徳規準さえも高めようとしている。

２００年を超える現代資本主義の歴史において、調達側と供給側は日常的に対立してきた。いまでもそうした対立関係にある企業は多い。しかし、愛される企業のサプライヤーは、愛される企業を協働の相手として望ましいだけでなく、自社の生産性をアップして経済的にさらに繁栄する手助けをしてくれる有益なパートナーと捉えている。

それだけなく、本章で見てきたように、愛される企業、サプライヤー、その他ステークホルダーで構成された、世界をよりよくするためのパートナーシップの関係性は、サプライヤーほかすべてのステークホルダー集団にとっての付加価値を生み出している。

愛顧してくれる顧客が増えてロイヤルティが高まる。従業員の離職率が下がり、生産性がアップする。サプライヤーも、つらい立場に立たされて苦々しく思っている言いなり屋ではなく、熱心なパートナーとしてその役割を果たす。目標や事業展開を地域社会のニーズに合わせている企業から、コミュニティが受ける恩恵も実にさまざまだ。そして、株主もさらなる利益を手にする。

こうしたすべてを叶えているビジネスモデルに、だれが異論を唱えられよう。ところが、断固として異論を唱える人たちがまだいる。結局、「信念は欲求に従う」のだ。地球は平らだと信じたがる人がいまだにいるように（嘘だと思うなら「地球平面協会」を検索のこと）、一部の人たちは、資本主義は完璧だから変えたってなんの得にもならない、と信じたがる。

その経済原理主義の考え方は、過去に役に立ったものは現在も将来も役に立つ、という信念に凝り固まっている。ボブ・ディランのあの歌詞をもう一度思い出そう。「時代は変わる」のだ。

第8章

社会
——究極のステークホルダー

ここ数年、パネラ・ブレッドが注目されるようになった。見方によっては、アメリカでチポトレに次ぐベストパフォーマンスの外食チェーンと評価されている。フランチャイズ店を含めた組織全体の収益が18億ドル、売上が34億ドルのパネラ・ブレッドは、ほかのファストフード店とくらべて、より健康に配慮した料理を提供するカジュアルなファストレストラン、という新たなカテゴリーで市場をリードしている。メニューへのカロリー表示を全店でおこなったのもパネラ・ブレッドが最初だった。

２００８年には『ヘルス』誌が、ヘルシーなカジュアルレストランで全米ナンバーワンと評価している。２００９年の『ザガット』〔ユーザー参加型のレストランガイド〕でも、ヘルシーさ、サラダ、設備で1位にランクされている。また、業界トップの顧客ロイヤルティを誇り、２０１２年のハリス・イクイトレンド調査で「年間最優秀カジュアルダイニングブランド」に選ばれている。

パネラ・ブレッドの創業ＣＥＯのロン・シェイクが、「お支払いはできる範囲で」のコンセプトで運営するカフェ「パネラ・ケアーズ」を新規事業として立ち上げた経緯を次のように説明している。

「パネラはコミュニティと常に関わってきました。毎年1億ドル相当の現金や商品を寄付していますが、それではつながっていることにならない、と感じたのです。ある日、ＮＢＣニュースをたまたま見ていて、この不況の極みの時期にもかかわらず『お支払いはできる範囲で』で運営しているデンバーのカフェのことを知ったのです。何年もかかってようやく開店に漕《こ》ぎ着けたそうです。一方、パネラ・ブレッドは75時間ごとに新たなカフェを1店オープンしています。そこで、パネラ体験を存分に味わっていただくため、レストランとまったく同じサービスのベーカリーカフェを立ち上げて、推奨寄付額を掲示することにしたのです。2010年にパネラ・ケアーズ1号店をオープンし、先日4号店をオープンしたところです。今年はこの4店舗で約100万人の利用客を見込んでいます」[1]

来店客の約60パーセントがきっちり全額を、15〜20パーセントが多めに支払っていると推定して、パネラレストランの通常料金の平均75パーセントほど利益がある計算になる。提供しているメニューが比較的低コストであることを考えれば、持続可能なビジネスとして現実的であり、社会の主要ニーズに応える実現可能なビジネスモデルを展開しつつ、創造的な思いやりの力を示すものになっている。

企業の価値観か、人の価値観か

何年か前の話だが、ある高名なスピリチュアル指導者が、当時全米の注目を集めていたカリフォルニア州の衝撃的な殺人事件について、聴衆のひとりから意見を求められた。この指導者は世界中を回り、精神の調和と心の平穏を得ることでストレスを和らげる方法を説いている。「責任を感じます」という答えに聴衆は驚いた。どういうことかと問われると、人類はみな、互いに責任があることを話した。

「極度の暴力行動は極度のストレスが原因です。責任を感じる、と言ったのは、わたしの声がもっと多くの人々に届くようにもっと努めていたら、この人がストレスを減らし、感情をコントロールする手助けができたかもしれないからです。そうすれば、この悲劇が避けられたかもしれません」

「あなたはだれに対して責任がありますか?」とだれに尋ねてみても、返ってくる答えはせいぜい、「家族、仕事、自分の住んでいる地域など」の範囲ではないだろうか。

しかし、愛される企業のリーダーならわかるように、わたしたちの責任が及ぶ範囲は直接関係のある領域をはるかに超えている。自分の領域を超えた大勢の人々の人生に、だれもが日々影響を及ぼしている。このスピリチュアル指導者が言ったように、程度の違いこそあれ、わたしたちみんなに、日常生活の領域を超えた責任がある。

同じことは企業にもいえる。企業規模が大きいほど、世界に及ぼしているすべての影響に対する道義的責任もそれだけ大きい。こうした考え方は、企業リーダーの多く、エコノミストのおそらく大半、そして、株式アナリストの大多数の意見とはもちろん一致しない。企業活動が世界にもたらしているさまざまな影響のうち、収益以外のものを、エコノミストは「負の外部性（外部不経済）」と呼んでいる。外部のことで企業とは関係ないから、関与すべき領域外だと見なしているのだ。

イギリスのエコノミスト、ジョン・ケイがこう指摘している。

「アリストテレスの時代、いやおそらくそれ以前から（中略）商いや商いに携わる人は**動機が自己中心的、視野が狭い、打算的**、と批判されてきた。ビジネスの価値観は人の価値観とは異なり、劣っているというのだ[2]」（強調著者）

ここ数十年は、こうした見方を多くのビジネスリーダーが受け入れ、面白がるようにさえなった。そうすることで、社会に対するいかなる責任も放棄していることへの罪悪感や不安から逃れたのだ。

ケイが指摘しているように、こうした主張は多くのリーダーにとって「道義的に認められるだけでなく、道義的に必要ですらある」ものとなった。かつての実業家ウィリアム・ヘンリー・ヴァンダービルトの発言「一般大衆なんかどうだっていい。わたしは株主のために働いているのだ[3]」が繰り返されているようだ。

しかし、世の中は変わりつつある。発達レベルの高い人たちがかつてないほど増え、その人たちが文化の根底を変えつつあることはすでに論じた。このことが企業に対する期待を広く社会全般にわたって変えている。

成熟し、意識がますます高くなっている人々の価値観がより人道的なものになっているのに、企業の価値観がそれとはかけ離れたままではいられない。企業の価値観と人の価値観が大きく隔たっているのは危険だ。仕事とプライベートの両立が非常に難しくなる。職場の生産性が下がり、倦怠感やストレスが増す。規制当局から厳しく調べられたり、ステークホルダーから訴えられたりする可能性も高まる。企業と人とで価値観が大きく隔たっていると、結局は、企業の寿命も働いている人の寿命も減らしかねない（月曜日の朝は心臓発作が20パーセント増えることがわかっている）。

あの悪名高いアル・ダンラップ（スコット・ペーパー、サンビームほか数社で次々と人員削減してきたため、「チェーンソー・アル」「スーツを着たランボー」とあだ名されている）は、企業の責任をより幅広く捉えることに激しく反対し、こんな暴言を吐いている。

「重役会で近頃耳にする『ステークホルダー』ほどバカバカしい言葉はありません（中略）。CEOは意思決定する際にステークホルダー全員を考慮に入れなければならない、というのが最近の理論です。ステークホルダーだなんて、まったく！　この言葉を耳にするたびに、尋ねるんです。『その人たちは自分の利害《ステーク》のためにいくら出したのか』とね。ステークホルダーは自分の利害のためにお金を出していません。投資家が出しているのです」[4]

幸い、このような自己中心的（Selfish）、打算的（Instrumental）、視野の狭い（Narrow）考え方（英語の頭文字を合わせると「SIN」、つまり罰当たり）は崩壊しつつある。こんな考え方は株主も含めてだれにとってもうまくいかない、という証拠は山のようにあり、その重みで崩れているのだ。

企業はいわゆる法人だが、その法人としての人格《ペルソナ》が、より高度な人道的なものにかなり進化している企業が増えている。このことが、アブラハム・マズローの次の言葉に表れている。

「人類の美徳にもとり、自己の本性にさからう罪を犯し、悪行を重ねると、それらは例外なしに、ことごとく無意識のうちに記憶され、自己軽蔑の念を駆きたてるということである」[5]

人生やビジネスに「SIN（罰当たり）」の考え方で取り組むのは、「超越の時代」の真理と一致していない。ジョン・ケイが「SIN」の考え方をビジネスの文脈で見事に浮き彫りにしている。

『『公正』なんてことばは、閣議でも、家庭でも、各種審議会でも、スポーツクラブの委員会でも聞いたことがないし、みんなそれぞれの関係者が自己利益をあからさまに主張して結論に達している、なんて言う人にどう反応したらいいのか。高速道路の利用者はほかにもいるけど、なるべく早く目的地に着くのが自分の責任だから、なんて言うドライバーをどう考えたらいいのか。医師の社会的責任は自分の収入を最大化すること、とシカゴ医科大学院の学部長が断言したら、何と言えばいいのか。アル・ダンラップ式『親のマニュアル』があるとしたら、こんな感じではないだろうか。『親は子どもに対する責任がある、というのが最近の理論です。親の責任だなんて、まったく！　この言葉を耳にするたびに、尋ねるんです。子どもは親にいくら払っているのかとね。子どもは養育費なんて出していません。親が出しているんです[6]』」

特許権の侵害か、立派な人道主義か

「シプラは、医薬品の製造ではなく、違いを生み出すことを重視しています」

シプラの2012年の年次報告書にある一文だ。

インドの製薬会社シプラは、ヘルスケア業界におけるインドの自立と自給自足をビジョンに掲げ、1935年に創業した。1939年にはマハトマ・ガンジーが同社を訪れ、普通の人々の命を救うために必要不可欠な医薬品をつくるよう、創業者であるK・A・ハミードを激励している。

シプラはいまや170を超える国で販売されている世界屈指のジェネリック医薬品メーカーとなり、創業者の息子ユスフ・ハミードが率いている。65の薬効分類と40を超える投薬形態の約2000種類の医薬品を、34カ所の最先端施設で製造している。

シプラは、特発性肺線維症、肺動脈性肺高血圧症、多発性硬化症といった、希少疾患の医薬品を製造している数少ない企業でもある。また、インドのプネーにシプラ・パリアティブケアセンターを立ち上げ、末期がん患者のケアを無料でおこなっている。

2001年、シプラはHIV治療に革命をもたらした。当時のHIV治療薬——さまざまな薬を複雑に組み合わせたもの——は、欧米の製薬会社によって、患者ひとりあたり年間1万～1万5000ドルに価格設定されていた。アフリカやほかの地域の患者にはとても手が届かず、何百万人もの人々が亡くなった。この人道的危機に、シプラが救いの手を差し伸べたのだ。1日2回服用する「トリオミューン」という錠剤を開発し、1日あたり1ドルもかからない価格で提供して世界に衝撃を与えた。この薬は何百万人といる貧しいHIV患者にとってまさに頼みの綱だった。

米国立衛生研究所のこんな統計がある。インドは世界中で販売されているエイズ治療薬全体の92パーセントを製造し、その売上が10億ドル。残りの8パーセントを製造している製薬会社の売上は、なんと160億ドルだ。つまり、インド以外の製薬会社の薬1回分は、インドで製造された薬1回分の184倍の価格で販売されていることになる。

ハミード博士がこう述べている。

「うちは人道主義とはいえ、慈善事業をおこなっているのではありません。利益は出ていませんが、損を出すつもりもありません（中略）わたしは特許権に反対なのではなく、独占販売に反対なのです。製薬会社は、世界中の人々を、命が助かる薬を買える人と買えない人に分断しています。これでは、世界の貧しい地域に住んでいる人々が命と健康を守る権利を故意に否定していることになります」

ジョンソン・エンド・ジョンソン・インドの元社長アジト・ダンギがこう言っている。

「アフリカでは、シプラは神殿扱い、ハミード博士は神様扱いです」

医療に対するその人道的な取り組みで（同社が出資している複数のヘルスセンター施設もそう）何百万という人々から敬愛されているハミード博士だが、世界的製薬メーカー数社からは、特許権侵害者の烙印を押されている。シプラの医薬品は特許薬のコピーにほかならない、というのだ。

特許権侵害者と見なそうが、思いやりあふれるリーダーと見なそうが、ハミード博士が世界でもっとも貧しい地域の何百万という人々に敬愛されていることは事実だ。ハミード博士がいなければ、この人たちはいま生きていなかったかもしれない。ハミード博士は、ヘルスケア企業の経営には、利益の追求だけでなく、人を癒やすという、より深遠な目的の達成も重要だと信じている。

2012年、ハミード博士は「フォーブス・インド・リーダーシップ賞」の「コンシャス・キャピタリスト・オブ・ザ・イヤー」部門を受賞したほか、「CNN－IBNインディアン・オブ・ザ・イヤー賞」と「ビジネス・スタンダード特別功労賞」を受賞している。

愛される企業と社会

愛される企業は、各ステークホルダーの幸福を、株主利益を最大化するための単なる一手段としてではなく、それ自体をひとつの目的と捉えている。社会と環境も重要なステークホルダーと考え、自社が世界に与えている影響を広い視野で考慮しつつ事業をおこなっている。愛される企業がしっかりと自覚している社会的義務をどのように果たしているのか、例を挙げよう。

社会との関わりを従業員に奨励している

愛される企業がコミュニティを支援するうえで、中心的な役割を果たしているのが従業員だ。REIは、同社が助成金を出す団体を、従業員からの推薦で決めている。環境問題に力を入れている保護団体と、アウトドア活動（ハイキング・登山・ツーリングなど）を促進している団体に対象を絞り、助成金の依頼や申請などは受けつけていない。

1993年設立の「ハーレーダビッドソン財団」は、これまでNPOに2500万ドルを超える寄付をおこなっている。50名ほどの従業員が寄付先をよく検討したうえでアドバイスしている。コミュニティのなかでも行政サービスがあまり行き届いていない地区を対象とし、寄付金の大半は教育と地域活性化に充てられている。[7]

愛される企業は、従業員が自分の時間と才能を活かし、地元コミュニティに貢献するさまざまな取り組みをボランティアとして支援することを奨励し、報いている。ハーバード・ビジネス・スクール教授ジェームス・オースティンがこう述べている。

「コミュニティに貢献することが仕事の充実につながる。ボランティア活動で、従業員の士気、ロイヤルティ、生産性が大きくアップし、企業の業績アップにつながることがわかっている」[8]

コミュニティの一員として責任を持って活発に活動することは、ホンダ哲学に欠かせない。ホンダが立ち上げた「コミュニティ・アクション・チーム（CAT）」は、さまざまな企業コミュニティプロジェクトへの従業員の参加を促し、コミュニティに影響を及ぼしたり、困っている人を支援したりしている。

ニューバランスは、アメリカ北東部に5カ所ある製造工場それぞれが、地元の各種団体と永続的な関係性を築いている。「コミュニティ・コネクション・プログラム」を通じ、各工場のコーディネータがボランティア活動の機会を従業員に毎月提供している。同プログラムの理念を次のように宣言している。

「ニューバランスのボランティアプログラムは、子どもたちとコミュニティを向上させるため、人々の暮らしに直接関わるよう従業員を促しています。このプログラムの目的は、ニューバランスがコミュニティに真摯に関わっていることを示し、従業員が市民としての義務を果たし、また、コミュニティのさまざまなニーズを満たす手助けをすることにあります」[9]

ニューバランスでは、ボランティア活動の希望者が必要人数を上回ることも少なくなく、毎回くじ引きで参加者を決めている。従業員の貢献をちゃんと認めることも忘れない。従業員は、ボランティアに参加する前に「コミュニティ・コネクション・プログラム」のTシャツが、参加した後には感謝状がもらえる。

また、各従業員のボランティア活動時間を記録し、一定の時間に達したら「マイルストーン賞」を授与しているほか、ボランティア感謝会も毎年開催している。

この「コミュニティ・コネクション・プログラム」のほかに最近立ち上げた「パーソナル・ボランティア・タイム」手当ては、NPOでボランティア活動したフルタイムの従業員に、年8時間分を有給扱いにする。パートタイム従業員がボランティア活動をした場合も、一定時間が有給扱いになる。ニューバランスは、従業員のボランティア活動の準備・奨励・評価を通じてコミュニティサービスを優先している。

パタゴニアの「環境インターンシッププログラム」は、従業員が自分で選んだ環境保護団体でボランティア活動する際、最大8週間の有給休暇を認めている。アウトドアアパレルのREIは、店舗ごとに地元奉仕プロジェクトを調整し、地元のほかの企業にも声をかけている。

ティンバーランドは、1990年代に「パス・オブ・サービス（社会貢献の道）」を立ち上げ、従業員がコミュニティサービスに参加しやすいよう、有給扱いにしている。このほかにも「サービス・サバティカル（社会貢献有給休暇）」や「アース・ウォッチ・サバティカル（環境保護有給休暇）」があり、従業員がその能力やエネルギーを活かし、NPOに協力して永続的な変化をもたらすよう促している。そうしたプロジェクトのひとつに、毎年恒例の「Serv-A-Palooza（サーバパルーザ）」がある。世界各国のティンバーランドの従業員が丸１日仕事を休み、地域住民と一緒に「よりよい世界」づくりのための活動をおこなっている。20を超える国で20年以上続いているこの活動で従業員が奉仕した総時間は、２０１２年に84万５０００時間を超えた。

地域コミュニティを育んでいる

愛される企業は、コミュニティに好影響をしっかりともたらせるよう努めている。コストコがどこでもたいてい歓迎されているのは、大きな雇用機会と税収をもたらしてくれる良き企業市民と見なされているからだ。

ただし、コストコがオープンすることでマイナス面もありうる。交通渋滞を引き起こしたり、地元商店の客を奪ったりするかもしれないし、地元の文化が変わってしまうかもしれない。こうしたさまざまな懸念に、コストコは地元と協力して取り組むようにしている。参入する前に、コストコの代表者がその計画地の地域のステークホルダーとじっくり話し合い、開店計画に伴う懸念点を聞かせてもらうようにしている。

一例を挙げると、２００２年にメキシコのクエルナバカに新規店舗の建設を計画した際、地元の住民、活動家、環境保護団体から抗議の声があがった。メキシコ人アーティストが描いた壁画のある古いカジノの取り壊しが計画に含まれていたのだ。建設資材の伐採で森林が失われる恐れもあった。コストコはこうした懸念を真剣に受けとめ、当初は予算になかった費用を計上し、壁画の保存と復元、樹齢の長い木の移植、3万本の植林寄贈をおこなった。

愛される企業は、コミュニティへの取り組みを非常に具体的なやり方でおこなっている。トヨタは、オレゴン州のポートランド港と海上ターミナルの15年間賃貸契約を結び、同港湾設備の再開発をおこなった。ストームウォーター管理の向上のほか、川岸補修は野生動物の生息地の保護につながっている。この港湾再開発計画には2年間で4000万ドルかかったが、その75パーセントをトヨタが資金提供した。

グローバルコミュニティを育んでいる

愛される企業は、模範的なグローバル市民であろうと努めているため、現地の必要条件をはるかに超えている場合が多い。イケアがその好例で、現地の規制がそこまで厳しくない場合でも、環境および安全性で世界均一の高い基準を適用している。化学物質などに関する規制がこの均一基準より厳しい国がひとつでもあれば、その規制に従うよう「すべての」国のサプライヤーに求めている。

とはいえ、国によってそれぞれ環境が異なるため、そうした基準に従うのが難しい国があることも理解している。たとえば、イケアには廃棄物処理に関する基準があるが、そのためのインフラが整っていないルーマニアのような国では、廃棄物は安全に保管し、有害廃棄物をそれ以外の廃棄物の埋立地に捨てないよう求めている。

IDEOが出資している「アキュメン・ファンド」は、世界中の貧困を減らすことを目指している非営利基金だ。医療や水などの基本的インフラを、貧しい地域の人々の手の届く料金で利用でき、自分たちで維持していける形で提供しようとしている。IDEOは出資だけでなく、灌漑《かんがい》ポンプの設計もボランティアでおこない、アフリカの農家を支援している。この灌漑ポンプをケニアに導入したことで、利用農家の収入が10倍以上アップした。

競争力を高めている

社会的取り組みに企業のリソースを投入することにミルトン・フリードマンが反対なのは、「社会と経済とではそもそも目的が異なり、一方に費やすことで他方が犠牲になる」と考えているからだ。さらに、「同じように貢献しても、企業は個人ほど大きな影響は及ぼせない」とも主張している。

しかし、マイケル・ポーターとマーク・クレイマーは『ハーバード・ビジネス・レビュー』誌への寄稿論文で、「企業は慈善活動によって自社の『競争環境』を改善させ、経済的目的と社会的目的を一致させられるはずだ」と提案している。両氏は競争環境の定義を「企業活動をおこなっている地域におけるビジネス環境の質」としている。[10] また、企業はその際立った能力——得意なこと——を発揮して社会に貢献することでも市場における競争力も高められる。

愛される企業の多くが、こうしたやり方で社会的目的と経済的目的をうまく調和させている。IDEOは、環境や社会の関心事をプロダクトデザインに取り込むのが得意だ。業界全体の指針の取り決めや「持続可能な工業デザイン」の実践を率先しておこなっている。

イケアは、自社製品の大半が木材でできているため、森林への関心が非常に高い。責任ある森林管理保証で家具業界をリードしている。こうした取り組みをサプライヤーにも支援してもらうため、4ステップの工程を開発している。サプライヤーは、森林管理協議会（FSC）認証の森林から木材を入手しなければならない。イケアは専属の森林管理者を雇い、伐採業者を無作為にチェックして、適切に管理された森林の木材かどうかを確認している。

ほかの企業に模範を示そうとしているイケアは、環境問題や社会問題に取り組んでいる複数の団体に参加している。そのひとつ「ビジネスリーダー気候変動イニシアティブ（BLICC）」では、二酸化炭素排出量の測定・報告・削減を企業に指導している。イケアはその行動規範に基づいて、国際建設林業労働組合連盟（IFBWW）とも協定を結んでいる。輸送や環境の複数の関連組織のメンバーでもあり、環境に優しい輸送方法の開発に関わろうとしている。

持続可能性に焦点を合わせている

愛される企業は、環境に優しいやり方で企業活動をおこなうよう努めている。その企業哲学を簡潔に表しているのが、あるアスリートの次の言葉だ。

「森を走るなら、木を植えよう」[11]

愛される企業の多くはリソースを投入し、環境への影響がニュートラルまたは好ましいものになるよう気をつけている。法律で求められているからではなく（たいてい求められていない）、そうするのが正しいからだ。イケアのように、たとえ現地の要件が緩い場合でも関係なく、世界統一で高い基準を適用している。

こうしたビジネスのやり方は、意外かもしれないが、愛される企業の収益性にプラスとなっている場合が多い。

ＢＭＷを例にとろう。ＢＭＷは、製造工場の環境インパクトの削減を、コンプライアンスの問題としてだけでなく、企業文化の不可欠な部分と捉えている。サウスカロライナ州グリアにあるＢＭＷの工場は、州と連邦それぞれの環境庁から、業界屈指の環境に優しい工場、と認定されている。「グリーン電力」利用という先進的な考えは、米自動車産業の関係者の多くから評価されている。２００２年、グリア工場は、地元の埋立地からメタンを送り込むパイプラインを完成させ、工場で使用する電力の25パーセントを自家発電するようにした。これにより、米国環境保護庁（ＥＰＡ）の「グリーン電力リーダーシップ賞」を２００３年に受賞している。

ＢＭＷは、環境への責任を工場以外にも広げている。ドイツの法律では、製品寿命の続くかぎり、企業は自社製品への責任がある。ＢＭＷはこれを収益につなげる機会にしている。経済的・環境的に適切な車の解体方法を熟知しているため、この法律に従わなければならないほかの自動車メーカーに対してかなり有利な立場にある。

ホンダも、持続可能なビジネスの実践に真摯に取り組んでいる。顧客ニーズと環境ニーズの両立を率先しておこなって20年以上になる。複合渦流調速燃焼方式（ＣＶＣＣ）エンジンの開発で、米議会が制定した「大気清浄法」の排出基準を満たした初の企業となった。このエンジンは、同法の厳しい排出基準をただ満たしただけではなく、エンジン性能を落とさずに基準をクリアした。ホンダは、カリフォルニア州の厳しい規制のずっと先をいく、世界でもっともクリーンなガソリン車を製造したのだ。

ホンダの環境保全の例はほかにもある。自動車メーカーでは初めて、無溶剤水性塗料を大量生産に用いた。1996年、ホンダの2人乗りソーラーカーがワールド・ソーラー・チャレンジの記録を更新。1997年、ほぼ無公害のガソリン駆動のエンジンで走るゼロエミッションの新車を発表。1999年には、ガソリンエンジンと電気モーターによる低燃費・低排出のハイブリッドエンジンを投入している。

ホンダは、ほかの分野でも環境に優しい製品づくりに努めている。ホンダの4ストローク船外機は、オイルを水中に排出する一般的な2ストローク船外機とくらべて、汚染物質を約90パーセント削減しているほか、燃費は50パーセントアップ、騒音は50パーセント少ない。米国環境保護庁（EPA）の2006年排出基準を1998年にすでに満たした初の企業でもあり、高性能船外機をフルラインアップで発表した。

製品だけでなく、製造工場でも環境に優しい場づくりをしている。ホンダの米自動車工場は、二酸化炭素排出量をわずか5年で65パーセント以上削減した。同社の「グリーンファクトリー」プログラムは、ホンダの各製造工場が、二酸化炭素排出量とエネルギー使用量の削減、原材料のさらなる再利用、紙やプラスチックなどの製造原料のリサイクルを支援している。世界各地のホンダ工場は、もっとも厳しい国際環境管理の基準に従っている。製造工程で出る廃棄物も大幅に削減しており、日本では、製造廃棄物の埋め立て処理ゼロ化を2000年に達成している。

デザインコンサルティング会社IDEOは、ナチュラル・ステップのアクティブパートナー［経営にも業務にも参加する共同出資者］だ。ナチュラル・ステップは環境に安全なデザインに力を入れているNPOで、環境における有害物質の増加による健康不安がきっかけとなって1989年に発足した。持続可能かつ環境に安全なやり方で製品やシステムをデザインできるよう、企業や行政をサポートしている。

パートナーとしてのIDEOの役割は、環境に安全な工業デザインの指針と方法の策定を手伝うことにある。IDEOのCEOティム・ブラウンは、ナチュラル・ステップに共同出資している理由を「持続可能なデザインが経済的・社会的・環境的に実現可能であることを示す新世代の製品やサービスにつなげていくため」としている。[12]

パタゴニアは、カリフォルニア州で初めて、風力による再生可能エネルギーしか使用しないことを明言した。ネバダ州レノにある同社のサービスセンターは再利用資材だけで建設され、屋上には太陽の動きを追う反射鏡を設置し、職場で使用する電力をまかなっている。[13] パタゴニアは従来の栽培方法のコットンを製品に使用していない。栽培プロセスで大量の化学物質が使用されているからだ。実際、米国内の全農薬の10パーセントがコットン栽培に使用されている。

オーガニックコットンは、有害物質がないというだけで、従来の栽培方法のコットンとなんら変わりはない。パタゴニアのスポーツウェアすべてにオーガニックコットンが用いられている。その分コストはかかるが、環境を守り、ステークホルダーが暮らすコミュニティの健康に貢献する責任があるため、そうするのが当然だと考えている。[14]

愛される企業の多くは、環境に特化した企業理念があり、活動指針にしている。スターバックスの環境に関する理念には、次の7原則がある。

- 環境問題を理解し、パートナーと情報を共有する。
- 画期的かつ柔軟な解決策を見出して、変化をもたらす。
- 環境に優しい製品の購入・販売・使用に努める。
- 経済的責任が環境の未来に必要不可欠だと認識する。
- 環境に対する責任を、企業の価値観のひとつとして浸透させる。
- 各プロジェクトの進捗具合を測定・監視する。
- スターバックスの理念をすべてのパートナーに共有してもらえるよう促す。

ティンバーランドは、環境問題の最優先事項として、エネルギー・化学物質・資源の3つを挙げている。提携している「クリーンエア＝クールプラネット」は、アメリカ北東部でさまざまな協力関係を築くことで、気候変動の解決策の実行、効果的な気候変動政策やプログラムの作成・支援の地盤づくりをおこなっている団体だ。

ティンバーランドは、自社のブーツの製造に使われている化学物質の多くが有害であることを認識し、ブーツを製造する際の溶剤使用量を最小限にとどめ、化学物質を減らし始めている。オーガニック文化の拡大に力を入れているNPO、オーガニック・エクスチェンジの創設メンバーであり、オーガニックコットンを自社製品に使用する新たな方法を開発している。また、リサイクル材を製品の包装や店舗設計に使用している。年次報告書も再生紙に大豆インクで印刷している。

行政と協力している

企業が社会的問題に取り組むという発想は、目新しいものではない。17世紀以前のヨーロッパで生まれた初期の企業は、非営利団体だった。記録に残っているごく初期の企業の誕生は、マグヌス・エリクソン王（マグヌス4世）が、スウェーデンのファールンにある鉱山組織ストラ・コッパルベリに許可書を与えた1347年。[15] 東インド会社がエリザベス女王1世から勅許を与えられたのが1600年。企業は国家から許可を与えられて、病院、橋、道路、大学の建設といった公共事業をおこなっていた。請け負うのはたいてい、個人や行政がおこなうには危険すぎたり、費用がかかりすぎたりするものだった。

初期のこうした企業は細部にいたるまで行政に監視され、公共の目的を果たせない場合は、認可が取り消されることもあった。株主は受益者ではあったが、企業が存在する主な理由とは見なされていなかった。

現代のような企業の形態が始まったのは、１８４４年のイギリスのある条例にさかのぼる。この条例で、企業がその存在意義《パーパス》を定められるようになり、企業の監督は行政から裁判所へ移った。[16] それでも、社会問題への関わりがまったくなくなったわけではなかった。産業革命当初の数十年は、大企業、特に都会から離れた地域の大企業が企業城下町を形成し、従業員のために住宅、学校、道路、交通機関、電気、水道、娯楽施設などを整備するのがごく普通だった。こうして、企業が公共サービスの提供に長けるようになったのだ。こうした公共サービスの大半を行政が担うようになったのは、そのあとだ。

公共インフラが拡大するようになると、企業は従業員のためのこうした福祉活動をやめて、主要事業に力を入れるようになった。やがて、企業も行政も力をつけるようになり、両者は対立しがちな関係になった。

今の新たな時代のはじまりは、行政と企業の幅広い協力が特徴といえるかもしれない。企業がコミュニティに、コミュニティも企業に影響を及ぼせることに気づき始めたことで、社会の代理人としての行政の役割に対する双方の理解が深まってきている。なかでも愛される企業は、行政を、すべての人にとってより良い世界にするうえで重要なパートナーと捉えている。

法の精神を遵守することは、法の文言にただ従うより次元が高い。トヨタの基本理念の第1条「内外の法およびその精神を遵守し、オープンでフェアな企業活動を通じて、国際社会から信頼される企業市民をめざす」にもそのことが表れている。法的・倫理的遵守を真っ先に掲げている。トヨタの方針と期待を、事業をおこなっている現地の行政に対して明確に表明し、地域行政のルールに合わせている。

社会問題への取り組みに企業はもっと役割を果たすべきだ、という圧力は、「having（持つこと）」重視の社会から「being（あること）」重視の社会への移行につれて否応なく高まっていく。世界中どこを見渡しても、行政の力はすでに限界に達している。社会的課題への予算配分がますます困難になっているのだ。

高齢化社会に見られる精神的な成熟度の高まりによって、物質主義が低迷し先進諸国の消費活動が鈍っている分、税収も伸び悩んでいる。さらに、高齢者への各種給付金もかさんでいるから、行政の経済的な将来像は目に見えている。ほかの社会的ニーズに回せる予算がますます減っていく。経済成長の鈍化で税収が減り給付金の支払いは増えるのだから、国も地方自治体も、社会福祉予算が足りなくなるのは間違いない。行政は、一般福祉事業を促進する新たな方法を模索しなければならず、こうした社会的課題の解決に、ますます企業を頼らざるをえない。

これは単なる推測ではなく、もうすでに起こり始めている。1800年代の初頭以来初めて、アメリカの各地で私企業が道路の建設・管理をおこなっている。国防省が私企業に委託している仕事も増えている。全米の何十という地域で、私企業が学校や刑務所を運営しているのだ。

ベビーブーマーが高齢化し、「お返し」に関心を向ける人口の割合が高まるにつれて、社会福祉のニーズが個人や企業の注目をかつてないほど集めるようになるはずだ。市民は社会問題の解決に行政をあまり当てにしなくなり、日頃から関わりのある企業に期待するようになる。消費者も機関投資家も、企業が社会のためにどんなことをしてきたかを詳細に記した社会貢献バランスシートを要求するようになる。

2005年のハリケーン・カトリーナによる大災害をきっかけに、社会問題のニーズに応えるうえで、企業のほうが能力的に行政に勝ることが明らかになった。災害への備えでも、ニューオーリンズの街の80パーセントが水没するなどした被害の直後の対応でも、多くの企業が重要な役割を果たしたのだ。

●ウォルマートは、その広範かつ高度なロジスティック能力を活かし、被災者に救援物資を届けて大いに評価された。発電機、ドライアイス、燃料を、災害地域に近い要地に事前に移動させていた。ハリケーンが進路を変えてニューオーリンズへ向かうことも、米国立気象局より12時間早く予測していた。店舗を警察官の臨時宿泊所として提供し、州兵には弾薬を供給した。[17]

●ホーム・デポは、ハリケーン・カトリーナが襲ってくる４日前に動員を開始した。発電機を移動し、約１０００人の臨時従業員をハリケーンの進路の両側に位置する店に配置した。店舗を事前に補強しておいたおかげで、ハリケーンが去った翌日にはほとんどの店が営業できた。過去の経験から、殺虫剤、水、オムツなどの在庫も多めに備えてあった。

●バレロは、稼働中の石油精製所がニューオーリンズの近くにあったが、ハリケーンの８日後には順調に稼働させることができた。これは他の企業よりかなり早かった。バレロの従業員ファーストの哲学が、ハリケーン・カトリーナ後の目覚ましい結果につながったのだ。メンテナンス監督者のひとりは、個人のクレジットカードで生活物資を購入し、カテゴリー４のハリケーンの被害処理をおこなっている作業班のために徹夜でガンボ［ニューオーリンズの郷土料理］を料理した。テキサス州サンアントニオにあるバレロの本社は、食料、水、チェーンソー、ショベル、ネクステルの携帯電話、小型発電機などを大量に積み込んだトラックを派遣し、過去70年でアメリカに上陸したなかでも最悪のハリケーンの被害からの復旧作業に努めている従業員を支援した。自宅が住めない状態になった従業員のため、60戸の可動住宅も提供した。ガソリンやディーゼルを従業員だけでなく警察官にも無料支給した。[18]

キヤノンと「共生への道」

先見の明があったキヤノンの元社長で、その後会長も務めた賀来龍三郎が「共生」の理念を導入したのは、1987年。「共生」は「協力の精神」を意味し、企業の成熟度が頂点に達したとき、もっとも強くなる。人が生涯にわたって進化・成熟するように、企業も成熟に向かって進化していく、と賀来は考えていた。「共生」には5段階あり、企業の考え方が内向きから外向きへと移っていくのにしたがって段階が上がる。

「共生」の理念とそれをどのように適用しているかを賀来が説明したものが、『ハーバード・ビジネス・レビュー』誌の1997年7・8月号に掲載されている。[19] 図8－1は「共生」の5段階を表したもので、アブラハム・マズローの人間の欲求5段階説の図とよく似ている。

第1段階が基礎となる。世界の役に立ちたければ、まずは事業が順調でなければならない。マズローの第1段階「生理的欲求」に似ている。ビジネスでいえば、堅実な戦略を練り上げる、優れた製品を開発する、目的にかなった将来性に投資する、適切な組織構造を整備する段階だ。成長し続けるためには利益も必要だ。

しかし賀来は、この自己中心的な第1段階でさえ、従業員を搾取してはならない、という。賀来は、アメリカの企業が「利益アップのために人員削減する一方で、CEOには巨額のボーナスを支払うのは、利益目的を重視しすぎている」と非常に批判的だった。

第2段階は、マズローの第2段階「安全の欲求」と概ね一致している。経営陣と従業員の協力と調和の精神が特徴だ。双方が同じ船の仲間だと考えている。そのため賀来は、給与労働者と時給労働者の区別をなくした。

賀来の在任中、キヤノンは日本で初めて週休2日制を導入している。皮肉なことに、これが思いもよらない生産性アップにつながった。この第2段階で、従業員給与や福利厚生をより手厚くする余裕が出てくる。キヤノンの場合、従業員の安心安全がこの段階でさらに確保されただけでなく、解雇やストライキが完全に回避されたことで、従業員の心理的な安心安全にもつながった。しかし、企業がより人道主義的になるこの段階でもまだ、考え方は内向きのままだ。

第3段階は、マズローの第3段階「社会的欲求」とさまざまな類似点がある。賀来が考えた企業の成熟段階では、企業の考え方が外のコミュニティへ向かい始める。賀来は「コミュニティ」を、サプライヤー、顧客、一般大衆なども含めて広く捉えていた。

キヤノンは、顧客満足度を注意深く観察し、サプライヤーの品質や生産性の向上を支援してい

図8-1｜共生の道

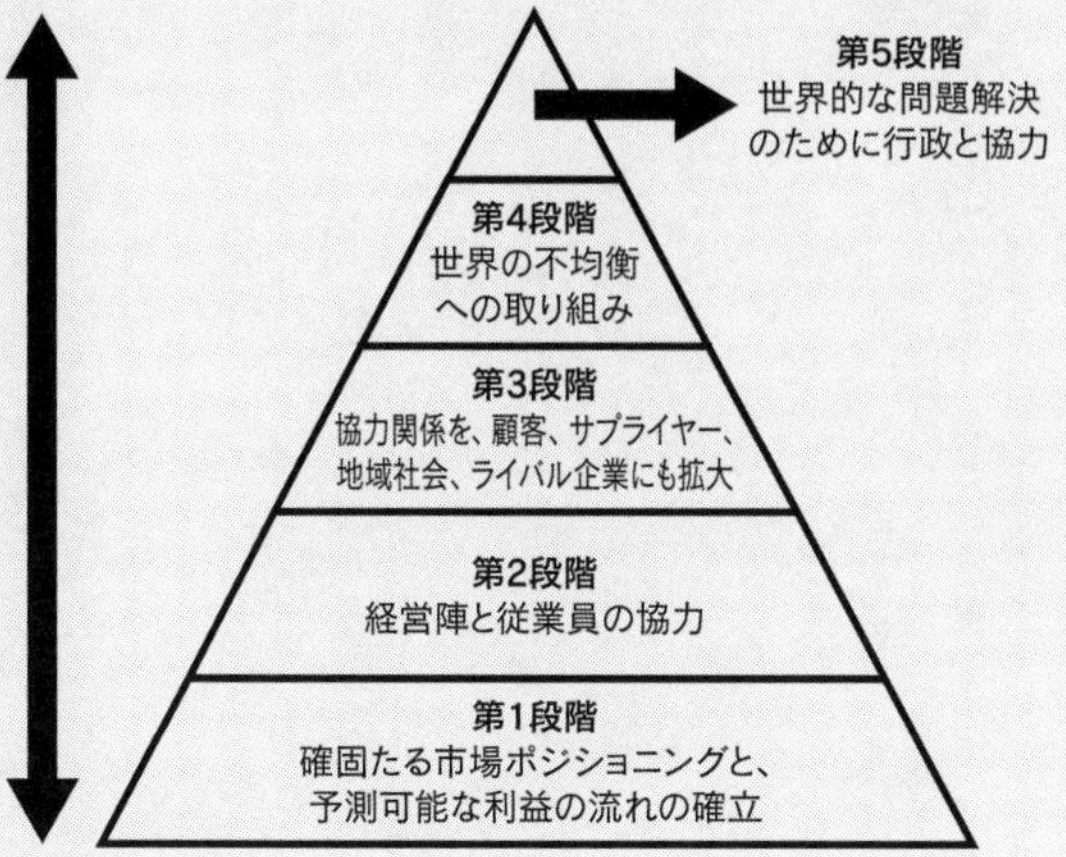

る。お金を寄付する代わりに、同社の技術的専門知識を地域の慈善団体などに役立てている。

視覚・発話障害者のための製品開発と提供を非営利でおこなっているのもその一環だ。この「共生」の協力精神をライバル企業に広げ始めたのもこの段階で、キヤノンはライバル企業と提携関係を築いた先駆けとなった。テキサス・インスツルメンツ、ヒューレット・パッカード、イーストマン・コダックなどが、この「共生」の精神の恩恵を真っ先に受けている。いずれもなんらかの分野でキヤノンの手強いライバルでありながら、ほかの分野では有益なパートナーシップを享受しているのは「アイロニック（皮肉）経営の典型例」といえる。

第４段階は、マズローの第４段階「承認欲求」にほぼ相当する。企業が世界展開している段階だ。世界中の人々の幸福にもっと幅広く貢献し、大きな課題の解決に役立つにはどうすべきか、その検討に時間もリソースも割けるようになる。キヤノンは、次の３つの不均衡への懸念に対応策を示している。

●貿易の不均衡の是正（製造拠点を貿易赤字国へもっと移転させる）
●収入の不均衡の是正（発展途上国での工場建設、雇用創出と輸出拡大、税収基盤の拡大、利益の再投資、技術移転）
●環境問題の不均衡の是正（自社製品のリサイクル、太陽光パネルやバイオレメディエーション［生物学的環境修復］といった環境に優しい技術への投資にさらに注力する）。キヤノンにはかなり大きい専門の部署があり、生態系へのダメージを最小限にする方法をそこで検討している。アメリカで最大の同社工場は、廃棄されたコピー機の90パーセント以上を再生し、再販売や再利用につなげている。このように各分野でさまざまな活動を通じ、キヤノンはウィンウィンを実現している。自社の利益をアップしながら、世界的な緊急課題に取り組んでいる。

第５段階は明らかに、マズローの第５段階「自己実現の欲求」の企業版だ。この段階に達している企業は非常に少ない、と賀来は考えていた。人についてマズローも同様のことをいっていた。

自己実現状態に近づく人は多くても、実現を達成する人はわずかだ。賀来は、この段階まで成熟できるのは大企業しかなく、キヤノンはその数少ない1社だと考えていた。行政が、少なくとも単独では、解決できない問題の解決に責任をもって取り組むことで、それを示してきた。賀来がこう述べている。

「世界的な課題を解決できる政治家が、今の日本にはほとんどいません。リーダーシップをとる責任は、キヤノンのような企業の双肩にかかっているのです」

実際キヤノンは、前述した世界的不均衡を是正する措置をとるよう、行政に積極的に働きかけている。企業と行政が協力し、汚染の軽減や恵まれない国々に対する貿易障壁の撤廃につながるルールづくりをすべきなのだ。

企業と行政のこのような協力関係は、これまでとは大きく異なる。大企業はたいてい、行政からはなるべく多くのものを引き出し、見返りとしての自社の責任はなるべく小さく済むよう努める。特別補助金、保護関税、税制上の優遇措置などを求めてロビー活動はするが、主な社会問題の解決に関与する配慮は一切ない。

賀来龍三郎は『ハーバード・ビジネス・レビュー』誌のこの小論文の最後で、世界的大企業のリーダーたちへこう問いかけている。

「何千億ドル規模の大企業が、世界中の莫大な量の資源を管理し、何千万という人々を雇い、とてつもない富を創造して所有しているのですから、地球の未来はこうした企業に握られています。行政や個人もそれぞれの役割を果たす必要はありますが、大企業のような富も力もありません。（中略）企業が市場シェアや利益のさらなる獲得だけを目的に事業展開すれば、世界は経済的にも環境的にも社会的にも破滅に向かうでしょう。（中略）世界の平和と繁栄のための基盤づくりを協力しておこなうことが、企業リーダーとしてのわたしたちの義務なのです[20]」

究極のステークホルダーとしての社会について説明してきたこの章を締めくくるものとして、これ以上崇高な考え方はない。章冒頭で述べた理由から、企業は公共の目的を叶えるための一手段として貢献する役割に今すぐ立ち返る必要がある、とわたしたちは考えている。

反対意見の人には、ではもっといい解決方法があるのかと問いたい。人口の高齢化による税収の伸び悩みと高齢者への給付金の増大で、公共の課題に対する行政の処理能力がしだいに制限されていくなか、すべての国が直面している問題をどうやって解決していくのか。福祉国家という概念の実行可能性はほとんど失われているかもしれない。しかし、その概念を引き起こしたニーズ自体はなくなっていない。文明社会の繁栄は、企業の文化と行動にかかっている、とますます思われるのだ。

Firms of Endearment

How World-Class Companies Profit from Passion and Purpose

第9章

企業文化

——決め手となるもの

この章では、愛される企業の一番の強みである企業文化を取り上げる。すでにいろいろ書かれているテーマだから、何を新たに付け加えられるだろうか。

「企業文化」をグーグル検索すると、それこそ億単位の検索結果数が表示される。「企業文化」とタイトルに入っている書籍は、米アマゾンだけで1200点以上［2023年9月時点で5万点以上］あるし、このテーマの記事や論文も何万本とある。したがって、この章の目的は、すでに十分議論されてきたことの網羅ではなく、愛される企業の成功の決め手となる、それぞれの企業文化の特徴を明らかにすることにある。

もっとも働きがいのある職場とは？

完璧な人間などいないように、完璧な企業も存在しない。とはいえ、かなりそれに近い企業はいくつかある。そのひとつ、SASインスティチュートは、ノースカロライナ州に本社を置くアナリティクスおよびソフトウェアの企業だ。2012年11月、SASは「働きがいのある会社研究所」の多国籍企業部門で1位に評価された。世界中にある企業のなかから、もっとも働きがいのある会社と認められるには、どんなことが必要なのだろうか。

なにがそんなに特別なのかといって、SASは、わたしたちが設定した、意識の高い企業、要するに愛される企業の、ほぼすべての基準を満たしているのだ。いくつか数字を挙げてみよう。

SASは、記録的な収益および純利益を37年連続で達成し、2012年には28億ドルの収益を生んでいる。従業員数は世界全体で約1万3000人、そのうち自主的な離職者は年わずか2パーセントだ（業界平均は22パーセント）。しかも、2011年は433名の空きに対し、なんと6万5040名もの応募があり、競争倍率150倍というすごさだ。従業員の45パーセント、上級管理職の32パーセントを女性が占めている。

SASを1976年に共同創業した、ノースカロライナ州立大学教授ジム・グッドナイト博士は、いまや世界でもっとも優れた企業リーダーのひとりといわれている。そのリーダーシップ哲学は非常にシンプルで、「結局は人に尽きる」というものだ。

従業員がエンゲージし、つながり、尊重、刺激、やりがいを感じる職場環境づくりに力を入れていれば、顧客のためにすばらしい仕事をしてくれて、それが結局、持続する企業の成功につながる。もちろん、言うは易く行うは難しだ。

SASは、職場で気が散ってしまう要因を極力なくすようにしているため、従業員は安心して仕事に集中できる。健康管理センター、フィットネスセンター、託児所などを完備しているほか、さまざまな健康プログラムを用意している。これは、福利厚生が単に充実しているという話ではなく、従業員の気持ちや感情が決定的に重要であることを理解しているからこそ、ひとりひとりを大切にする優しい組織づくりに努めているのだ。SASの理念は「企業に違いをもたらしてくれる存在として従業員を扱えば、必ずや違いをもたらしてくれる」

SASを訪れた著述家のマーク・クローリーは、同社の成功を支えている柱が4つあるという。[1]

- 従業員をできるかぎり尊重する。
- 与えて、得る。
- 信頼がなにより。
- 従業員に職務の重要性をきちんと理解してもらう。

従業員をできるかぎり尊重する

アメリカの金融危機が始まった2008年、SASの製品売上が大きく鈍化した。アナリティクス関連のソフトウェア業界は尋常ではない影響を受け、多くの企業が大量解雇をし始めた。

SASは、2009年1月、ジム・グッドナイトがネット動画配信で、1万3000人いる従業員のひとりたりとも解雇しない、と伝えた。そして、経費に十分注意を払い、この厳しい時期を乗り越える方法を模索するよう、要請した。グッドナイトによると「だれひとり解雇されない、とわかるやいなや、うわさ話や不安や心配がすっかりなくなり、再び仕事に集中するようになった」

その年、SASは、33年間で初めて出すかもしれない損失を吸収する準備を整えていたが、驚くべきことに、記録的な利益を出したのだ。

与えて、得る

SASが充実した福利厚生を提供するようになったのは、グーグルがそれで知られるようになるより前だ。

従業員だけでなくその家族も、最新設備のジム（テニスコート、バスケットボールコート、ウエイトルーム、温水プール完備）を無料で利用できる。社内の無料健康管理センターには、内科医、栄養士、理学療法士、精神分析医がいる。社内託児所は格安で利用できるし、日々のストレス管理をワークライフカウンセラーが無料で指導してくれる。どの職場にも軽食やスナック菓子が常備されている。こうした福利厚生への投資は、目に見える価値はもちろん、象徴的な価値のためでもある。従業員をいかに大切にしているかの表れだと考えているからだ。

こうした一切が、エンゲージメントの並外れた高さと離職率の低さにつながっている。創造性が大いに高まり、研修や採用にかかるコストをかなり節約できるからだ。勤続年数の長い、ある従業員がこう言っている。

「人が求めているのはお金のある暮らしであって、お金だけがあっても仕方ありません」

信頼がなにより

グッドナイトは、SASの従業員が満足している最大の要因は、信頼の文化にある、と考えている。腹を割ったやりとり、従業員同士の尊重、キャリアパスの公平さ、「人として扱われていること」などが信頼のカギとなっている。

SASは、従業員の意見を常に確認しているだけでなく、経営陣がその責務をしっかり果たしているかの判断にもかなり力を入れている。従業員の勤務時間や所在をいちいち監視しなくても、それぞれが職務を果たしていることを確信している。

決定的なのは、ほかの人を積極的に支援・援助しようとする姿勢が見られない人は、管理職になれないことを明確にしている点だ。リーダーは自分自身の成功よりも、ほかの人の成功をいかにうまくサポートしているかで評価される。ほかの人を常に支えている人が報われ、昇進している。

従業員に職務の重要性をきちんと理解してもらう

自分の仕事はそもそも価値があるもので、ほかの人の暮らしにプラスの影響をもたらす、という理解が、どの従業員にとっても非常に重要だ。そのことを従業員が認識し、自分の仕事がもたらしていることにつながりを感じられるよう、SASはあらゆる手段を講じている。プログラマーは仕事を「自分ごと」と捉えているし、システムランドスケープの担当者であっても、その担当範囲を自分ごとと捉えるよう促されている。ただ作業するのではなく、もっと高い目的意識につながっている。

SASのリーダーシップモデルのベースにあるのは、足りない、ではなく、たくさんある、という考え方だ。従業員は十分な報酬が与えられ、仕事に対して深い満足感がある。顧客は優れた製品や常に突出したサービスを喜んでいる。SASも株主も繁栄する。グッドナイト博士は純資産が70億ドルを超え、アメリカ屈指の富豪となっている。当然のことであり、博士がその富を有効活用することは間違いない。

企業文化が一番重要

本書のはじめのほうで、こんな問いかけをした。「どのステークホルダーが一番重要か」。これまで一般的だった考え方では、投資家が一番重要であり、投資家の利益が最優先だった。わたしたちは、社会こそが「究極の」ステークホルダーである、と前章で主張した。企業によっては、従業員（ザ・コンテナストア）、あるいは顧客（ホールフーズ）が一番重要かもしれない。

しかし、「だれ」が一番重要かの議論を超えるためには、まず、愛される企業にとって「何」が一番重要かをじっくり考える必要がある。この「何」が企業文化にあたり、愛される企業をほかの企業から際立たせ、「すべての」ステークホルダー集団のための大きな価値創造を可能にしているものだからだ。インダストリアルデザインで世界的に有名なＩＤＥＯの経営陣は、利益追求より企業文化の維持を重視している。

サウスウエスト航空は、企業文化が業績にとって必要不可欠であると考え、常設の「文化委員会」を立ち上げた。さまざまな階級の従業員によって推薦された96名で構成されているこの委員会は、「サウスウエストをこれほどすばらしい企業、そして家族にしている独自の精神・文化の創造・向上・振興に必要なことはなんでもする」のが任務だ。[2]

ＣＥＯのジェイムズ・パーカー（ハーブ・ケレハーの後任）はこう述べている。

「わたしたちはなによりも企業文化に力を入れています。規模も大きくなったいま、各地のリーダー育成を重視しています。どのステーションで働く人も、サウスウエストの企業文化を理解し、尊重し、ほかの従業員とシェアできるよう、努めています[3]」

だれがパーカーに異論を唱えられよう。なんといっても、サウスウエスト航空は、史上もっとも成功している米国内線航空会社なのだ。

情熱、活力、献身、寛大な精神、広範な創造性は、どの愛される企業にも見られ、いずれも企業文化の産物だ。企業文化は空気と同じで、目には見えないが、すみずみまで行き渡っている。

その空気を吸っているすべての人、特に従業員は、強く感化される。従業員がワクワクして働いていれば、その熱意が顧客に伝わるし、顧客も熱心に応えてくれて、すばらしい共生の関係に磨きがかかる。企業を数字でしか判断しない人には、その意義がわからないのだ。

企業文化は企業の「心理社会的インフラ」といえる。そこに盛り込まれている共通の価値観・前提・観点が、組織の人々を巻き込んで、共通の目的のためにしっかりまとまり、スムーズに機能するチームにしている。企業文化が企業のものの見方を形づくり、それがその企業らしい行動につながっている。強い信念、結束力、高い意欲のある文化は、まさに、愛される企業の典型的な特徴だ。

業績を予測する際、投資アナリストは企業文化の役割に関心がなさすぎる。愛される企業では、リーダーも従業員も、投資家もサプライヤーも、みんなが「同じ文化を共有している」。そのことが、これから繁栄していく可能性を大いに高めているのだ。

企業文化と従業員の仕事のスタイルには関連性があることがわかっている。ある調査結果によると、同じ企業で働いている人のほうが、ほかの企業で同じ職種に就いている人とくらべて、似たようなリーダーシップ能力を備えている可能性が高い。つまり、米トヨタで働いているアメリカ人女性エンジニアのスタイルよりも、日本のトヨタの経理部で働いている日本人男性のリーダーシップスタイルに似ている、ということだ。[4]

企業文化には主に3つの要素がある。

●**企業のビジョン**——勝つための戦略づくりとその実行にあたる。「自分たちはどこへ向かおうとし、どうやってそこへ到達するつもりか」の問いに答える一種のロードマップだ。ほかの企業と同様に、愛される企業の戦略も多種多様だが、どの愛される企業にも共通しているのが、すべてのステークホルダーのための価値創造の最適化に力を尽くしていること。高マージンで特色ある製品のパタゴニアやザ・コンテナストアも、低価格・低マージンのコストコやサウスウエスト航空も、優れた価値創造モデルという点では変わらない。

●**企業の価値観**——組織をバランスよく保つ調整力にあたる。価値観の管理は車の運転のようなもので、道から外れずに目的地へ着くことが重要だ。「自分たちは何者で、なにがそう行動させるのか」の問いに答えるものが価値観だ。

●**企業のエネルギー**——組織を一定ペースで前に進める力であり、車でいえばエンジンにあたる。[5] 愛される企業はいずれも高エネルギー組織であり、従業員その他ステークホルダーの情熱、喜び、積極的な関わりを反映している。

ビジョンと価値観はこの章のあとのほうでさらに詳しく検討する。ここではまず、企業のエネルギーについて検討する。そのエネルギーの源、建設的な活用の仕方、維持の仕方を見ていこう。

企業エネルギーを放っている

従業員が企業のビジョンと価値観に心でも頭でもワクワクしていると、企業エネルギーが生まれて放たれる。リーダーの重要任務のひとつは、このエネルギーを有意義な目標の達成に集中させることだ。企業エネルギーは船乗りにとっての順風のようなもので、目には見えないが船を推進させる力がある。このエネルギーの強さは、事業をおこなう際の気迫や熱意で判断される。

企業エネルギーには「強さ」と「質」の2つの側面がある。エネルギーの強さは、活動、やりとり、機敏性、感情喚起の量に表れるから、エネルギーが弱い企業には、無関心、惰性、硬直性、不信感などの特徴が見られる。エネルギーの質は、プラス（愛、熱意、満足、喜びなどの感情）にも、マイナス（不安、フラストレーション、悲しみなどの感情）にもなりうる。[6]

一番望ましいエネルギーの状態は「情熱ゾーン」で、高レベルのプラスエネルギーが特徴だ。情熱ゾーンで仕事をしている従業員は、熱意とワクワク感にあふれ、見るからに誇りと喜びを持って仕事に取り組んでいる。このような企業は、問題にも機会にも敏感で、どちらに対しても素早く取り組んでいる。

こうしたプラスエネルギーが愛される企業からあふれ出て社会にも流れ込んでいるのは、従業員がコミュニティをよくするためのさまざまな取り組みに参加しているからだ。一方、従業員も、地域の人々の役に立つことで感情バッテリーが充電され、また新たな気持ちで職場のさまざまな課題に対処していける。

企業のビジョンを設定し、より大きな視点で考えている

愛される企業のビジョンには、主に４つの要素が共通して見られる。

- 利益創出にとどまらない、より広い存在意義《パーパス》
- サーバント・リーダーシップ［相手を満足させて導く］
- 模範的な企業市民としての責任
- 多くの関係者が相互依存している経済エコシステム［生態系］の一員である自覚

より広い存在意義《パーパス》

思想家チャールズ・ハンディが『ハーバード・ビジネス・レビュー』誌の論文で、基本的かつきわめて重要な問いを投げかけている。「企業は何のためにあるのか」[7]。企業の本質もその資産も、ここ数年で急激に変化している。企業はある意味、ほかの資産と同じように売り買いできるものの寄せ集めであることは変わっていない。しかし、いまの企業で価値を構成している

最大のものは、有形資産ではなく、そこで働いている人々と知的財産、つまり無形資産だ。

国際会計基準審議会（ＩＡＳＢ）は無形資産を次のように定義している。「物理的実体のない、識別可能な非貨幣性資産であり、法人が、自身が利用するため、あるいは他者に賃貸するために保有しているもの[8]」

無形資産の例として、公式には、コンピュータのソフトウェア、ライセンス、特許、著作権などが挙げられる。しかし、会計上の話ではなく、もっと広い意味での「無形資産」を、「役に立つ特性・人・ものごと、要するに、強みやリソース」とわたしたちは定義している。[9]

愛される企業の経営陣が企業の重要な資産として真っ先に挙げるのは「従業員」や「企業文化」だろう。従業員を真の経済的価値に結びつく競争優位の源、と考えているからだ。問題は、従業員や企業文化に経済的価値を割り当てる方法がまだ見つからないことにある。それでもやはり、将来の純利益の見込みを判断する際に、従業員の才能、企業のビジョン・使命・財務目標に対するその熱意を無視するわけにはいかない。

従業員の自発的努力と企業文化は、投資家が企業の将来性をより深く把握できるよう数値化できるはずだし、そうすべきだとわたしたちは考えている。コンピュータのソフトウェア、ライセンス、特許、著作権の経済的価値を評価するのと同じように、有効に評価できるはずだ。

人道主義的な価値観を重視している企業文化のほうが、従業員の生産性、顧客ロイヤルティ、マージンのいずれも高い、という裏づけはいくらでもある。投資家への十分な利益還元が重要目標のひとつであることに変わりはないが、株主のための利益創出だけが企業の唯一の存在意義《パーパス》ではないし、主な存在意義《パーパス》ですらない企業のほうが、投資リターンが大きくなりやすい、という考え方が広がってきている。

「人は生きるために食べなければならないが、食べるために生きているのではない」という言い古された表現のとおりだ。株主を満足させることは、「真の」目的を達成するための手段なのだ。

真の目的は、人々の暮らし、そして世界全体に質的なものをプラスすることにある。松下幸之助は、自社の存在意義《パーパス》や使命をこう考えていた。「メーカーの使命というものは貧乏の克服である。社会全体を貧より救ってこれを富ましめるにある」[10]

ヒューレット・パッカードの共同創業者デビッド・パッカードも同様の考えを次のように述べている。

「企業は儲けるためだけの存在だと、多くの人が勘違いしているようです。儲けは企業が存在している結果のひとつとして重要ですが、本当の存在理由を深く掘り下げて考える必要があります。よく考えると、当然、こういう結論になります。それは、人々がひとつの集団と

なり、企業という組織として存在することで、ばらばらでは達成できないことでも集団で達成できる――つまり、ありふれた言い方ですが、社会貢献なのです[11]**」**

トヨタは、世界屈指のグローバル企業にふさわしく、野心的で発展性のある「2010年グローバル ビジョン」を発表している。「よりよい社会づくりへの情熱」と銘打ち、次の原則にしたがって、より豊かな社会づくりに貢献することをビジョンに掲げている。

トヨタは、地球にフレンドリーな技術で地球再生を牽引するリーダーを目指す。安全・安心・快適に暮らせる車とクルマ社会を創造するリーダーを目指す。自動車の魅力をさらに世界中の隅々に広め、トヨタファンを拡大していく。真のグローバル企業として世界中のすべての人々や地域から敬愛される存在を目指す。[12]

サーバント・リーダーシップ

愛される企業を率いているのは、一貫して誠実で、ぶれない自分があり、その会社で長い実績がある人、いわゆる「サーバント・リーダーシップ」の模範となる人たちだ。暮らしぶりも質素、控えめ、地味だ。こういうリーダーを、サービスマスター会長のウィリアム・ポラードは次のように説明している。

「真のリーダーは、地位が一番高い人でも、報酬が一番多い人でも、在職期間が一番長い人でもありません。模範となり、危険を冒す覚悟のある人が真のリーダーです。真のリーダーは、一番大きな車に乗っている人でも、一番広い家に住んでいる人でもありません。奉仕《サーバント》する人こそ、真のリーダーであり、そういう人は自分自身を売り込むのではなく、他人を推してあげます。管理するのではなく、率先して動きます。奪うのではなく、与えます。自分ばかり話さず、相手の話をしっかり聞きます。

サーバント・リーダーは、自分が率いている人々を信頼しているため、その能力に驚かされて当然だと常に考えています。いつでも話を聞く用意があります。肩書きだけではなく、ちゃんとコミットしています。自分が率いている人たちを愛し、大事にしています。リーダーシップは技《アート》であり、理論《サイエンス》でもあります。だれもがなんらかのリーダーですから、だれもが奉仕《サーバント》する人にもなれるのです」[13]

ピーター・ドラッカーが1984年に書いたある論文で、CEOの報酬額は、一般従業員の賃金の最大でも20倍以内に収めるべきだ、と主張したのはよく知られている。当時は従業員が何千何万と解雇される一方で、CEOが巨額の報酬を受け取り始めていた。ドラッカーは「道徳的にも社会的にも容認し難く、社会がその代償を払うことになる」と述べている。億ドル単位に届く経営陣の報酬は、サーバント・リーダーシップの概念とは相容れない。

愛される企業のCEOの報酬は、同業他社の経営陣とくらべると控えめで、給与最高額と平均給与とが一定の比率を超えないようにしているところが多い（ホールフーズは19対1）。取締役会で決定した追加報酬を受け取らないCEOもいる。2006年、ホールフーズのCEOジョン・マッキーは、同社の目的に対する責任を極限まで推し進め、すでに控えめだった給与、ボーナス、ストックオプションを、この先ずっと受け取らないと決めた。マッキーがその年の11月に従業員へ配布した文書の全文が次だ。

チームメンバーのみなさんへ

ホールフーズのすばらしい繁栄のおかげで、わたしは、自分が夢見ていたよりはるかに多くを稼いできました。それは、わたし個人の経済的安定や幸福に必要なものをはるかに超えています。わたしがホールフーズでいまも働いているのは、お金のためではなく、こんなにすばらしい会社を率いていることが誇らしいから、そして、よりよい社会づくりの役に立ちたい、という情熱を持ち続けているからです。ホールフーズはこれからも社会に貢献し続けていきます。

いま53歳のわたしは、お金のために働く必要はもうありませんが、働くこと自体の喜びと、自分の心にはっきりと感じられる奉仕の使命に応えるために働きたいのです。

2007年1月1日から、わたしの給与は年1ドルとし、それ以外の現金報酬は一切受け取りません。チームメンバーのみなさんが受け取っている食品割引カードや健康保険などの福利厚生は、わたしも引き続き受け取ります。本来なら今後わたしが受け取る資格のあるストックオプション一切は、ホールフーズの「ホール・プラネット財団」と「アニマル・コンパッション財団」に会社として寄付するつもりです。

もうひとつ、重要なお知らせがあります。今後いかなる現金報酬も一切受け取らないことにしたわたしの決断に照らし、ホールフーズの取締役会は、新たに創設した「グローバル・チームメンバー・エマージェンシー基金」への毎年10万ドルの寄付を決定しました。この基金は（去年のハリケーン・カトリーナのような）災害が起こった場合、必要に応じてホールフーズのチームメンバーに支給されるものです。

たくさんの愛をこめて　ジョン・マッキー

CEOが自ら「ドラッカーによる報酬基準」を満たす額に決めている企業なら、株主にとっての価値を数量化できるだろう。こういうCEOに率いられている従業員のほうが、企業目標の達成に向けて働く意欲が強い。従業員にとって、こうしたCEOは話しかけやすく、仕事熱心で、ほかの経営陣や管理職だけでなく自分たちともいっしょになって働いていると感じられる。こういうCEOは、ライバル企業の動向や自己中心的なもので動いているのではなく、すべてのステークホルダーに貢献しようという気持ちで動いている。つまり、自分のエゴではなく、道徳的指針に導かれているのだ。

感情知能リーダーシップ

感情知能は、愛される企業のCEOのような優れた企業リーダーをその他大勢から際立たせている、主な特性のひとつだ。企業が戦略の転換に迫られているとき、その違いがもっとも顕著になる。変化はなんであれ容易ではないから、変化に抵抗するのはごく自然な感情反応だ。企業リーダーの感情知能が戦略転換を容易にすることへの関心が高まっている。[14]

感情知能とトランスフォーメーショナル（変革型）リーダーシップの関連性を調べたさまざ

まな研究から、両者には強い結びつきがあることがわかっている。イギリスに本社を置く、ある小売企業を調査した結果も明らかにそうだった。[15] トランスフォーメーショナル（変革型）リーダーシップと、トランザクショナル（やりとり型）リーダーシップ、それぞれのリーダーの違いを明確に示した別の調査結果では、前者のほうがEQ（感情知能指数）がかなり高いこともわかっている。[16]

EQが高いリーダーは、熱意や明るさといったポジティブな感情を自ら示し、拡散させている。リーダーの感情は、ポジティブであれ、ネガティブであれ、部下に移りやすい。部下が感情移入して同じような感情を抱く傾向があるからだ。リーダーのポジティブな感情がじかに伝われば、従業員の気持ちも明るくなり、仕事にもさらに熱が入る。[17]

優秀なリーダーは、ちょっとした雑談や励ましの声かけ、儀式などを上手に利用して従業員をやる気にさせ、企業の価値観を反映させると同時に共通の目標を追求させる。[18] こうしたことは、愛される企業にはよく見られる。ハーブ・ケレハーの周囲を巻き込む人柄や、よく知られた突飛な行動の数々は、サウスウエスト航空の企業文化にしっかりと根づいている。楽しいことと好きのバリーとエリオットのタテルマン兄弟の人柄も、ふたりが率いるジョーダンズ・ファニチャーの企業文化によく表れている。この兄弟を真似ようとする従業員もいるほどだ。

ダニエル・ゴールマンと共著者は、昇進するにしたがってリーダーの感情知能がより重要になる、と指摘しているが、このことはほかの研究でもおおむね確認されている。ある調査によると、企業の取締役員が感情知能を「きわめて重視」していることもわかっている[19]。

ゴールマンは、リーダーシップにおいてもっとも重要なのは「その感情的側面」であるとし、こう説明している。

「リーダーのもっとも重要な任務のひとつは、感情に訴えてよい方向に向かわせること、つまり、部下の感情と目的意識に共感を呼び起こすメッセージをはっきり伝えて仕向けることです。リーダーシップは、突き詰めれば、ほかの人たちに仕事をさせる技術です。（中略）不確実な状況下では、EQリーダーシップがかつてないほど重要になります。不安や恐れに押しつぶされそうなときに必要とされるのは、確実性を、せめて『自分たちはいまここに向かっている』という信念を、示してくれるリーダーだからです。感情、関心、認識のあいだには――神経学に基づいた――関係性があるからこそ、こうしたことが特に重要なのです[20]」

ゴールマンは共感の重要性を強調し、次のように共感を定義している。

「（略）人が持っている最善のものを解き放つ前向きな姿勢の蓄えのようなものです。（それを

蓄えるには）まず、自分自身の内面をよく見つめて本当の自分を知る必要があります。そこがまったくわかっていなかったり、わかっているふりをしたり、相手をただ操りたいだけだったりするなら、共感してもらえません。まごころで相手の心に話しかけるようにしなければなりません。つまり、誠意が必要なのです[21]**」**

模範的企業市民

愛される企業は「行政は敵、あらゆる規制は悪」と反射的に見なしたりしない。社会が円滑に機能して繁栄していくためには、達成すべき妥当かつ重要な目標がどのレベルの行政にもあるのを認識しているからだ。

愛される企業の経営陣は、税金によるインフラに大きく依存させてもらっていることに心から感謝している。公正な競争の促進、悪徳商法からの保護、公共福祉の支援のためには、しっかりと練られた規制が必要であることを理解している。

愛される企業には、よりよい社会をつくりたい、という目的意識が反映されていて、それがステークホルダーにも伝わっている。経済的繁栄を達成する熱心さでいえば、愛される企業のリーダーも、どこまでも強欲な経営者も、そう変わらない。ただ、よりよい社会をつくるという決意を犠牲にしてまで、経済的な目標を追求しようとはしない。トヨタの次の基本理念がグローバル企業の模範として役立つはずだ。

●内外の法およびその精神を遵守し、オープンでフェアな企業活動を通じて、国際社会から信頼される企業市民をめざす。
●各国、各地域の文化、慣習を尊重し、地域に根ざした企業活動を通じて、経済・社会の発展に貢献する。
●クリーンで安全な商品の提供を使命とし、あらゆる企業活動を通じて、住みよい地球と豊かな社会づくりに取り組む。
●様々な分野での最先端技術の研究と開発に努め、世界中のお客様のご要望にお応えする魅力あふれる商品・サービスを提供する。
●労使相互信頼・責任を基本に、個人の創造力とチームワークの強みを最大限に高める企業風土をつくる。
●グローバルで革新的な経営により、社会との調和ある成長をめざす。
●開かれた取引関係を基本に、互いに研究と創造に努め、長期安定的な成長と共存共栄を実現する。[22]

生き物としての組織

合資会社、株式会社、政府機関など、しくみはどうであれ、組織は生き物だ。妙な考えだと思うなら、『ワイアード』誌の創業編集委員、ケヴィン・ケリーの見解を知ってほしい。自社を愛される企業にしたい人なら必読の『「複雑系」を超えて』でこう述べている。

われわれは（ここで私は第一に科学者を考えているが）、かつては比喩的に「生きている」と言われていたこうした組織が本当に生きていて、しかも、それより範囲も定義も大きなある生命体に生かされていることに気づき始めている。このより大きな生命体を、わたしは「超生命体《ハイパーライフ》」と呼んでいる。[23]

企業を無生物で人格のない機械的なしくみと捉えると、生き物としてのその本質に気づけなくなる。どの生き物もそうであるように、企業も成長し、発達し、進化する。[24]

企業の発達段階は人の成長段階とよく似ている。新興企業はいろいろな意味でティーンエイジャーとよく似ている。伝統を疑問視する、アイデンティティを模索しながら形成する、非常に大胆なところもそうだ。企業も人と同じで、初期の頃は自社のことしか頭にないが、時とともに進化していき、生存や利己心を超えた存在意義《パーパス》を果たそうとするようになる。自然界の有機体はそうやって自分の種が確実に生き残れるようにする。

　愛される企業もまた、こうして確実に生き残れるようにしている。

　ある生き物を理解するには、その生態系における関係性を知る必要がある。同じことが企業にもいえる。企業の本質は、すべてのステークホルダー集団のメンバーとの活発な関係性を見ないとわからない。

　愛される企業には、さまざまなステークホルダーと補強し合う複雑な関係性の一部だという自覚がある。コストコは、ステークホルダーとの関係性が自社の強みだと認識しているからこそ、次の理念を宣言している。

「会員の皆さまに高品質の商品やサービスをできる限り低価格で提供し続けます。その使命を果たすため、以下の倫理規定に沿って事業をおこなってまいります。法を遵守する。顧客を大切にする。従業員を大切にする。サプライヤーを尊重する。株主に利益を還元する」[25]

愛される文化を築くことで、企業の価値観を育んでいる

愛される企業は、自社の価値観をはっきり伝えていくことに積極的だ。企業としての顔にも、事業のやり方にも、その価値観が組み込まれている。あらゆる機会を捉え、そうした価値観を従業員などステークホルダーとともに強化しようとしている。

価値観は単なる標語ではない。愛される企業はいずれもその価値観をしっかり体現しているし、真剣に考えている。つまり「有言実行」なのだ。サウスウエスト航空のハーブ・ケレハーはこう述べている。

「サウスウエスト航空は、現代のアメリカの企業としては異質です。利他の精神、『全員協力』の精神、人生楽しまなければの精神にあふれています。寛容の精神にもあふれていますが、こと価値観となると、妥協は一切しません。価値観で妥協してしまう従業員はアウトです[26]」

トヨタの［当時の］社長、張富士夫は、北米での製造工場建設について問われた際にこう答えている。

「品質を輸出するには、まず、企業の価値観を輸出しなければなりません[27]」

愛される企業の具体的な価値観はさまざまだが、そこには重要かつ一貫した特徴が見られる。

だれに対しても敬意と尊重で対応する、無駄をなくし、本当に重要なことに投資する、常に誠実である、楽しむ、絶えず改善する、などもそうだ。ジョーダンズ・ファニチャーは自社の価値観として、チームワーク、信頼、敬意、感謝、楽しみ、もてなし、顧客の喜び、社会貢献を掲げている。トレーダージョーズには次の7つの価値観がある。

●誠実さ――お客様は常に見ている。
●商品主義（プロダクト・ドリブン）――優れた商品を提供する。
●「すばらしい」顧客体験を提供する。
●アンチ官僚制――お客様を頂点とし、階層がほとんどない組織。
●カイゼン（改善）――絶えず改善しようとするチームワークの精神。
●予算を細かく組まない。
●店舗が会社の顔となって、お客様との約束を守る。

コストコは、ムダを徹底的になくしてコストを下げることを重視しているため、それで浮いた分を会員への還元や従業員の給与に回すことができる。元CEOのジム・シネガルがこう言っている。

「コストコが他社より低価格で高品質の商品を提供できるのは、卸売業者や小売業者に長年つきものだったムダなものや費用を一切なくしているからです。販売員、おしゃれな店舗、配送、請求、売掛金などもそうです。間接費を極限まで削ったムダのない経営のおかげで、劇的に節約できた分を会員に還元できるのです[28]」

愛される企業の文化の特徴

愛される企業の豊かで多彩な文化をひとことで表すと「人が中心」だ。愛される企業は、従業員、顧客、ほかのステークホルダー、だれに対しても、単なる数字や搾取の対象としてではなく、ひとりの人間として対応すべきだと考えている。その世界観から、「ホールパーソン」のニーズを理解して取り組んでいる。こうしたことは、愛される企業の文化の次の信条に反映されている。

- ●学び続ける文化
- ●信頼の文化
- ●相互関連と相互依存の文化
- ●誠実さと透明性の文化

●ロイヤルティの文化
●尊重する文化
●一体感と調和の文化
●思いやりの文化
●楽しむ文化

学び続ける文化

愛される企業は「学び続ける組織」であろうと努めている。新規採用者はもちろん、ベテラン社員の研修にも力を入れている。ザ・コンテナストアの研修への取り組みは驚異的だ。フルタイム従業員は、入社1年めに300時間近く、その後も毎年160時間の研修を受ける。アメリカの小売業界全体で見ると、新規採用者が受ける研修は平均7時間で、その後は研修がまったくないのが一般的だ。

ハーレーダビッドソンは、生涯学習に特化した「ハーレーダビッドソン教育センター」を設け、従業員が担当職務やほかの職務の研修や学習を継続できるようにしている。同社には「継続向上担当部長」もいる。[29]

トヨタは、「カイゼン」哲学のおかげで、生産性と業績で業界の最先端に立ち続けている。

信頼の文化

フランシス・フクヤマは、国の繁栄と競争力をかなり左右している文化的特徴として、その文化に浸透している規範に基づく信頼や協調の度合いを挙げている。[30] 同じことが企業にもいえる。

業績の高い企業は信頼度も高い。信頼が潤滑油となり、企業、従業員、顧客、ほかのステークホルダーのあいだの摩擦が少なく、しっかり調和して協力し合える。平社員と上級幹部のあいだに信頼関係があるからこそ、短期を犠牲にしても長期的には繁栄できる。信頼の高さは、あらゆる人を受け入れる開かれた文化と密接につながっており、人の行動をいちいち監視することにムダなエネルギーを使ったりしない。

トヨタでは、透明性は美徳だ。都合の悪い情報は隠すのではなく、わかった時点で経営陣に伝えられる。そのため、タイミングを逸することなく前向きに対処することが可能になる。

ＢＭＷは、今の自分の仕事は本当に必要なのか疑ってみることを従業員に促している。普通の企業なら、仕事を失うのが怖いからあえてそんなことはしないだろう。しかし、ＢＭＷには信頼の文化があるため、従業員も、仕事を失うことにはならず、研修を受けてほかの職務に就くことになるのがわかっている。

信頼の価値は、従業員だけでなく、顧客やサプライヤーにも広がっている。ジョーダンズ・ファニチャーは、「誠実で、頼りになり、楽しい」店だと印象づけることで、顧客からの信頼を高めるのが実にうまい。「しつこい売り込みは一切なし」のアドバイス的アプローチのおかげで顧客は気軽に店を訪れられるし、家具を買うかどうかは別にして、とにかく楽しんで見て回れるから、そうした取り組みをしているジョーダンズ・ファニチャーを信頼している。また、地元や全米のさまざまな慈善団体を支援し、自社の娯楽施設の売上をそうした団体に寄付していることも、顧客からの信頼の強化につながっている。

相互関連と相互依存の文化

相互関連と相互依存の経済システムのほうが、独立したばらばらのパーツから成る経済システムより断然強い。前者は、システムを構成しているものが相互に関連し、うまく噛み合って、より大きなひとつの全体を形成し、個々で達成できるどんなものも超越している。

このような相乗効果のある高レベルの相互依存性をステークホルダーとのあいだに築いているのが、愛される企業の特徴だ。こうした企業のステークホルダーは、それぞれが勝手に行動したり互いに要求し合ったりするのではなく、相互依存性という連鎖のなかで結びついている。

日本文化は、この相互依存の考え方に基づいている。「日本文化のあらゆるものが、ほかのあらゆるものに依存している。したがって、仕事の成果もそうしたさまざまなサブシステムの相互作用の産物である」[31]。この依存概念を表している「甘え」は、一見すると、典型的な西洋の考え方にはアピールしなさそうに思われる。

「『甘え』はもともと、乳児が母親に対して抱く感情を指す言葉だ。要するに依存であり、ひたすら愛されたい願望であり、母と子のぬくもりから引き離され、私情を交えない『現実』の世界に放り込まれるのをいやがる気持ちである」[32]

西洋人は自己や自我への関心が強く、こうした親密な相互依存性をはねつける。それでも、日本とまったく同じではないにしても、日本企業に見られるこの「甘え」のようなものは、欧米の愛される企業にも反映されている。

「トヨタ生産方式（TPS）」はこの「甘え」の考え方に基づいたもので、自動車産業において卓越性を追求しているトヨタの主な推進力となっている。実は、「甘え」の特徴はパタゴニアの考え方にも見ることができる。事業のあらゆる面で同じようなホリスティック［全体的］アプローチをとり、製造工程、サプライヤーとの関係性、従業員プログラム、コミュニティとの関係性を「害さない」考え方を取り入れている。ホンダのホリスティックな相互依存のアプローチも、サプライチェーン全体の管理や主要サプライヤーとの長期にわたる価値主導型の関係性の構築に表れている。

誠実さと透明性の文化

愛される企業はいずれも、誠実さを高い基準で維持しようと努めている。そしてたいてい、そのことが企業理念などで公式に表明されている。

透明性は、誠実さと密接な関係にある。ドン・タプスコットとデビッド・ティコルが *The Naked Corporation*（裸の企業）でこう述べている。

「どうせ裸になるのなら、丸裸になったほうがいい」

情報がこれだけあふれている現代社会では、重要な情報を、従業員、顧客、サプライヤー、ほかのだれに対しても隠し続けるのはほぼ不可能だ。

「わたしたちは透明性というすばらしい時代に突入しつつある。株主、顧客、従業員、パートナー、社会に対し、企業が姿をはっきり見せなければならなくなったのは初めてだ。財務データ、従業員の不満、社内文書、環境災害、製品の欠陥、海外の抗議行動、スキャンダル、さまざまな方針、良い知らせも悪い知らせも、なにもかも、調べればだれにでもわかってしまう」[33]

常に「正しい」行動をしていれば、透明性は企業にとって有利に働くことを愛される企業のリーダーは知っている。透明性が価値を高めることを、タプスコットとティコルも *The Naked Corporation* で詳しく述べている。透明性があれば、怪しげな事業をおこなっている企業はすぐに見つかって責められるし、正しい動機で正しいおこないを常に心がけている企業は確実に報いられる。

すでに述べたように、愛される企業はほかの企業とくらべて一般的に、より多くの情報を従業員と共有している。財務データや生産データを包み隠さず従業員と共有することが、信頼関係の強化につながることを経営陣が理解している。それに、従業員が取り組む際のベンチマークとなるため、生産性のアップにもつながる。ニューバランスの米国内製造工場が世界トップクラスの生産性を維持しているのも、これがカギとなっている。

ザ・コンテナストアはつい最近まで非公開会社だったが、財務データをすべての従業員に開示している。サウスウエスト航空では、ハーブ・ケレハーとコリーン・バレットが、どんな状況でも正直かつ現実的な意見交換することで知られていた。UPSの元CEOマイケル・エスキューは「企業の透明性と責任の負い方を重視している[34]」と述べている。

ロイヤルティの文化

フレデリック・F・ライクヘルドによると「アメリカ企業の多くは、顧客の半数が5年で、従業員の半数が4年半で、投資家が1年足らずで入れ替わっている[35]」

ロイヤルティがこうも低いと、価値低下のさまざまな弊害がある。「回転ドア」が回り続けてお得意様や優秀な従業員が出ていってしまい、入ってくるのは、利益につながらない客や経験不足の従業員ばかり、となると、人的資本はあっというまに減っていく。いつまでたっても短期的な判断しかできず、リソースの大いなるムダ遣いになる。

ロイヤルティを、従業員、サプライヤー、顧客に期待している企業は多いが、そのほとんどが同じように報いていない。9・11同時多発テロ事件の後、アメリカン航空とノースウエスト航空は、労働契約にある国の非常事態および特別な状況に関する条項を理由に、退職手当も支払わずに大量の整理解雇をおこなった。USエアウェイズにいたっては、労働契約の「不可抗力」（いわゆる「天災」）条項を引き合いに出して人員をどんどん減らし、24パーセントの解雇率を記録した。一方、サウスウエスト航空はひとりたりとも減らそうとしなかった。短期的には赤字になったとしても、雇用を保証して士気を高めることが、長期的には企業の健全性の維持につながる、とハーブ・ケレハーは信じていた。

スーパーマーケット業界では、スーパーの大半が「値下げ」モードであることが、顧客との関係構築の機会を逸している、とウェグマンズは考えている。ウェグマンズの顧客はみんな熱狂的なファンだ。店の従業員の名前を知っている人も多い。

尊重する文化

トヨタは「すべての人を尊重する」方針を大切にしている。トヨタの存在意義《パーパス》は、顧客、株主、従業員とともに成長しながら、人、社会、地球環境、世界経済との調和を模索することにある。[36]

パタゴニアが従業員を尊重していることは、従業員の関心と企業哲学とを調和させていることにも表れている。自社の企業文化に合う人材を雇い、アウトドアや環境に対する情熱を追い求める時間も引き続きとれるようにすることで、仕事に対しても、自身（そして企業）の情熱を注ぎながら、企業の繁栄を推し進めてくれる。

ホールフーズは、あらゆる階級の従業員の意見を今後の戦略策定に定期的に取り入れている。

一体感と調和の文化

愛される企業は、一体感を生み出すのがうまい。従業員、顧客、その他ステークホルダーにオーナーシップ［当事者意識］や帰属意識を持たせている。従業員は単なるチームメンバーではなく、家族なのだ。

スターバックスでは、従業員を家族同然に扱う重要性を自社の核にしている。ハワード・シュルツはCEO就任時に、ひとりも置き去りにしない、と約束した。「家族同然に扱えば、忠誠心を示して全力を尽くしてくれる」と信じている。

トヨタは、制服、社歌、朝の体操、仕事が終わった後の懇親会、各種式典などで、企業文化を維持し、強化している。こうしたことを通し、ひとりひとりが、自分の所属部署だけでなく、トヨタ全体に帰属意識を持つようになり、職場に一体感を生み出している。

UPSでは、管理職とフルタイム平社員合わせて約3万人いる従業員が自社株の大半を所有している。このことが、顧客へのより優れたサービス提供にさらに励む意欲につながっている。[37]

イケアの創業者イングヴァル・カンプラードは、「家族としての企業」の考え方を一番の誇りにしている。従業員は家族（イケア家）の一員、という仲間意識が「連帯感、熱意、再生への絶え間ない願望、謙遜、意志力、コスト意識、率直さ、リーダーシップ、多様性」といった価値観の共有につながっている。[38]

思いやりの文化

愛される企業は、ステークホルダーを拡大家族の一員として扱い、思いやりと育みの態度を示している。マンパワー・リミテッド［マンパワーグループの英子会社］を世界的大企業に育てたランス・セクレタンは「人を奮い立たせるものは、すべて例外なく愛から来ている」[39]という。

イケアは、従業員を心から思いやり、家族などプライベートで大切にしているものを犠牲にせずに働けるようにしている。福利厚生や従業員の「生活の質」への配慮の大きさにもそれが表れている。こうした思いやりが、ロイヤルティ、エンパワーメント、信頼、意欲など、イケアにとってかけがえのないものを育んでいる。[40]

思いやりのある企業は、ステークホルダーを驚かせたり喜ばせたりするだけではない。ジョーダンズ・ファニチャーは、ウォーレン・バフェットへの売却を決断した際、従業員への感謝の気持ちとして、それまでの労働時間1時間につき50セントをひとりひとりに支払った。法的にはそうする義務は一切なかった。

職場における愛と思いやりの考え方を堂々と取り入れていることで一番有名なのが、サウスウエスト航空だ。ダラスのラブフィールド空港を拠点に運航を開始して以来、一貫して愛《ラブ》のテーマを追求し続け、従業員への愛、そして顧客への愛を推進している。銘柄コードまでがLUV《ラブ》の同社が顧客や従業員をどのように扱っているかについて、元社長のコリーン・バレットはこう述べている。

「尊重、礼儀正しさ、親愛、に尽きます。当社はだれからも気に入られようとするつもりはありませんし、その点で実に正直です。お客様には、うちではあれはしない、これもそれもしない理由を伝えています。(中略)そのうえで、親切心、思いやり、配慮で、すごいと思わせるのです」[41]

楽しむ文化

最後の――だけど重要な――文化は、楽しむこと。職場や事業活動における楽しい雰囲気は、程度の差こそあれ、どの企業も重視していることに変わりはない。

アマゾンやグーグルなどの「ニューエコノミー」企業は、職場の楽しい雰囲気づくりを確実に重視している。ジェフ・ベゾスは従業員に「よく働き、楽しみ、歴史に残る偉業を成し遂げる」よう発破をかけている。ジョーダンズ・ファニチャーは、笑いは伝染するから「顧客にも従業員にも楽しんでもらいたい」と力説している。サウスウエスト航空は、一種独特の楽しいこと好きのイメージで顧客とつながっている。同社と顧客とのあいだには気持ちの上で大きな絆がある。アナリストがこう発言している。

「カスタマーサービスと親しみやすい従業員が、サウスウエスト航空の競争上の強みです。米国内線ネットワークキャリア各社に運賃格差を縮められても、利用客を失わずにいられるはずです。利用客はサウスウエストで飛ぶのが本当に好きですから」[42]

文化は企業のDNA

よくいわれているように、企業の文化は企業のDNAのようなものだ。生物のDNAの役割は、組織における企業文化の役割に相当する。ヒトのDNAに含まれている遺伝子情報は細胞分裂で複製されている。どの細胞の核にも含まれているDNAの役割は、その生き物をつくり、生命活動をおこなう方法についての情報を提供することにある。

生き物のDNAには遺伝学的な耐性だけでなく適応性も必要だ。企業文化も同じで、短期的、偶発的な影響に耐えると同時に、必要なら適応する能力も持ち合わせていなければならない。

強いDNAを持っているのに、本来の道からそれて進んでいれば、新たなCEOがきっかけとなり、本来のDNAを思い出すよう発現させる場合もある。GE（ゼネラル・エレクトリック）は、適応して自らを創り直すすばらしい能力を示してきた。まるで、あの革新的な創業者トーマス・エジソンのDNAを反映しているようだ。ウォルマートにも、本来のDNAと再びつながりつつある兆しがたくさん見受けられる。米国人の根底となる価値観にルーツを持つ小さな町で、サム・ウォルトンが創業した当時のDNAだ。

トヨタは文化への適応性の高さを長年示してきた。創業時から1970年代後半までは、組み立てライン労働者の待遇に関する評判が良くなかった。効率アップばかりを重視し、労働者への影響をほとんど考慮していなかったためだ。不自然な姿勢で長時間作業させられ、工場労働者の多くが「頸肩腕《けいけんわん》」症候群になっていた。欠勤は認められず、自殺する人もいた。[43]変わらなければならない、と認めたトヨタは、いまでは模範的な雇用者として評価されている。

では、こうした豊かで建設的な文化を築くにはどうすればいいのか、文化を長期にわたって守り、維持するにはどうしたらいいのか。まず、自社の文化とビジョンを「信じて実践する」人材を雇うことだ。これは、ライフスタイル提案型企業にとって特に重要だ。L・L・ビーン、パタゴニア、REIは、アウトドアライフに強い関心がある人を、ホールフーズ、トレーダージョーズ、ウェグマンズは、食に対する（ほとんど強迫症的な）情熱がある人を雇っている。

愛される企業が優れた業績を持続させていて、しかもその大半が、自社の企業文化がもっとも重要な資産だといっている事実を考えれば、反論の余地はなさそうだ。愛される企業がこれほどうまくいっているのは、経営陣の才覚でもなければ、たまたま市場にマッチしたからでも、巧みなマーケティング戦略のおかげでもない。

従業員が持てる力を最大限発揮できるように促している企業文化、そして、ほかのすべてのステークホルダーがその企業文化を尊重しているからこそ、成功しているのだ。

第10章

愛される企業のまとめ

愛される企業への道のりでは、社会における企業の役割や存在意義《パーパス》についての長年の考え方が厳しく問われる。しかし、そうした問いで直面する哲学的・道徳的問題を脇へおいても、また、従来の狭い見方で企業の存在意義《パーパス》を捉えようとも、愛される企業というビジネスモデルがうまくいくことに異論を唱えるのは難しそうだ。そこで、この章は、本書のためにおこなった調査で判明した、一番重要なことに費やそう。

愛される企業に顕著な特徴

愛される企業がほかとは違う特徴を7つ特定した。一見すると、それほど特有とは思えないし、うちだってそうだという企業も多いかもしれない。しかし、こうした特徴の示し方、企業文化や事業への織り込み方に、愛される企業のユニークさが表れているのだ。

- 愛される企業は、業界の常識を疑ってかかっている。
- 愛される企業は、ステークホルダーの利害関係を調整し、価値を創造している。
- 愛される企業は、従来のトレードオフの考え方を解消している。
- 愛される企業は、長期的観点で事業をおこなっている。

●愛される企業は、本業による自律的成長《オーガニック・グロース》を目指している。
●愛される企業は、仕事と遊びをうまく融合させている。
●愛される企業は、従来型マーケティングモデルを当てにしていない。

業界の常識を疑ってかかっている

どの業界にも、こうすればうまくいくという定石があり、それに従うのが一般的だ。ベンチマーク調査は、業界トップクラスの企業のやり方を拾い集め、その成功の方程式をだれでもよく理解できるものにしている。しかし、成功している企業すべてがこうした「ベストプラクティス」に従っているとは限らない。

ゲイリー・ハメルによると、どの業界にも「ルールメーカー」（業界リーダー）、「ルールテイカー」（「ルールメーカーのおこぼれ頂戴組」）、「ルールブレイカー」（「業界の慣行という縛り」を振りほどき、業界ルールを書き換え、業界の垣根をなくす革命児）がいる。[1] ルールブレイカーは業界の「ベストプラクティス」には従わない。資源をムダ遣いせず、なるべく集中させ、パートナーシップを通じて付加資源を生み出し、相乗効果の高い組み合わせで自社の資源を補い、市場からより素早く資源を回収している。[2]

スポーツ用品の巨人ナイキは「ルールメーカー」だ。ナイキがつくったスポーツシューズ業界のルールは、製品デザイン、有名スポーツ選手によるエンドースメント、低賃金国への製造のアウトソーシング、巨額のマーケティング費用に重点が置かれている。リーボックもこれをまねて業界2位になった。アディダスも同じようにして業界3位につけた。

しかし、スポーツシューズ業界で近年もっとも急成長している（2005年にアディダスがリーボックを買収する前には業界2位だったこともある）のは、それとは異なる企業哲学と戦略で業界の定石に挑んだ「ルールブレイカー」のニューバランスだ。ニューバランスは、デザインよりもフィット感と機能性を非常に重視している。スター選手によるエンドースメントはおこなわない。売上に占めるマーケティング費の割合は、ナイキ、リーボック、アディダスとくらべて、はるかに小さい。ステークホルダーベースで経営しているニューバランスは、販売店、サプライヤー、エンゲージ度の高い従業員と、うらやましいほど良好な関係を築いている。[3]

業界の定石を疑ってかかるその姿勢は、米金融業界が使い慣れている基準には当てはまらないわけで、だから、給与水準や福利厚生が業界水準より高いことを多くのアナリストが批判するのだ。ニューバランスがもし株式公開会社だったら、米国内で製造を続けているジム・デイビスは非難されていただろう。

サウスウエスト航空が業界の定石をあえて無視していることはよく知られている。航空業界の最大のライバルを自動車・バス・列車、とする業界の通念には従わない。創業まもない頃は短距離輸送に特化していたし、「ハブアンドスポーク」戦略も取り入れなかった。「ポイントトゥポイント」戦略を選択し、エコノミー、ビジネス、ファーストクラスと分けるのではなく、全座席均一でサービスを提供した。

ウェグマンズは、人件費を低く抑えるという業界の慣行に従わず、定石を無視した。食品スーパーの多くが、小売業は長く続ける「仕事」だと思われていない、と公然と主張し、低賃金や手薄い福利厚生の言い訳にしている。

こうした主張が誤りなのは、ウェグマンズを見ればわかる。その充実した福利厚生、業界水準を上回る賃金、きわめて低い離職率、ロイヤルティが並外れて高い顧客ベースはよく知られている。CEOのダニー・ウェグマンは、同社の並外れた顧客ロイヤルティの高さは、満足度がずば抜けて高い従業員のおかげにほかならない、と確信している。

ステークホルダーの利害関係を調整し、価値を創造している

愛される企業のビジネスモデルのベースとなっているのが、ステークホルダーの利害関係の調整だ。すべてのステークホルダーの利益を積極的に促している点が、愛される企業をほかの

企業から決定的に際立たせている最たるものだ。

愛される企業はステークホルダーを、一定量の価値を奪い合う請求者としてではなく、価値の能動的な貢献者と捉えている。わたしたちはこれを「企業錬金術」と考えている。もちろん、錬金術は卑金属から黄金をつくり出そうとした中世の技術のことだが、わたしたちはステークホルダー集団を変質させる力を指すことばとして使っている。ときに利害が相反する異なるステークホルダー集団をひとつにまとめることで、その全体の価値を個々の総和よりはるかに高めているからだ。

価値創造へのステークホルダーの参加は、愛される企業の経営の基本だ。ホールフーズは、「フューチャー・サーチ」という数日間にわたるプロセスの一貫で、すべてのステークホルダー集団に集まってもらい、5年計画の策定に関わってもらっている。前述したように、ハーレーダビッドソンやサウスウエスト航空も、将来の計画づくりに参加するよう組合に求めている。組合は敵ではなく、パートナーだからだ。

UPSは、ステークホルダーとともに価値を創造する相乗効果を追求し、「トリプルボトムライン」に注意を払っている。つまり、事業活動の経済的・環境的・社会的側面だ。元CEOマイケル・エスキューは、この3つの側面への責任バランスをとることが「190

7年の創業以来、UPSの成功の秘訣であり、創業200年に向かうこれからも指針であり続ける」[4]と述べている。

その進捗具合を確認するため、グローバル・リポーティング・イニシアチブ（GRI）［サステナビリティに関する国際基準と情報公開の枠組みを策定することを目的とする国際的な非営利団体］の協力を得て設定した「重要業績評価指標（KPI）」には、次の3つが含まれている。

- 経済的側面（自己資本利益率／ROE）
- 社会的側面（定着率、「選ばれる企業」指標、運転10万時間あたりの自動車事故発生頻度、利益に対する社会貢献事業の割合、慈善団体への寄付総額）
- 環境的側面（環境保護団体の調査による罰金の割合、地上ネットワーク燃料効率、全世界の最大積載量における航空機排出量の割合、騒音低減要件を満たしている車両の割合）

ジョーダンズ・ファニチャーがステークホルダーの利害関係を調整している手法はごくシンプルで、どのステークホルダーも顧客と捉えている。どの集団のニーズにもきめ細かく配慮し、ほかの多くの小売業がつまずいているところをうまくおこなっているのは、「繁栄をもたらす、生産性を向上させる、満足感を生み出す」という3つの考え方のおかげだ。

この3つに配慮することで、すべてのステークホルダー集団のあいだに価値創造の相乗効果をもたらしやすくなり、ジョーダンズをほかから際立たせている。[5]

仕事は楽しく、のジョーダンズのアプローチで、従業員は仕事に充実感を覚えるようになる。顧客のことを一番に考えて仕事をしている、という自信が生まれる。ジョーダンズは、従業員に投資し、意見や提案をどんどん出させ、その内容に応じて報いることで、「創造性があり、熱心で、ロイヤルティの高い文化」を生み出している。その恩恵を被るのは顧客だ。熱心でやる気満々で楽しいこと好きな従業員に接客してもらえるのだから。

この「ジョーダンズ菌」が全6店舗〔２０２３年9月現在で7店舗〕に広がっているおかげで、売上が毎年のように記録更新している。家具メーカーも配送業者も、ジョーダンズ・ファニチャーの繁栄にこれからも関わっていくのを望んでいる。ウォーレン・バフェットをはじめとする株主も、これほど勢いのある企業に投資していることを喜んでいる。人を大切にし、コミュニティに還元し、なおかつ利益を上げている企業を支援するのは気分がいいものだ。

ジョーダンズ・ファニチャーの経営陣は、好ましいことをドミノ効果で各ステークホルダーに波及させていくのがうまい。

「顧客、従業員、コミュニティが最優先で、あとはすべて二の次です」[6]

簡にして要を得たこの発言は、賢明なリーダーシップと、しっかりしたステークホルダー関係管理に常に取り組んでいるからこそ出てくるのだ。

ステークホルダーをバランスよく調整して融合させている米ホンダの例

ホンダは、ステークホルダーのどの集団のニーズもしっかり満たすことに真剣に取り組んでいる。顧客には最先端の品質と満足を提供し、従業員をやる気にさせて活用し、サプライヤーとは互恵関係を築き、株主には優れた価値提供を一貫しておこなっている。同時に、コミュニティにも継続して関わり、行政や規制当局ともおおむね良好な関係を保っている。ホンダのやり方を見ていこう。[7]

そのカギは、異なるステークホルダー集団のあいだに相乗効果をもたらしているホンダの力量にある。ステークホルダーをバランスよく調整しているだけでなく、そこに相乗効果が生まれるような慣習やプログラムをいろいろ実施しているのだ。役員報酬プラン、従業員モチベーションアップ策、報奨プログラムの「REACH《リーチ》」［「ホンダに貢献している仲間の努力を評価する」を意味する英語の頭字語］、「ベストパートナー（BP）」プログラムのほか、組織構造もそうだ。

ホンダでは、投資家を犠牲にして従業員が得ることも、その逆もないよう、業績ベースで報いるさまざまな取り組みを実施している。こうすることで、成果や新たなアイデアには報いるが、給与体系や福利厚生が過剰になりすぎないようにしている。

ホンダの経営陣の報酬はライバル企業の経営陣とくらべると少ない。経営陣の報酬を企業業績と緊密に結びつけることで、投資家にはより高い透明性と公平性となるし、従業員には正しいメッセージが伝わる。ホンダが順調で顧客が満足していれば、投資家だけでなく、従業員にも（ボーナスという）恩恵があるからだ。

ホンダの企業文化は、優れたアイデアに報いることで、従業員にもっと効率のよいやり方を常に模索させている。「REACH」プログラムがそのよい例で、さらなる品質向上、新しいアイデア、効率性につながるアイデアを提案してもらい、優れたアイデアには報酬がある。優れたアイデアを提案した人への「改善賞」のほか、工場で製品の品質欠陥や安全上の危険性を発見した人への賞もある。この「REACH」プログラムでは長年、報奨金とともに車も贈呈されている。

ホンダは、自社製品部品の大半をサプライヤーから仕入れているため、サプライヤーが――パートナーとして扱われることで――好ましい相乗効果を事業全体にもたらしうることをよく理解している。サプライヤーと協力することが品質改善につながり、コスト管理もしっかりできる。いずれも、顧客に対するバリュープロポジション［価値提案］に直結している。高品質で信頼性の高い製品を手頃な価格で提供し続けられるのも、サプライチェーン全体が効率よく機能しているからだ。こうしてサプライチェーンとの協力で、価格と品質に対して厳しい基準を要求しながらも、パートナーシップのバランスをうまく取っている。

ホンダのサプライヤー戦略における重要要素のひとつに、「ベストパートナー（BP）」プログラムがある。専門のチームがサプライヤーと協力し、ホンダが要求する高い基準とターゲットコスト［目標価格］の達成を支援するプログラムだ。おかげで、相乗効果のある協力関係が築かれ、サプライヤー、ホンダ双方にメリットをもたらしている。

サプライヤーへの複数のアンケート調査を見ても、納得できるマージンが得られると評価された自動車メーカーはトヨタとホンダがトップで、米自動車メーカーを大きく引き離している。

従来のトレードオフの考え方を解消している

トレードオフの考え方は、ビジネスにおけるひとつの柱となっている。トレードオフは、「この場合はこう」「二者択一」の考え方を、「どちらも、両方とも」の考え方より重んじる、科学的根拠に基づいた西欧的な思考から来ている。この思考スタイルは現実を絶対主義的に黒か白かで判断することになり、選択肢を狭めてしまう。これとは別の思考スタイル――「いずれも・両方」――は、一見すると相反する状況（高賃金と高マージンなど）もトレードオフだと決めつけないで対応し、トレードオフの算段がもたらす制約（なにかを達成する「ベストな方法」は1つだけ、という思い込みなど）から免れる。

愛される企業はたいてい、その業界における「ベストバリュー」の地位を占めている。より優れた製品やサービスを提供し、しかも驚くほど手頃な価格である場合が多い。

コストコが取り扱っている商品は高品質のものばかりだが、非常に小さいマージンで提供している。アマゾンは、優れたサービスを低料金で提供し、配送が無料の場合も多い。トヨタの車は、同じ価格帯のライバル企業の車とくらべて、品質、信頼性、燃費が優れている。トレーダージョーズは、世界各地の珍しい（しかも美味しい）食品を手頃な価格で提供することに特化している。

ホールフーズ、スターバックス、パタゴニア、ザ・コンテナストアなど、愛される企業にも高価格帯のところはあるが、顧客体験とユニークな商品提供のおかげで、よく利用されている。よそへ行けばもっと安いものが簡単に手に入るのに、高めの値段を支払ってでもこうした企業の商品やサービスが利用されているのは、ほかにない魅力が感じられるからにほかならない。

愛される企業が常に解消しているトレードオフの1つは、従業員の賃金と顧客への価値提供のトレードオフだ。コストコ、ウェグマンズ、トレーダージョーズを見ればわかる。従業員には突出した賃金を、顧客には他社に負けない価格を提供し、しかも大きな利益をあげている。こうした企業の比較的高い人件費は、価格には反映されていない。

このことは、優秀な従業員と低い離職率による生産性の高さである程度は説明がつくし、収益性アップに努める意欲の高い従業員によるプロセス改善もよく見られる。

いずれにしても、従業員満足度と顧客ロイヤルティに関連性があるのは間違いない。こうした企業は、心のシェアを重視することで、結果的に財布シェアを上げている。高い人件費を、低い経費・運営費に変えてしまうのだから、まさに「錬金術」というわけだ。

長期的観点で事業をおこなっている

株主リターンを奪っている最大の要因は、短期で経営判断するように迫る金融アナリストからの執拗なプレッシャーにほかならない。デイトレーダーなどの投機家にはそれでいいかもしれないが、長期投資家の利益は大きく損なわれる可能性がある。

残念なことに、短期的な見方を嬉々として取り入れているCEOは多い。ストックオプションで自分が利益を手っ取り早く得られるからだ。経営陣は報酬をたっぷり手にできるし、短期投資家は空売りや回転売買で儲ける機会が増える。しかし、長期投資家は結局、損失を出すことになるかもしれない。もっと大きな利益が得られる機会が見過ごされてしまうからだ。

わたしたちが調査したなかには非公開会社もあるから、金融業界のプレッシャーを受けずに済んでいる企業も確かにある。しかし、公開している愛される企業であっても、こうした短期のプレッシャーをあまり受けていない傾向が見られる。

グーグル創業者のふたりがこう明言している。

「企業が世の中のために正しいことをおこなっていれば、長期的には株主はより豊かになります。ただし、短期的にはある程度の利益を手放さざるをえないかもしれません[8]」

グーグルが新規株式公開（ＩＰＯ）のために米国証券取引委員会（ＳＥＣ）に提出した書類のなかに、『『グーグル株主のためのオーナーズマニュアル』と題された創業者からの手紙」がある。自社への投資を検討している人に対し、四半期収益の予測あるいは実績に基づいて戦略上の意思決定をおこなうつもりはないことを知らせるものだ。

「長期的な収益の最大化を目指しているため、四半期ごとに順調に収益をあげることにはこだわりません[9]」

要するに、米金融業界が長期投資家に対してそもそも偏見があるのは、金融業界の人間も企業も、価値創造ではなく、株の売買で儲けているからなのだ。

金融業界全体で見ると、株取引が活発になればなるほど、金融業界のほとんどの企業が儲かるしくみになっている。その金融業界の観点からすれば、愛される企業の長期的アプローチのほうが、どうやら長期的にはより多くのリターンをもたらすらしいとは、皮肉なことだ。株式市場も結局は、愛される企業の長期的観点のほうが、より魅力的な投資対象だと考えているわけだ。

本業による自律的成長《オーガニック・グロース》を目指している

愛される企業は思っていた以上に早く成長する可能性がある。ウェグマンズを例にとろう。ウェグマンズには毎年何万通もの手紙が届いている。いずれも、うちの地域に店を開いてほしいという内容だ。しかしウェグマンズは、新規オープンは年に2、3店舗まで、と決めている。

事業拡大がこのように緩やかなペースなので、新規店への期待が大きく膨らみ、新規開店は確実に地域のちょっとしたお祭り騒ぎになる。この緩やかな拡大ペースは、従業員研修を十分に済ませないうちは開店しない、というこだわりの表れだ。

また、新規開店時には既存店から「もっとも優秀かつ将来有望な」従業員を数名抜擢して配置するため、そうした従業員の数が限られていることも、事業拡大のペースが緩やかになる理由だ。

ウェグマンズが２００４年２月にワシントンＤＣのダレス空港の近くに店をオープンすると、初日だけで１万５５００人の買い物客が訪れた。一般的なスーパーマーケットに１週間に訪れる買い物客より多い。既存店の店長全員のほか、従業員が数十人飛んできて、店が順調にスタートできるよう支援した。ウェグマンズは、この1店舗のための研修だけで約500万ドルを投じた。その気になれば（ホリデーシーズンに間に合うよう）数カ月早くオープンすることもできたはずだが、準備万端整ってからのオープンにこだわったのだ[10]（これもまた、愛される企業が長期的観点でじっくり考えていることの表れだ）。

仕事と遊びをうまく融合させている

マーケターは、「道化師」や「反逆者」といったわかりやすいキャラクターでブランドを語りたがる。ハーレーダビッドソンの広告代理店カーマイケル・リンチのリー・リンチが講演をしたときのこと。「ハーレーダビッドソン的な要素をだれでもちょっぴり持っています」といたずらっぽく言ってウインクした。ルール破りのスリルをたまには味わいたい、とだれもが思っている。

愛される企業のCEOにも、ハーレーダビッドソン的な要素がちょっぴりあるに違いない。経営陣が熱心に奨励していることもあって、ルール破りは愛される企業ではよくある。

ハーレーダビッドソンの「反逆者」のイメージは、バイクをつくる従業員も、そのバイクに乗る人も楽しませている。ハーレーダビッドソンのバイクを新たに購入する人の平均年齢が47歳ということは、単なる好奇心で購入したのではないはずだ。中年期の特徴として、仕事と遊びをうまく融合させ、「合法的」なルール破りをときどきちょっとやってみたくなるからだ。

アメリカの成人人口で一番厚い層がいまや中年期だから、ハーレーダビッドソンが中年を象徴するブランドとなっているのも合点がいく。「反逆者」の要素がちょっぴりあり、思い切りぶっ飛ばす自由の象徴だからだ。

押しが強くて、バーボンが大好きで、愛煙家のハーブ・ケレハーは、サウスウエスト航空を表すキャラクターとして「道化師」を選んだ。もちろん、愛と思いやりのある道化師であることは、銘柄コードが「LUV《ラブ》」であることからもわかる。ケレハーの突飛な行動（客室乗務員を機内の上の荷物棚に隠れさせるなど）は語り草で、サウスウエストの働き方に健全な茶目っ気をもたらしている。

しかし、この「道化師」には真面目な面があることも見落とせない。空の移動はなにかとストレスを伴うため、その緩和策としてケレハーが選んだのが、ユーモアなのだ。したがって、ユーモアには乗客の不安を軽減させるだけでなく、仕事をもっと楽しくする側面もあることを従業員は学ぶ。サウスウエストの機長が「巡航高度に達しましたので、シートベルトサインを消します。操縦も自動に切り替えます。そうすればわたしもそちらへ行き、みなさんとおしゃべりしながら残りのフライト時間を過ごせますからね」とアナウンスしたときの乗客の反応といったら。また、こんなこともあった。不安そうな乗客たちがほっと一息ついたのは、着陸時に操縦室から流れてきたこんなひとことだった。

「うわぉ、やったぜ、ヤッホー！」

「ケアギバー（世話人）」もブランドに見られる典型的なキャラクターだ。愛される企業の多くに当てはまるが、特に従業員の観点からそういえる。グーグルの「ケアギバー」の要素は、24時間無料で食事を提供していることにも表れている。ハンバーガーでも、フルコースでも、従業員同士で食事をしながら、プロジェクトについて話し合ったり、楽しいひとときを過ごしたりできるようにしている。実際、「２０１８年まで掲げられていた」グーグルのモットー「邪悪になるな（Don't be evil）」は、「ヒポクラテスの誓い」にある医療従事者としてのケアギバーのモットー「なによりも、害をなすなかれ」を思わせる。

デザインコンサルティング会社のＩＤＥＯは、遊ぶことに長けている。創業者デイビッド・ケリーと弟トムは、職場にいることをふと忘れてしまうような文化を築いている。チーム全体で午後から仕事を休んで映画鑑賞やスポーツ観戦に出かけても構わない。予定していなかった休暇をとるのもよくあること。ちょっと変わった気晴らしやたわいのないいたずらは、人間関係に刺激を与えている。[11] ＩＤＥＯを訪れた人は、従業員が廊下でミニチュアゴルフやナーフボールに興じているのを見て、よく面食らっている。なにしろ『ウォール・ストリート・ジャーナル』『フォーチュン』『ビジネスウィーク』など錚々《そうそう》たるビジネス誌に世界トップクラスのデザイン企業として取り上げられているのだから。[12]
「遊ぶことが革新的な精神を引き出す[13]」というデイビッド・ケリーの発言は、もちろん本気そのものだ。

従来型マーケティングモデルを当てにしていない

愛される企業には思いがけない恩恵がもっとある。直接体験と多くの口コミに支えられているおかげで、マーケティング費用が少なくて済むのもその１つ。顧客も従業員もサプライヤーも満足していて、あちこちで話題にしてくれるから、認知度アップのための広告を打つ必要性があまりない。

グーグルも広告を一切打たずに世界でもっとも価値のあるブランドになったし、スターバックスもほぼ広告なしで国際的に知名度のあるブランドになっている。コストコもハーレーダビッドソンも広告なしで強いブランドを築いている。一般的に、愛される企業は頻繁なバーゲンその他の販促にも頼らない。

これは大幅なコスト削減になるし、顧客の安心感にもつながる。バーゲンを待たずに、必要なものを必要なときに買えばいいからだ。ジョーダンズ・ファニチャーのマーケティングモデルはずっとこの路線をとっている。一般的な家具小売店が総収益の約7パーセントをマーケティングや広告に費やしているのに対し、ジョーダンズ・ファニチャーは2パーセントしか費やしていない。にもかかわらず、売り場面積1平方フィートあたりの年間売上は、一般的な家具小売店の150〜200ドルに対し、ジョーダンズ・ファニチャーは1000ドル近くで、業界をリードしている。[14]

「愛される企業」になるために

愛される企業は貴重な教訓をたっぷり提供してくれる。この章では、愛される企業を特に際立たせている特徴のうち、7つだけ取り上げた。

愛される企業は、この「超越の時代」に長期にわたって繁栄するために企業が採用すべき、新たなジャンルのビジネスモデルになる、とわたしたちは考えている。企業が生き残って成長していくには、ステークホルダー関係管理に基づくビジネスモデルがますます不可欠になるはずだ。ビジネス界における社会進化論の新たな形、といえるだろう。

市場原理主義者が社会進化論をビジネスの文脈に当てはめていることは、わたしたちも支持する。ただし、市場という大競技場《コロセウム》で競争相手と弱肉強食の死闘を繰り広げる、という意味ではない。長期にわたり生存する「適者」は、置かれた環境で、変化する状況にもっともうまく適応できる者であるはずだ。

ほとんどの社会に見られる、中年層の人口増加による価値観（あるいは心の重心）の変化もそうだが、インターネットほど、企業が置かれている環境をこれほど短期間で、これほど大きく変えたものはない。インターネットで調べれば企業でなにが起こっているかがわかるから、企業が情報の流れを管理して、顧客、従業員、その他ステークホルダーを操ることはできなくなっている。透明性や協力の姿勢を求めるステークホルダーの声がますます高まり、企業の適応能力が試されている。適応できなければ、恐竜と同じ絶滅の道をたどるしかない。愛される企業のリーダーは、その点を直観的に理解している。

愛される企業のリーダーは、いまのビジネスの世界でもっとも効果的に競う方法が、オープンな事業活動、それに、すべてのステークホルダーからもたらされる価値を企業のコア資産基盤に加えることだと理解している。そして、こうして高めた価値が今度は、すべてのステークホルダーのために活かされるのだ。

Firms of Endearment

How World-Class Companies Profit from Passion and Purpose

第11章

複雑さの向こう側

愛される企業の人道主義的な活躍ぶりをいろいろ見てきたこの旅も、そろそろ終わりに近づいてきた。本書を執筆しながら、これまでだれもこのテーマを取り上げてこなかったことに驚いた。なにも過激で前衛的なまったく新たなビジネスモデルというわけでもあるまいし、どのステークホルダーからも長年愛され続けている企業は少なくない。

ある有名企業が愛される企業としてのスタートを切ったのは、1912年、メイン州の山奥でのことだった。粗悪なブーツで雪やぬかるみのなかを歩き回ることにうんざりしていた狩猟愛好家のレオン・レオンウッド・ビーンが、質のいいブーツを作り始めたのだ。L・L・ビーンはその当時から、愛される企業の特徴であるステークホルダー関係管理ビジネスモデルを用いている。以来、景気がいいときも悪いときも、この創業者のビジネス精神を100年近く忠実に守り続けている。とはいえ、このL・L・ビーンが初の愛される企業ではない。

それより数年さかのぼる1907年、当時ティーンエイジャーだったジム・ケイシーとその友人クロード・ライアンが、サンフランシスコでアメリカン・メッセンジャー・カンパニーを立ち上げた。いまのUPSの前身であり、創業したその日から愛される企業だった。

このふたりは、顧客へのサービスの徹底と、従業員への手厚い待遇(もちろん期待も大きい)に健全な経営が組み合わされば、ほぼ確実に収益が上がるはずだと考えた。企業の人間的な側面にきちんと注意を払っていれば、儲けは気にしなくても大丈夫、と直観的にわかっていた。

このUPSよりさらに古い、愛される企業がある。インドの由緒あるタタ・グループは、1868年の創業だ。当時インドはまだイギリスの植民地で、インフラをはじめとする開発ニーズが膨大にあった。創業者ジャムシェトジー・タタは、投資すべき事業を決めるときは常にこう考えた。

「インドに必要なのは何だろうか」

こうして、いずれもインド初の製鉄所と水力発電所の基盤を築いた。

また、自分の国にあるホテルなのに、「英国人専用」を理由に利用を断られたジャムシェトジーは、「インド人はもちろん、だれでも利用できる世界一高級なホテルをつくってみせる」と心に誓い、1903年、いまのムンバイにタージマハル・ホテルを開業した。このホテルはインド初の電気設備を備えた建物で、世界中の見事な調度品や設備が取り揃えられた。

こうして誇らしいスタートを切って以来、タタ・グループは世界でもっとも愛され、信頼される組織となっている。いまや、80カ国で100を超える会社（うち公開会社が32社）を運営し、収益は1000億ドルを超え、50万人近い従業員を抱えている。事業内容は、鉄鋼、電力、自動車、トラック、茶、化学製品、ソフトウェアなど、非常に多岐にわたっている。この間ずっと、思いやりあふれる人道的文化、誠実さのゆるぎない評判、真のサーバント・リーダーシップの伝統、コミュニティへの多大なる貢献をし続けている。持株会社タタ・サンズは、タタ・グループの公開会社すべての支配権を有する代わりに、教育、医療、研究調査、地域向上活動に特化した複数の公益信託によって、その3分の2を所有されている。

本書は、わたしたち著者3人でポストモダニズム的経営の持論を披露するものではない。一部の選ばれた起業家たちの良識的な考え、つまり、善良な人間であるために必要なものを犠牲にすることなく、善良なビジネスパーソンであるために必要なものについての、ここ100年にわたる共通認識を伝えようとするものだ。

なんならバイオリン曲を流してもいいほどの、まさに重要な人間ドラマ、契機であり、この「超越の時代」における資本主義の社会的変容を下支えしている考えだ。こうした発達についていき、新たな秩序の一部であることにワクワクするのか、それとも、まったく新たな世界に取り残されていく感じをますます深めていくのか。ここでもまた、トム・ストッパードの戯曲『アルカディア』で、ヴァレンタインが目を見開いて驚いている様子が思い浮かぶ。いま起こっている変化の大きさに驚いて声をあげた場面だ。

「最高の時代ですよ。自分が知っているつもりだったことは、ほとんどが間違ってるんですから」

わたしたちも、企業のことは知っているつもりだったのに、いまでは間違いだとわかったことがある。「企業は社会的慈善活動に関わるべきではない」という考えだ。

もちろん、企業リーダーによる社会的慈善活動は目新しいことではない。これまで派手におこなわれてきたのは、各種財団への巨額の資金提供、各種寄付金、さまざまな団体への多額の助成金などで、たいてい、血も涙もないやり方で何十年とビジネスを続けてきた末に富豪となった年配の男性がおこなうものだった。「悪徳資本家」と呼ばれるようになったこうした人たちの名前はだれもがよく知っている。ジョン・D・ロックフェラー、J・P・モルガン、コーネリアスとウィリアムのヴァンダービルト兄弟、アンドリュー・カーネギー、ジェイ・グールドもそうだ。この旧式の資本家たちは、晩年になると、害虫だった青虫が無害の蝶になるようにがらりと人が変わり、親切で寛大な人物として人生の舞台から降りていった。気前のいい慈善活動は、自分が亡くなる前に社会から広く認められるため、また、自分自身を許すための手段だった。

一方、愛される企業は、慈善活動を自分たちなりに実践しようとする人々によって立ち上げられている。パタゴニア、コストコ、ホールフーズもそうだ。また、創業当時は、儲けるために利用できるものはなんでも利用してやろう、と考えていた企業が、いつのまにか社会的変容を遂げている例もある。トヨタがそうだ。かつては搾取の精神が強く、組み立てラインの作業員はトイレに行くだけで罰せられていた。

アウトドア用品のティンバーランドも、長いあいだ、視野の狭い利己的な企業だったが、経営者の直観的な悟りをきっかけに、愛される企業に生まれ変わっている。1989年、3代目の経営者ジェフリー・シュヴァルツ（創業者の孫）が、ある少年院で少年と出会い、言葉を交わした。このことは、人生が一変する体験となったのだ。シュヴァルツはこの少年から、何の仕事をしているのかと訊かれた。

「会社のCOO（最高執行責任者）だよ」

「実際にどんなことをするのですか？」

「戦略を世界各地で実行させる責任があるんだ。で、君は何をしているの？」

「まともになろうとしています[1]」

シュヴァルツがのちに、非常に謙虚にこう述べている。

「あれは、わたしの返答にある意味勝《まさ》るものでした」

この体験に心を大きく動かされたことで、ティンバーランドを社会に貢献するための手段にする、と決心し、同社は世の中を変える使命を負っている、という考え方を従業員にも納得させた。

シュヴァルツが社会活動に積極的に関わっていることを、市場原理主義者は激しく非難するかもしれない。「公開会社であるティンバーランドを、シュヴァルツ個人が考える社会的課題に従わせるなんて、ミルトン・フリードマンの理論にも、古典的資本主義のすばらしい伝統にも反する、許しがたいもの」と考えるのではないか。

しかし、そのような原理主義者は、ドン・タプスコットとデビッド・ティコリが *The Naked Corporation*（裸の企業）で述べていることにしっかりと耳を傾けたほうがいい。「価値重視の消費者は、個人的利益を超えた重要課題に関心がある。企業のサプライチェーンを徹底的に調べて、環境問題や人権問題を暴き、改革を要請したり強要したりする」[2]

このシュヴァルツの「改心」以来、ティンバーランドはステークホルダーのために見事というほかない業績をあげている。この「超越の時代」には、企業の社会意識の高さが大きなプラスとなるのだから、選択の余地はますますなくなっていく。

儲けにこだわる市場原理主義者は、現実を受け入れなければならない。株主のために富を築いて守るのが企業の唯一の基本原則、という考え方は、もはや持続可能ではなくなっている。株主の利益がきわめて重要な要素であることはもちろん変わらないが、企業経営の最重要要素ではなくなっている。株主利益は、企業の繁栄を最大化する可能性が一番高いものを確保するうえで考慮すべき、さまざまな要素の1つにすぎない。

今後、一番の勝者になるのは社会的目的意識の高い企業であり、一部のステークホルダーを手段や目的として扱うのではなく、すべてのステークホルダーの幸福を尊重している企業だとわたしたちは考える。これまで言及してきたさまざまな考えのなかで、経営が健全であれば、「すべての」ステークホルダーのためになることを重視している企業のほうが、株主と利益を重視する企業より競争上優位になる、という考えほど重要なものはない。これが、愛される企業とそうでない企業の「決定的な文化の違い」なのだ。

本書で紹介してきたとおり、そのやり方は株主にすばらしい見返りをもたらしている。これがビジネスの必勝アプローチであるとすれば、こうした現象について書かれたものをあまり見かけてこなかったのはなぜなのか。

オリバー・ウェンデル・ホームズ［米連邦最高裁判所陪席判事］の次のことばにその答えのヒントがある。

「『複雑さのこちら側』にある単純さにはまったく関心がありませんが、『複雑さの向こう側』にある単純さには命を捧げても構いません」

この英知あふれることばについて、ジェームズ・オトゥールが *The Executive's Compass: Business and the Good Society*（経営の指針——企業と健全な社会）でこう論じている。

——**複雑さの混乱状態を乗り越えるには、すぐに実行できることばかり模索するのをやめて、逆**

説的なようでも、いま置かれている状況の根底にある概念や価値観の理解に努めたほうがいい。ハウツーマニュアルを求めるような経営陣が、複雑さのこちら側から出ようとしないのも当然だ。[3]

企業でいえば、複雑さのこちら側にある単純さは、企業の本質と存在意義《パーパス》の「あまりにも単純化」した解釈につながっているかもしれない。利益の最大化がその唯一の存在意義《パーパス》、という解釈だ。

利益は収益からコストを引いたものだから、利益を最大化するには、収益を最大化し、コストを最小限に抑える必要がある。収益を最大化するには、できるだけ高い値段で、できるだけ多くの製品を、できるだけ多くの人に買ってもらう必要がある。コストを最小限に抑えるには、サプライヤーや従業員への支払いをできるだけ少なくし、社会に転嫁できるコストはなんであれ外部化する必要がある。

ただし、このような企業は社会から認められない。一部の人にとっては金融資産価値を生み出すかもしれないが、それ以外のすべてのステークホルダーにとっては、ほかのさまざまな価値を損なっている。このような企業は実際の価値を創造していない。生み出すよりはるかに多くのものを破壊する、一種の寄生虫だ。こうした企業の存在を社会はもはや許すことができないし、黙認もしなくなる。

本書のような書籍がこれまでになかったのは、ビジネスの研究者・実践者・評論家のほとんどが、複雑さのこちら側にこだわってきたからで、そこではステークホルダー関係管理の良い点も悪い点も、合理的な数値でしか議論されていない。ステークホルダー関係管理の質的・感情的な側面が脇に追いやられてしまっているのだ。

およそ人に関することで、感情的側面ほど複雑なものはないはずなのに、ビジネスを学んだり実践したりしている人のほとんどは、ビジネスにおけるそうした側面をもっと深く理解しようとせず、一見理にかなっていそうな、複雑さのこちら側に留まっていたいようだ。

企業の業績に関わる人の感情的側面の重要性を理解するには、愛される企業を熱心に応援している顧客に話を聞いてみるといい。その企業の印象や、買い物したときのちょっとしたエピソードなど、ほとんどの人が体験談を話してくれるはずだ。

愛される企業の従業員にも話を聞くといい。わたしたちも愛される企業の店舗で買い物するときによくそうしているが、よそより給料がいいから働きがいがある、という従業員はひとりもいない。その会社で働くのが好きな理由をこんなふうに答えてくれる。「家族みたいなものだから」「尊重してもらえるから」「楽しい職場だから」「自分はかけがえのない存在だと感じさせてくれるから」

ほかのどのステークホルダーに話を聞いても、愛される企業と関わっている理由として「信用できる、責任を果たしてくれる、気前がいい、頼りになる」といった言葉を耳にすることになるだろう。つまり、個人的な文脈だけでなく、ビジネスの文脈においても、関係性には感情を司る右脳が重要な位置を占めているのだ。

もちろん、投資家――特にデイトレーダーなどの投機家――のことも考慮しなければならない。企業を投資の対象としてしか考えていない人たちだ。「株投資にも感情的側面がある」などといえば、多くの投資家は侮辱だと思うが、一般的に考えられている以上に、投資においても感情的要因が働いている。そうでなければ、金融アナリストが株価の大きな変動を感情的要因のせいにしがちな理由がほかに見当たらないのではないか。

複雑さのこちら側にある単純さから導き出される見方では、株主に損をさせずにさまざまなステークホルダーのニーズに応えるのは不可能に思われる。結局、「みんな」が勝つことはできない、少なくともそう考えてしまうのは、企業経営を勝ち負けという、合理的で単純な見方しかしてないからだ。

一方、愛される企業は、みんなが勝つことが可能な世界を固く信じ、だれかを打ち負かすのではなく、利益の全体的調和《コンシニティ》を生み出そうとしている。

複雑さのこちら側にある単純な見方しかできない人は、わたしたちが述べてきたことを、口先だけとか、もっと悪い場合には「ただの理論に過ぎない」といって、あからさまに退けるかもしれない。万有引力もただの理論だが、その理論に対する理解が深まってきたおかげで、いまの世の中を享受できているのだ。本書で伝えたいのは、多様なステークホルダーのビジネスモデルが、資本主義システムの改善に、さらには社会の改善に、寄与するということなのだ。

ゼロサム思考の超越が現代の大きな課題

「超越の時代」には、絶対的なものがほとんどない。それだけ機会がたっぷりあるということだ。絶対的なものは、当然ながら制約するものであり、複雑さのこちら側のいたるところに見られる。安易な解決法、いわゆる「特効薬」ばかり探している人々が絶対的なもの生み出している。

今度書店へ行ったら、ビジネス書コーナーに並んでいる本のタイトルをざっと眺めてみるといい。マーケティングとセールスに分類されている本に特に注目しよう。そのほとんどが、複雑さのこちら側に基づいたタイトルになっている。この本に書かれたステップどおりにおこなえば、すばらしい成果が得られる、と請け合うようなものが多い。『10のステップで○○する』

『8分で〇〇する』といったタイトルがよく売れることを、出版社も著者も経験から知っているのだ。

複雑さのこちら側によくある、わかりやすいけど薄っぺらい単純さに基づいた考え方は、新しいアイデアや、問題に対する創造的解決策を妨げている。こちら側的思考では、心の目で無限の可能性に気づけない。株主偏重ビジネスモデルの根拠となっている「ゼロサム」思考を支えているのが、こちら側的思考だ。

ゼロサム思考の人は、「あるステークホルダーの利益は、ほかのステークホルダーを犠牲にして初めて可能」と考える。「乙に与えるには甲から奪うしかない」というわけだ。しかし、ゼロサム思考から解き放たれれば、機会が桁違いに増える。

ビジネスでゼロサム思考にこだわっている人には社会進化論の熱心な信奉者が多いが、こうした資本主義の原理主義者は、ダーウィンの本来の意図を曲解している。ダーウィン説は「適者生存」であって、「強者生存」ではない。

人間社会では、他者を抑えつけたり、打ち負かしたり、支配したりするのが「適者」とは限らない。長い目で見れば、協力できる者が適者である場合が多い。ところが、ビジネスでは競争精神が優勢なので、ステークホルダーの多くが、抑えつけるべき敵のように扱われてしまう。

サプライヤーはパートナーというより搾取の対象、従業員は収益や利益が下がれば自由に解雇できる負担経費、コミュニティや行政はビジネスにとって厄介者、顧客は獲物であり、捕まえ、そそのかし、操り、言うとおりにさせるもの、というわけだ。

原理主義者の考える社会進化論では、ビジネスはルールなしの、なんでもありの取っ組み合いのようなものなのだ。

ビジネスにおけるゼロサム思考は持続不可能になってきている。価値創造のシステムがうまく働くには、参加者それぞれが利益を得なければならない、つまり、それぞれが最初に投資したものより大きな価値を最終的に取り戻さなければならない。それなりの利益が得られない状態が続けば、当然、そのシステムから離れていく。

愛される企業は、「ポジティブ・サム〔互いが利益を得る〕」思考で機能している。この思考で独創的プロセスを生み出し、すべてのステークホルダーのエネルギーやリソースを活用する新たな手法に焦点を合わせている。こうして、株主の短期的価値の最大化に焦点を当てた場合よりもはるかに大きな価値を、すべてのステークホルダーのために生み出すことができるのだ。

容赦ない生存競争を乗り越えて協力することの成果を手に入れるのは、進化した人間性の本質といえる。ロバート・ライトは著書 *Nonzero*（ノンゼロ）で、なんでもありの野蛮な生存競争から協力文化へ移行しながら、人類がいかに多くのものを得てきたかを論じている。ライトの研究によると、初期にはどの社会も相互信頼に欠け、争い、裏切り、殺戮《さつりく》、戦争が絶えないことが多かった。勝ったところで長続きせず、好戦的な社会は殺し合いが絶えず、やがて衰退していった。

人間社会は協力することの利点をだんだんと学ぶようになった。初期の狩猟採集民であるショショーニ［北米の原住民］が食料を分け合うことについて、ライトはこう述べている。

「相手が食料に乏しく、自分にはあり余るほどあれば、相手に分け与える。自分の食料が乏しくなれば、相手が分け与えてくれるから、相手も自分も得をする。食料のありがたみが増すのは、お腹がいっぱいのときより、ひもじいときだからだ」[4]

世の中はポジティブ・サム思考をますます受け入れるようになっている。さまざまな新テクノロジー、特に情報関連テクノロジーは、本質的にポジティブ・サム思考だ。

それで思い出すのが、トーマス・ジェファソンが言ったことばだ。

「知識はロウソクの灯のようなもの。こちらのロウソクからほかの人のロウソクに分け灯しても、こちらの灯は小さくならない」

ビジネスの世界ではここ数十年にわたり、先進的思考の企業がすべてのステークホルダーと協力することで大いに利益を得るようになってきた。直接のライバル企業とさえ協力しているケースも少なくない。IT分野のライバル企業はさまざまな基準づくりで協力しているし、特にスパム撲滅には協働で取り組んでいる。

また、激しい競争相手であっても、ビジネスパートナーにもなりうることに気づき始めている。サムスンが注目されるようになったのも、競合するアップルやソニーへのメモリーチップや液晶パネルといった電子部品のメインサプライヤーとしてだった。

ステークホルダーのために進んでいろいろおこなうほど、返ってくるものも大きくなりやすいことに企業は気づき始めている。すべてのステークホルダーのための価値創造に努める考え方で注目すべきなのが、追加費用をほとんどかけずに価値創造している場合が多いことだ。愛される企業は、今あるパイをどう分けるかを心配するのではなく、なるべく大きなパイを焼こうとしている。

こうしたことは、牧歌的で非現実的に思われるかもしれない。サイプレス・セミコンダクターCEOのT・J・ロジャースなら、マルクス主義とすらいいそうだ。しかし、わたしたちが奨励しているのは絵空事でも、過激な経済・社会理論でもない。

愛される企業は、従業員の待遇もよく、サプライヤーの収益性も高く、顧客により優れた価値を提供し、地域社会にもかなり投資している。このすべてをおこないながら、桁外れの利益を投資家にもたらしているのだ。

ドン・タプスコットとデビッド・ティコルが共著 *The Naked Corporation* でこう述べている。「すべてのステークホルダーのニーズを最適化している企業のほうが、投資家にとって望ましい場合が多い[5]」

ホールフーズほどそのよい見本はない。1997年、60名のチームメンバーが草稿を作成した同社の「相互依存宣言」は、ホールフーズの各店舗の目立つところに貼られ、ステークホルダーを結びつけ、それぞれの重要性を強調するのに役立っている。各ステークホルダーの利害、要望、ニーズのバランスをとるには、「すべてのステークホルダーの参加とコミュニケーションを必要とします。思いやりの心で耳を傾ける、よく考えて誠意ある行動をすることが求められます。どんな衝突も話し合いでウィンウィンの解決策を見つけなければなりません。ステークホルダーのコミュニティを作って育んでいくことが、この会社が長期にわたって繁栄するためにきわめて重要なのです」

第7章「パートナー――見事な調和」で触れた白熱の誌上討論を覚えているだろうか。株主価値か、ステークホルダーの観点かが議論され、ホールフーズの創業CEOジョン・マッキーが参加した『リーズン』誌主催のあの討論だ。[6] 論敵は、ノーベル経済学賞受賞者ミルトン・フリードマンと、サイプレス・セミコンダクター創業CEOのT・J・ロジャースだった。

自由意志の熱心な擁護者であるマッキーは、33年間、ホールフーズの舵取りを見事におこなっている。資本金4万5000ドルでスタートし、従業員7万2000人、年間収益130億ドル、時価総額220億ドルを超えるまでに成長させている。フォーチュン500の全食品小売業者のなかで、売上に占める利益割合も、投下資本利益率（ROIC）も、売場面積1平方フィートあたりの売上も、持続可能な成長スピードも、すべてトップだ。ジョン・マッキーの成功ぶりをだれが非難できるというのか。ところが、サイプレス・セミコンダクターのT・J・ロジャースは非難する。

ロジャースはこの誌上討論で、マッキーの「集産主義と利他主義」や「実業家としての役割を利他主義の理想のために軽視」しているとして、嫌味をたらたら述べている。徹底的な市場原理主義者としての顔をのぞかせ、次のように猛烈に非難している。

「集産主義者は、法外な要求を正当化するために『ステークホルダー』ということばをよく使いますが、そのステークホルダーに株主の資産をコントロールさせるべき、という説はまったく受け入れられません」

ロジャースの大言壮語はまだ続く。マッキーの企業哲学はカール・マルクスのものとそう変わらない、と言うではないか。

では、ロジャースは自身の企業哲学でどれだけ順調な経営をおこなっているのか。第7章にあるその答えを見落とした人のためにいうと、サイプレスはその23年間の歴史のほとんどで不採算なのだ。貸借対照表を見ると、利益剰余金が4億800万ドルのマイナスになっている。株主を儲けさせるどころか、はるかに大きな損失を出させているわけだ。

マッキーのほうがロジャースよりも株主を相当満足させているのではないだろうか。ロジャースはどうやら、自分が信奉している市場原理主義の純正さを守るほうが、株主のために価値を高めるより重要、と考えているようだ。


マッキーの考え方は、控えめにいっても、ここまで偏狭ではない。マッキーは、アダム・スミスの経済学書『国富論』だけでなく、倫理学書『道徳感情論』からも影響を受けている。先に出版された『道徳感情論』は『国富論』ほどには知られていないが、スミスはそのなかで、人間の本質は利己心だけではないし、それが主でもない、と明言している。多くの人は、共感、感情移入、友情、愛、社会的承認欲求といった動機のほうが利己心より強い。特に、精神的な成熟度が高い人ほどそうした傾向が見られる。

アダム・スミスは人間の本質と企業の本質とを分けて考えたが、コンシャス・キャピタリズムではこのように分ける必要はないし、分けるべきではない。ビジネスで成功するには人間性をなくさなければならない、という考え方は、過去にはあったとしても、いまはもう当てはまらない。マッキーをはじめ、愛される企業のリーダーがそのように考えていないのは明らかだ。『リーズン』誌上討論でマッキーは次のように締めくくっている。

「ホールフーズは、6つの最重要ステークホルダー集団のためにどれだけ価値を創造できるかで成功を測っています。顧客、チームメンバー（従業員）、投資家、サプライヤー、コミュニティ、環境の6つです。（中略）あらゆる人々の繁栄を喜ぶことは、人間の潜在的な能力なのです。ホールフーズがコミュニティに寄付するのも、地域の人々を気にかけ、できるだけ繁栄できるよう手助けする責任を感じているからです。（中略）視野の狭い利己心を超えて愛と思いやりを広げることは、人の本質にも会社の業績にも相反しないどころか、両方の実現につながるのです。（中略）医療、法律、教育と同じように、企業にも崇高な存在意義《パーパス》があります。それは、顧客にはよりよい暮らしにつながるモノやサービスの提供、従業員には雇用とやりがいのある仕事の提供、投資家には富と繁栄の創造、そして、責任と思いやりのある良き企業市民であることです。（中略）
いま申し上げている考え方のほうが、それと対抗する利益の最大化を目指す考え方よりもビジネスモデルとして健全です。利己心だけの場合よりもやる気を引き出し、強い力を発揮するからです。こうした考え方がいずれ勝利を収めるようになります。知識人や経済学者を議論で打ち負かすのではなく、市場という競争の場で勝つからです。より深い事業目的としてのステークホルダーモデルにこだわるホールフーズのような企業が、そのうちに経済界の多数を占めるようになります。まあ、見ていてください」[7]

愛される企業の経営に必要な包括的思考

二者択一のゼロサム思考（投資家と従業員のどちらを満足させるべきか、など）の壁を乗り越えたとしても、「だれが最優先か」の議論にまだ囚われている可能性がある。

企業はたいてい、顧客、投資家、あるいは従業員が優先だというが、前にも述べたように、こうした議論は重要な点を見落としている。徹頭徹尾、「すべての人」が重要なのだ。現実は、すべての人が満足でなければならないし、愛される企業の世界では、どのステークホルダーにも優先されるときがある。

ジョン・マッキーは、各ステークホルダーを満足させることは目的そのものであり、究極の目的のための一手段ではない、と考えている。そうでなければ、日和見主義で巧みに操る企業、という烙印を押されてしまうかもしれない。「利益中心の企業では、顧客満足は目的達成のための一手段に過ぎません。顧客中心の企業では、顧客満足は目的そのものであり、利益中心の企業よりもはるかに大きな関心、情熱、共感で達成しようとしています」というマッキーは、どのステークホルダーに対しても同じように感じている。

ステークホルダーに対する包括的思考が不可欠なもうひとつの理由は、ステークホルダーを種類別に分けていたものがなくなりつつあるからだ。あらゆる意味で「自分が満足している企業を積極的に応援したい」と考える顧客はますます増えているし、いまは多くの顧客が（投資信託、株式、退職金などの）積極的投資家として、自分で投資先を決めている。証券会社に勧められるままだった「かつて」とは大きく様変わりしている。

ほかにも大きな進歩として、環境への関心の高まりがある。環境は自分たちが「所有している」限りある資源だと考えている人は多い。したがって、企業もまた、環境その他の社会問題をもっと自分ごととして行動するようになっている。市民は企業活動に関する情報を簡単に手に入れられるし、ブログに記事を書く、株を売るなどで、企業活動に影響を及ぼすこともできる。[8]

愛される企業のリーダーは、世界を包括的に捉える——木だけでなく森全体も見る——ことで、機会、課題、施策、事業運営を系統立てて考えている。さまざまな職務や部署を人為的に区切るもの（いわゆる「縦割り」など）は容認されない。テクノロジー、企業文化、職場環境が統合されている状態は、愛される企業のほうがそうでない企業より顕著だ。「アラインメント」ということばはビジネス書で濫用され気味だが、すべてのステークホルダーに愛されている企業を説明するのにぴったりかもしれない。さまざまなステークホルダーのニーズや要望に合わせて自社戦略を調整《アライン》しているからだ。

「複雑さの向こう側」へ到達する

愛される企業になれるかどうかは、複雑さの向こう側で十分な発展を遂げられる考え方を育めるかどうかにかかっている。

オリバー・ウェンデル・ホームズが言った、そこへ至るためなら命を捧げても構わない「複雑さの向こう側」とは、何を指していたのか。

この問いにわたしたちはこう答える。わたしたち著者は医療訓練を一切受けたことがない。医療の複雑さのこちら側にいるわたしたちにとって、心臓移植は信じられないほど複雑なものに思われる。しかし、複雑さを越えて人体を深く理解しているベテラン心臓外科医にとって、心臓移植手術は極度の集中力を長時間要するだけで、きわめて単純なのだ。

複雑さのこちら側の単純な世界にいたままでは、愛される企業を十分に理解できない。愛される企業に生まれ変わるのは、複雑さを通っていく長い旅路であり、その道中で新たに学ぶことも多い。近道は一切ない。なによりも、複雑さを避けて、愛される企業になったふりなどできない。お金を払って代返してもらったり論文を書いてもらったりする学生のようにはいかないのだ。

愛される企業には誠意・信頼性が脈打っている。それは、創業者（真の信奉者）がいまも舵取りしているから、あるいは、創業者がいなくなったあとも、企業文化を維持する対策（サウスウエスト航空の「文化委員会」など）がしっかりとられているからだ。

偽旗を振ってもだれも集まらない。愛される企業に見られる真のリーダーシップについて話を聞いた、米大手金融機関に勤務するある中間管理職がこう漏らしている。

「うちの会社はどう頑張っても愛される企業にはなれません。企業文化を変えるための研修を1年近く受けていますが、まったく意味なし、とみんなが思っています。午前の研修で、心を開いた率直なコミュニケーションについて延々と聞かされたって、その日の午後にはもう、主導権争いや、実態を歪めるデータ『操作』を目の当たりにするわけです。研修中こそ、みんな口では賛同しますけど、食うか食われるかのうちの文化が変わらないことは、みんなわかっているんです。だから、みんなそれ相応に行動しているのです」

この人物は、「自分の友人の勤め先は偽善的な企業だが、経営状態は結構いい」と言い、こんな疑問を呈した。

「儲けることが本当に一番重要なら、企業文化なんてだれも気にかけませんよね。だけどそいつは気にかけているんです。だからその会社を辞めるつもりなんです。いまの会社ですごい実績をあげているのに、まったく大きな損失ですよ」

複雑さの向こう側の単純さへ到達するには、経営陣が率先して知的投資をおこない、道義的責任をしっかり果たす必要がある。ＣＥＯがＣＴＯ（最高変革推進責任者）も兼ねて新たな企業ビジョンを具現化しなければならない。企業の社会変革を導くうえで、積極的かつ継続的な役割を担うべきだ。リカルド・セムラーがセムコの大改革でおこなったのも（第4章「従業員——資源《リソース》から源泉《ソース》へ」参照）、ジェフ・シュヴァルツがティンバーランドの社会変革でおこなったのも（３６２ページ参照）そうだ。

愛される企業へのプロセスは、自社の今の企業文化を、愛される企業の文化の特徴（第9章「企業文化——決め手となるもの」参照）と比較して自己評価することから始まる。複雑さの向こう側へ到達するのにこれほど重要なステップはない。自己評価もせずに（セムラーもシュヴァルツも、もちろんおこなった)、愛される企業になれるはずがない。

なによりも「企業文化が重要な位置を占める」ことを肝に銘じよう。愛される企業のどのCEOもこの点をよく理解している。主な競争優位を尋ねられて、「製品の優位性」だの「価値」だの「サービス」だのと、ありふれたものを答えるような経営幹部は愛される企業にはいない。まず間違いなく「企業文化」と答える。

コネチカット州ナイアンティックに住んでいるリック・フレイジャーは、フォーチュン500企業に対し、企業文化の変革による再生を長年アドバイスしている。本書原稿を読んだフレイジャーは、従業員の力で桁外れの成功の高みへ企業を押し上げる文化の力をこうまとめている。「愛される企業の従業員には、給料のためだけではなく、理想のために自ら進んで働いている人が多い」

よりよい社会づくりに自分が貢献している実感があるから、仕事が好きで楽しい、という従業員たちといっしょに会社をつくりあげていくところを想像してみてほしい。やる気もなく毎日惰性で出社してくるような人が多い企業とくらべると、生産性も顧客満足もより高くなるのは明らかだ。

複雑さの向こう側にたどり着き、愛される企業として軌道に乗り始めると、あらゆるものが変わる。[米連邦最高裁判所陪席判事]オリバー・ウェンデル・ホームズが、まったく関心がないと言った見かけの単純さが、明確さに置き換わる。

ものごとの複雑さを取っ払ってごく単純に表現する子どもたちを見ると、つい微笑んでしまうことがある。複雑なものごとを単純化するのは真実を歪めることだとわかっていても、可愛らしく思える。これと同じようなことを実は大人もやっている。残念だが、ホームズが嘆いた偽りの単純さを受け入れてしまっているのだ。

世の中にあふれている自称「グル」(指南役)たちが、ダイエット、恋愛、金儲けといった個人のニーズや欲望につけ込み、話は単純だと空約束でそそのかして、道理にかなった複雑さを破壊してしまっている。自己啓発書もこうして大儲けしている(その点ではビジネス書も同じだが)。「複雑さの向こう側にある単純さ」にたどり着いたら、とり残されたものは、より鮮明になった考え方に合わなくなる。複雑さの向こう側に着いたとき、古いやり方はどうなるのか、トーマス・ジェファソンが「手紙に」記した次の考えがうまく当てはまる。

「わたしはなにも、法律や憲法を頻繁に変えるべきだと主張しているのではありません。ただ、法や社会制度は人の知性とともに進歩すべきです。知性が発達して理解が深まれば、それだけ新たな発見も生まれます。新たな事実が明らかになれば、状況の変化に合わせてやり方や意見も変わります。社会制度もまた、そうした時代時代に合わせて進歩しなければなりません。

──文明社会が野蛮な原始時代の社会のしくみのままでいるのは、子どものときにちょうどよかったコートがあるからそれを着なさい、と大人に向かって言うようなものなのです[9]」

これは、わたしたちが社会として、いや人類として「発達して理解が深まる」ようになった「超越の時代」にもいえる。「原始時代の社会のしくみ」はもう手放すべきだ。当時はそれで十分だった世界観やさまざまなやり方も、いまのわたしたちが暮らしている生活環境や世の中にはもう役に立たないのだから。

最後に

わたしたちの旅もこれでおしまいだ。ここで思い出すのが、何年か前の『ワシントン・マンスリー』誌にあったジョナサン・ロウの記事だ。マサチューセッツ州ローレンスにある、アーロン・フォイヤーシュタインの織物工場の話が載っていた。

この工場は全焼したばかりだったが、フォイヤーシュタインは、経費の安いメキシコなどへの移転は考えておらず、この場所で工場を再建する、と誓ったことが全米で大きく報じられていた。しかも、従業員にはクリスマスシーズンが終わるまでの1カ月分の給与を支払うという。

自分のしていることがなぜこんなに大騒ぎされるのか、フォイヤーシュタインには理解できなかった。

「当然のことをしているだけなんだが[10]」

前にも述べたように、初期の頃の企業はもっぱら公共のためのものであり、最近のように商業活動の利己的手段になったのは19世紀もかなりたった頃だ。それなのに、企業の唯一の社会的義務は株主のために合法的に利益をあげること、という狭い考え方を擁護する書籍や文献を全部集めたら、相当大きな書庫でもいっぱいになるかもしれない。

「そんなことをだれが決めたのか。その主張の正当性はどこから来るのか」とわたしたちは問いたい。正当性がいくらかはあるとしても、それは社会から来るべきであって、企業の経営者や顧問弁護士から来るものではない。

企業は行政をはじめとする実に多くの公的・半公的機関に支えられているし、製品やサービスを買ってくれる社会の人々にも支えられている。企業と社会的問題は分けて考えるのが資本主義の正しい考え方、というのは道義的にありえない。

企業の唯一の社会的責任は合法的に儲けること、とミルトン・フリードマンが主張した1970年には、いまあるような根拠がまだなかった。ステークホルダーへの強い責任感から、そのさまざまな関心事と収益とのあいだにありうる関連性を、真剣に調べようとする企業がほとんどなかったのかもしれない。あるいは、高齢化とそれに伴う、急速に進化しつつある人々の意識に関連する「集団的」成熟社会を待たないと、企業の存在意義《パーパス》や活動に対する理解が深まらなかったのかもしれない。このことは、「超越の時代」において計り知れない役割を担っている。中年層以上の人々——いまや米国の成人人口の大半——が、自分自身のことよりもさまざまな問題に関心を示す傾向があることはすでに触れた。

こうした傾向を反映し、収益に直接関係のないさまざまな問題に関心を示す企業がますます増えている。そうした企業は、株主のために健全な収益を確保する義務があるのは理解しているが、収益中心ではない、この新たなステークホルダー・ビジネスモデルが収益アップにつながることを経験から学んでいる。

フリードマンが企業の存在意義《パーパス》についてあの発言をした1970年には、愛される企業が実践しているステークホルダー関係管理という戦略的システムをだれも明言していなかった。エドワード・フリードマンがこのテーマを論じた画期的な本の出版は、その14年後だった。

フリードマンの立場は、事業を始めるなら「儲けか、社会的責任か、どちらかにすべき」というものだ。一方、より広い観点を支持する人はこう考える。

「ステークホルダーへの責任も果たしていれば、儲けが金融アナリストの予測を上回る必要も、予測どおりである必要もない」

わたしたちはこのどちらにも「ノー」だ。本書で提唱しているビジネスモデルで「自己実現を達成している」企業なら、このどちらも可能だからだ。


ここでちょっと、企業の唯一の社会的責任は儲けること、というフリードマンの主張に仮に賛同したとしよう（もちろん賛同していないが、その前提で話を進める）。当然、企業としてできるだけ儲けようとする。これまで見てきたように、愛される企業のステークホルダー・ビジネスモデルのほうが、株主偏重モデルよりたいてい儲かっている。

であれば、合理的「フリードマン主義者」（としかいいようがない）なら、愛される企業のビジネスモデルを採用するのが、企業として最善の選択になるはずだ。株主の価値を増やすことに強い責任を感じるなら、ほかに理にかなった選択があるだろうか。


ここでもう一度、ミルトン・フリードマン、ホールフーズのジョン・マッキー、サイプレス・セミコンダクターのT・J・ロジャースの、あの白熱の誌上討論を思い出してほしい。『リーズン』誌はこの後、双方の主張に対して読者から寄せられた意見を多数掲載した。なかにはこんな意見もあった。

「スターバックス、ＲＥＩ、ホールフーズといった企業がこれ見よがしに社会的責任に取り組んでいるのは、それによって**生存競争で優位になれるからだ**。これこそ資本主義のルールを再確認するものであり、従来のルールに取って代わるものではない」[11]（強調著者）

わたしたちは、資本主義の従来ルールの再確認どころか、生存競争で優位になれる資本主義ルールが変化している確固たる証拠だと考えている。生き残りたい企業は、もっと愛される企業のリーダーのように行動し、生存の可能性を高めたほうがいい。

新たな時代はすでに始まっている。市場原理主義者は、株主の権利という大義名分を振りかざし、「企業は社会問題に関わるべきではない」と理屈を主張するだけであとはお咎めなし、というわけにはもういかない。

これは道義性の問題ではなく、21世紀の健全な企業経営に関わる問題なのだ。株主偏重ビジネスモデルを擁護する企業は、想像を超える豊かな機会を自らの手で奪っている。

未来の先頭を走る企業は、ほぼ間違いなく、複雑さの向こう側へ渡りきって「愛される企業」に生まれ変わる企業なのだ。

謝辞

愛される企業の財務分析を手伝ってくれたジョン・ウォーデンとアレックス・ロメロに感謝申し上げたい。ステークホルダー・アプローチによる企業評価の仕方についていろいろとお話を伺った、リック・フレイジャーにもお礼を申し上げたい。その洞察力や提言は大変ためになった。ジェフ・チェリーとピーター・ダービーにも本当にお世話になった。

原書初版［2007年］はおかげさまで多くの方々に読まれてきた。その方々からいただいたご意見が、今回改訂するにあたって大変貴重なものとなった。次の方々には特にお礼を申し上げる。ジョン・マッキー、キップ・ティンデル、シュブロ・セン、アビリオ・ディニス、フレッド・コフマン、リカルド・ジル、ダグ・ローチ、ダグ・レヴィ、ランド・スタジェン、ヴィニット・タネジャ、キラン・グルラジニ、マネシュ・シュリカント博士、ハーシュ・マリワラ、デバシス・チャタージー、ヴィネータ・サルヴィ、トニー・ブオーノ、アラン・ホフマン、マイケル・ゲルブ、ハワード・ベハール、ヨンスル・クウォン、マイケル・リー、アシュウィニ・マルホルタ、スドゥハカル・ラム、ケタン・メータ、アシュンク・デサイ、R・スンダール、ロイ・スペンス。

本書で説明している基準に沿った企業評価作業を数年にわたっておこなってくれた、ベントレー大学の教え子たちに、ラジ・シソーディアから感謝の気持ちを伝えたい。また、編集作業を手伝ってくれた娘のマヤにも、ありがとうと伝えたい。

原書初版を改訂するよう熱心に励ましてくれた、ジョイ・レイマンとスハス・アプトに、ジャグから感謝の気持ちを伝えたい。調査を手伝ってくれた、イスハン・デイ、アールヤ・ブディラジャ、ローハン・パレクにも感謝している。最後に、サポート業務をしてくれた助手のニコール・スミス、どうもありがとう。

［付録］「愛される企業」の概要

（※企業データは2023年2―3月時点調べ）

米国の公開会社

アドビ Adobe

ゼロックス社のパロアルト研究所からスピンアウトした多くの企業のひとつ。1982年設立で、ページ記述言語「ポストスクリプト」の開発・販売に至った。現在は、マルチメディアやクリエイティブを向上させる製品に重点を置いている。アドビはイノベーション中心の企業であり、その使命は、クリエイター向けパブリッシング・ソリューション、企業向けパブリッシング・ソリューション、ドキュメント・ソリューション、デジタルイメージ・ソリューションの製品やサービスを提供するトップ企業であり続けること。自社の価値観やステークホルダーとの関わりを、企業倫理として次のように表明している。「インテグリティと透明性のある事業活動をおこない、従業員、お客様、取引先、パートナー、株主、コミュニティと、信用と信頼性を築き、深めてまいります」。持続可能性、倫理規範、従業員満足で高い評価を受けているほか、「働きがいのある会社」ランキングでも常に上位に入っている。年次人事評価を廃止し、従業員への継続的なフィードバックをおこなっている。従業員それぞれに合わせた「個人能力開発計画」があり、どのように学んで成長したいかを柔軟に選べるようになっている。

アマゾン・ドット・コム Amazon.com

１９９４年創業の、世界トップのオンライン小売企業。売上高４６９８億ドル、ありとあらゆる種類の商品を取り扱っている。ひたすら顧客中心の企業、と自社を位置づけていることは、その行動規範にある、「カスタマー・オブセッション〔お客様を中心に考えることにこだわる〕」「イノベーション〔革新〕」「バイアス・フォー・アクション〔スピード感ある意思決定や行動〕」などを見ても明らかだ。また、「アマゾン・パブリッシング〔書籍出版〕」「アマゾン・スタジオ〔テレビ・映画制作・配給〕」「キンドル・ダイレクト・パブリッシング〔個人出版〕」などでコンテンツクリエイターへの発表の機会提供もおこなう一方で、「アマゾン・ウェブサービス（ＡＷＳ）〔クラウドコンピューティングサービス〕」が提供している技術プログラムをソフトウェア開発者にも利用できるようにしている。こうしたイノベーションや人々が前に進む支援をする精神が、企業としてのアマゾンの核となっている。

ウォルト・ディズニー Walt Disney

パーパスは、人々を幸せにすること。この目標を達成するもっとも重要な方法が、優れたカスタマーケアと、前向きなメッセージを込めたコンテンツ作りだ。パークやリゾートを完璧な状態に保ち、いつでも「ショーをおこなえる準備」を整えている。「積極的なフレンドリーさ[1]（困っていそうなお客様がいたら積極的に声をかける）」で、どのお客様にも、大切にされていると感じてもらえるようにしている。その独自の組織文化は、４つの価値観（イノベーション、組織的支援、教育、エンターテインメント）に焦点を絞っている。[2]初めてテーマパークで働くスタッフは全員、「ディズニー・インスティチュート」ですばらしいサービスを提供するための研修を受ける。従業員へのこうした投資が、サービスの質の高さにも、従業員の連帯感や誇りにもつながっている。

オートデスク Autodesk

３Dデザイン、エンジニアリング、エンターテインメントソフトウェアの分野で世界をリードしている。アイデアを実際に構築したり創造したりする前段階で、企画・視覚化・シミュレーションを可能にしている。ユーザーは1億人を超え、フォーチュン１００社も多く利用している。その優位性は、アカデミー賞の「最優秀視覚効果賞」を何年も連続受賞していることからもわかる。パーパスは、よりよい世界を心に描き、デザインし、創造するお手伝いをすること。

カーマックス CarMax

「米自動車小売業でもっとも称賛されている企業」であり、『フォーチュン』誌「働きがいのある企業１００社」に18年連続で選ばれている。２００８〜２０１２年には、『トレーニング・マガジン』誌の研修部門で上位１２５社入りしたほか、企業平等指数（ＣＥＩ）でも高得点評価。創業の目的は、中古車購入を、高レベルの誠意と信頼に基づくものに改革すること。125の検査項目と12時間に及ぶ部品取り替えを経た安全な中古車を幅広く取り揃え、面倒なやりとりも値切り交渉も一切なしで販売している。30日間の全額返金保証もある。

クアルコム Qualcomm

1985年創業の世界的な半導体企業。デジタル通信技術製品の設計、製造、販売で世界をリードしている。目標は「世界一革新的なワイヤレスソリューションを提供すること」であり、「イノベーションは、企業活動以上のもの、わたしたちそのものなのです」とうたっている。その取り組みは、ワイヤレス業界を驚異的なペースで成長させ、世界でもっとも成長スピードのある業界として、何十億人もの暮らしを変えている。「多様性があり、インクルーシブで、心理的安全性が高く、刺激的な職場」と評価されている。

グーグル Google

『フォーチュン』誌の「アメリカでもっとも働きがいのある企業」に8回選ばれている。従業員は、「やりとりを促し（中略）仕事の話でも遊びの話でも、会話につながることを意図した」オープンコミュニケーションの企業文化を享受し、フレックス制度や託児所などの恩恵を受けている。[3] 検索エンジン、Gメールなど、さまざまなテクノロジーのサービスや製品を提供している。いずれも、利用者の暮らしをより手軽で効率よくするためのものだ。グーグルが掲げる「10のファクト」は運営の基本方針を示したもので、「ユーザーに焦点を当てれば、ほかのすべては勝手についてくる」「悪事を働かなくてもお金は稼げる」などがある。

コグニザント Cognizant

信用情報会社ダンアンドブラッドストリート（D&B）の専属システム部門として1994年に独立し、1996年に親会社以外へのサービスを開始。同社のパーパスは、クライアント企業の事業プロセス、技術ノウハウ、業界の深い専門知識、世界的リソースの活用と強化。顧客満足度は業界トップレベル。2011年には、収益の97パーセントが既存顧客からであるほか、4年連続で、クライアントの85パーセント超が非常に満足と回答している。企業文化は、エンパワーメントとたゆまぬ自己啓発を重視。従業員は、会社の目標に合わせて能力を発揮するのではなく、公私ともに目標達成につながる道を進むよう奨励されている。無償教育やテクノロジーの活用を通じ、人類にプラスの影響をもたらすことを目指している。

コストコ Costco

倉庫型スーパーで世界を牽引。年間売上2兆2270億ドルで、賃金、労働環境ともに業界トップクラス。無条件返品制度［現在は条件あり］と、全商品のマージンの上限設定で、顧客からの信頼とロイヤルティが非常に高い。倉庫型店舗——世界で849店舗——に、電化製品、食品、アパレル、スポーツ用品など、実にさまざまな商品を取り揃え、1億2300万人いる会員に、ほかより常に安い価格で提供している。新規進出する前には、代表者がその地域のさまざまなステークホルダーと話し合い、どんな懸念材料にも取り組むようにしている。サプライヤーには敬意を持って対応し、女性およびマイノリティが経営するビジネスに対しても平等な機会を提供しようとしている。

コルゲート・パルモリーブ Colgate-Palmolive

オーラルヘルス、パーソナルケア、ペットフードなどでよく知られているブランドの製品を数多く製造・販売。次の5つを優先事項として挙げている。より健康な暮らしを促進する、コミュニティに貢献する、消費者を喜ばせ地球に配慮した製品を提供する、一滴の水も無駄にしない、環境への影響を削減する。このそれぞれがさまざまな取り組みに反映されている。1991年には「明るい笑顔、明るい未来」プログラムを立ち上げ、10億人を超える子どもたちに無料の歯科検診や教育プログラムを提供。2002~2020年で、製造過程の水の使用量を半減。パッケージ、水の使用量、輸送燃料のいずれも少なくて済む濃縮タイプの製品も投入している。「敬意あるリーダーシップ」の考え方を支持し、従業員のワークライフ・バランスでも非常に高く評価されている。

サウスウエスト航空 Southwest Airlines

ほかの航空会社とは違うやり方に努めている。サウスウエスト体験のベースにあるのはシンプルさと楽しさであり、セルフサービスのチェックイン機で手続きしたら、機内で好きな座席に座り、おつまみとノンアルコール飲料を無料で楽しめる。客室乗務員もほかの従業員も、最高のカスタマーサービス提供という目標のために協力し合い、楽しい環境づくりに注力している。従業員が参加できる「ユニバーシティ・オブ・ピープル（人間大学）」は、個人・職業人・リーダーシップとしての能力開発のほか、カスタマイズの研修を提供している。

シュルンベルジェ Schlumberger

石油関連のさまざまなサービスを提供。『フォーブス』誌は世界屈指のイノベーション企業に挙げている。[4] その成功ぶりは、サービスや技術の質の高さ、世界的な存在感のおかげでもある（売上高の3分の2以上が海外市場でのもの）。[5] 誠実さと公正さで高い評判を維持しているだけでなく、できる限り質の高いサービスの提供にも注力している。「ファウンデーション・ファカルティ・フォー・ザ・フューチャー（未来のための才能基金）」は、発展途上国の女性が科学・工学分野で大学院での研究を続けられる奨学金を提供している。[6]

スターバックス Starbucks

世界最大のコーヒーチェーン店。全米の1万5873店舗を含めて84カ国に約3万5711店舗を展開。1971年に、コーヒー豆の焙煎と販売をおこなう店をシアトルに開いて以来、急速に拡大し、1987年以降は、毎日平均2店舗のペースで新規開店している。収益322億ドル超、従業員40万人超。コーヒー、紅茶、ペイストリーを単に提供する場を超えて、集いの場となっている。コーヒーはすべて倫理的に仕入れ《エシカルソーシング》たもので、「C.A.F.E.」などのプログラムで持続可能なコーヒーの木の栽培奨励にも努めている。働きがいのある会社としての評価も高く、すべての従業員に対し、その階級に関係なく配慮と敬意がある企業文化。顧客ロイヤルティも非常に高い。

チポトレ Chipotle

全米展開のレストランチェーンで唯一、持続可能な供給元から材料を調達し、地元のオーガニック製品や合成ホルモン剤非投与の牛の牛乳を使った料理を提供。持続可能なオーガニック素材の料理を、ほかのファストフードチェーン店に負けない価格で提供していることで知られている。ブリートスなどのメキシコ料理を手軽に食べられるカジュアルレストラン3000店超を所有・運営している。すべてのステークホルダーを尊重し、利用客に対しては、ファストフードの概念を変える「チポトレ体験」の提供に努めている。持続可能な農産物を利用し、そうした作物の栽培農家の支援プログラムを供給源に組み込むことで、環境に配慮している。

チャブ保険 Chubb

1882年設立の、財産および損害保険の世界的企業。すべてのステークホルダーに最高のサービスを提供すべく、可能性の限界に挑み続けている。法的義務を超えたサポートができる方法を常に見出そうとし、顧客への責任をなんとしてでも果たそうとしている。リーダーシップは、収益ばかりに注目するのではなく、正しいおこないへの献身を常に示している。ヘンドン・チャブは「当社は保険契約書の文言にとらわれず、保険金を請求どおり支払う方法を模索する企業です」と発言している。

１９０６年、初期の経営幹部だったパーシー・チャブは、ブリーフケースいっぱいの現金を抱えてアメリカを横断し、サンフランシスコ地震とその後の火事の被災者から請求された保険金を支払った。この支払いで蓄えを使い果たして破産寸前になったが、この大災害による保険請求をすべて支払ったのは同社だけだった。ジョン・フィネガンＣＥＯ（執筆当時）が次のように述べている。「わたしたちは、好業績を達成しているだけでなく、従業員、顧客、投資家に対し、常に尊厳、公正、敬意を持って対応する企業として広く認められていることを特に誇りに思っております」

ティー・ロウ・プライス T. Rowe Price

金融サービス業界で信頼が高い。グロース投資の父、といわれる創業者トーマス・ロウ・プライス・ジュニアは、お客様の成功あっての成功と確信して顧客の利益を第一に考えた。投資の世界における社会的責任は、投資家やその家族にとって健全な投資判断となるよう知識と技術を伝えること、と考えている。子どもたちが節約やお金のことを学べるオンラインゲームを開発したのもその一環だ。パーパスは、顧客や普通の人々に健全な投資のアドバイスをおこない、豊かな未来づくりを支援すること。

ノードストローム Nordstrom

こぢんまりとした靴店として１９０１年にシアトルで創業。現在は、アップスケールのアパレル小売業として米国屈指の規模に成長している。米国内の３３９店舗、カナダ国内の13店舗のほか、オンラインで世界中から利用できる。目標は「一度にひとりのお客様に対し、傑出したサービスを日々提供すること」「お客様とスタッフにとって最善の結果となる意思決定に努めること」[7]。安心の返品制度など、カスタマーサービスがしっかりしていることで定評があり、多様な従業員に権限を与えている。「ノードストローム・ケア」プログラムで、米軍兵役経験者への支援と、従業員への健康プログラムの提供に努めている。

ハーレーダビッドソン Harley-Davidson

120年の歴史があり、さまざまな激動、所有権の移り変わり、品質問題、世界的な競争激化を乗り越え、クラシックデザインのバイクを取り揃えた、いかにもアメリカらしい企業としての地位を確立。そのパーパスは「個人の自由という夢を叶えます」。熱狂的な厚いファン層を育んでいる。初心者ライダーに25時間講習をリーズナブルな料金で提供している。これだけ象徴的なブランドになったおかげで、ブランドのライセンス事業で年4000万ドル近くを稼いでいる。従来の顧客層に留まらず、ヤングアダルト、女性、ヒスパニック、アフリカ系アメリカ人もターゲットにし、さらなる成長を狙っている。

パネラ・ブレッド Panera Bread

同社の企業文化の主要素は、思いやりだ。繁栄、コミュニティ、個人、従業員の将来を気にかけている。従業員への思いやりは、よそに引けを取らない給与や福利厚生に表れている。2173店のべーカリーカフェはすべて「伝統的な本物の焼きたてのパンをくつろいだ環境で素敵な仲間が提供する」ことに注力している。[8] カジュアルレストランのなかで、顧客ロイヤルティがもっとも高く、ベスト・カジュアルダイニングと顧客サービスで常にトップにランキングされている。売れ残りのパンや焼き菓子などは、満足に食べられない人の救済機関や慈善団体にすべて寄付している。「パネラ・ケア」カフェは、払える分だけ支払ってもらうことで、飢えの撲滅を目指している。

フェデックス FedEx

世界初の翌日配達サービス企業。いまや220を超える国と地域に事業を展開している。その「空路と陸路の統合ネットワーク」——トラックと航空機の同時活用——は、物流業界の大変革につながった。[9] 顧客への高品質サービスの提供と、すべてのステークホルダーとの互恵関係の構築に力を入れている。創業CEOフレッド・スミスは「あらゆるフェデックス体験を傑出したものにする」よう努めているという。いわゆる「パープル・プロミス」だ。[10]「安全性の文化」の促進は、従業員のための安全な職場環境の総合教育、安全対策改善提案チーム、労働者の安全を確保するための最高級装備やテクノロジー、といった対策にもよく現れている。[11] スミスCEOによると、同社の成功は絶え間ない改善にかかっており、「毎年欠かさず、サービス改善の取り組みに多大な投資をおこなっている」。[12]

ホールフーズ・マーケット Whole Foods Market

1978年に「セイファーウェイ（Safer Way）」として開業した。「できるかぎり最高品質の自然食品、オーガニック食品」を提供することに力を入れている。オーガニック農業を支援し、多様なエネルギー源を活用しているほか、利益の少なくとも5パーセントを慈善団体に寄付している。『フォーチュン』誌が「働きがいのある会社100社」のランキングを開始した1998年から2017年まで、毎年ランクインしていた。核となる価値観には、顧客満足、チームメンバー支援、利益と成長を通じた富の創造、地元や世界のコミュニティ支援、環境スチュワードシップの実践、サプライヤーなどステークホルダーとのウィンウィンの関係構築などがある。店舗ごとに自己管理型チームがあり、店の運営に関する意思決定をおこなう権限が与えられている。ホールフーズの運営には、すべてのステークホルダーが重要であることが「相互依存宣言」に詳細に記されていた［2017年にアマゾン・ドット・コムに買収され、現在は未公開会社］。

ボストン・ビール・カンパニー Boston Beer Company

1984年設立。創業者ジム・コッチは醸造家の6代目であり、ベイン・アンド・カンパニーの元コンサルタント。最初の株売り出しの2カ月後、同社のサミュエル・アダムズ・ボストン・ラガーが、デンバーで開催される「グレートアメリカン・ビアフェスティバル」で最優秀ビールに選ばれている。醸造技術を単なる工程としてではなく、匠の技として極め、最高品質のビールを造る、というパーパスが大きな売りにもなっている。さらに、米国産ビールの品質に対するアメリカ人の考え方を変えるべく、美味しいビールの味わい方の啓蒙活動をおこなっている。[13] サミュエル・アダムズは、The Great American Beer Festival の消費者投票において、世界中のどのビールよりも多く「The Best

Beer in America」に選ばれている。[14] 働きがいのある企業としても高評価で、従業員が常に成長し続けられるよう、研修に力を入れている。

マスターカード・ワールドワイド MasterCard Worldwide

お金を扱ってはいるが、お金がすべてではないことをよく理解している。大成功の「プライスレス」キャンペーン（「お金で買えない価値がある。買えるものはマスターカードで」）は、人生でもっとも大切なものはお金では買えないことを認めている。それ以外の買えるもの一切に関して「現金を超えた利便性の高い社会」に向かって努力している。働きがいのある会社としての評価も高く、多様性と研修の分野でも高ランクであり、2013年以来連続で企業平等指数100パーセントを獲得している。価値中心のアプローチで業界でのリーダー的立場へ着実に前進している。

マリオット・インターナショナル Mariott International

ルートビア［ノンアルコール炭酸飲料］の売店として1927年創業。いまや世界的企業に成長し、139の国と地域に8000軒を超えるホテルを運営している。世界一のおもてなし企業であることを目標とし、その実現のために力を入れているのが、核となる価値観「なによりも人を大切にする。卓越性を追求する。変化を受け入れる。誠実に行動する。世界に貢献する」だ。[15] その企業文化と従業員待遇は広く知られている。元CEOのビルことJ・W・マリオット・ジュニアは、リーダーが従業員にかける言葉として一番重要なのは、「あなたはどう考える？」だと信じている。したがって「なによりも人を大切にする」同社の考え方は、ビル・マリオットによれば次のように要約される。「従業員を大切にすれば、従業員がお客様を大切にしてくれる。大切にされたお客様はまた何度でも利用してくれる（中略）そうなれば、利益と市場シェアの獲得につながり、最終的にはビジネスの成功につながる」[16]

3M（スリーエム）

アメリカの多国籍製造業のリーダー。年間売上354億ドル、従業員9万5000人。70カ国で事業展開している。イノベーションに特に力を入れ、製造品目は6万点に及ぶ。リーダーシップ、企業文化ともに新しいアイデアを重視し、企業全体で追求している。また、環境への影響にも大きな関心があり、1975年に「3Pプログラム」（Pollution Prevention Pays）を立ち上げ、多くの企業とくらべてずっと早い時期から、環境への影響に対する意識が高い。同プログラムを通じて、汚染削減のさまざまな新アイデアに取り組み、コスト削減や製品への付加価値にもつなげている。以前からよく知られている「15％カルチャー」は、勤務時間の15パーセントを使い、新製品のアイデアや既存製品の改良点を考案するよう奨励している。

IBM（アイビーエム）

コンピュータのハードウェア、ソフトウェアの製造および販売のほか、インフラ、ホスティング、コンサルティングサービスを提供している。170を超える国々で働く30万人弱の従業員のなかには、ノーベル賞、アメリカ国家技術賞、アメリカ国家科学賞ほか、さまざまな賞の受賞者がいる。アメリカのどの企業よりも特許取得数が多く、この29年間毎年連続で特許数でトップ。パーパスは、テクノロジーの活用によって、医療、教育、環境問題、経済発展などの重要な分野において、世界がうまく機能する手助けをすること。従業員の満足度が非常に高く、多様性に力を入れていることはよく知られている。その長い歴史のなかで、影響力や好業績を示して来たほか、パーパス（purpose）、人（people）、地球（planet）にも引き続き貢献している。

JMスマッカー J.M. Smucker

１２５年以上にわたり、家庭で楽しんでもらえる高品質の飲食料品を提供。全米でもっとも信頼できる広告主として、市民団体ペアレント・テレビジョン・カウンシル［現ペアレント・テレビジョン・アンド・メディア・カウンシル］から何度も評価されている。２００４年には『フォーチュン』誌の「もっとも働きがいのある企業１００社」で第1位。正直、尊重、信頼、責任、公正など、創業者の強い倫理的価値観がいまも規範となっている。すべてのステークホルダーに対する取り組みを、次のように非常に明確に述べている。「当社を成り立たせている方々――消費者、顧客、従業員、サプライヤー、コミュニティ、株主――との相互コミットメントが、当社のパーパスを１００年以上にわたって維持できている原動力です[17]」

UPS United Parcel Service（ユナイテッド・パーセル・サービス）

1907年にメッセンジャー会社として創業。いまや世界最大の貨物運送会社であり、輸送およびロジスティックの各種サービスを、220を超える国と地域に提供。事業活動の効率の高さでよく知られ、働きがいのある会社としても評価が高い。持続可能性に注力し、さまざまなイノベーションや功績がある。事業活動は拡大しても、温室ガス排出は削減している。従業員とその家族がおこなったボランティア活動が2400万時間、同社が慈善事業に寄付した総額は約1億2000万ドル。『トレーニング・マガジン』誌「研修部門トップ125企業」入り、ハリス・インタラクティブ「評判ランキングトップ10」入り、『フォーチュン』誌「世界でもっとも称賛される企業」の配送部門1位など、受賞歴も多い。

米国の非公開会社

インターステート・バッテリーズ Interstate Batteries

テキサス州ダラスに本拠地を置き、1952年の創業以来バッテリーを販売。サーバント・リーダーシップ、全ステークホルダーへの共感と深い同情（エンパシーとコンパッション）、黄金律の体現化など、聖書の教えに基づいたパーパスがある。「とことん信頼できる」サービスへの注力で知られる。主として従業員の宗教心に基づいた社会奉仕の文化がしっかり根づいている。ステークホルダーの二ーズを理解するためにさまざまな調査をおこなっているほか、ステークホルダーへの対応がトレードオフ思考にならないよう注意している。職場環境もすばらしく、従業員にはしっかりした健康保険を用意し、従業員ロイヤルティも高く、その90パーセントが、自社は強固な価値観と倫理観で企業活動をおこなっている、と回答している。環境への取り組みも熱心で、年間2700万個以上のバッテリーをリサイクルしているほか、スクラップバッテリーのリサイクルと輸送に関する専門知識はトップレベルで、使用済みバッテリーをアメリカ全土から回収している。

ウェグマンズ Wegmans

アメリカでもっとも愛されている食品小売業。「従業員尊重を優先する」雰囲気づくりに努め、高い基準、影響、尊重、エンパワーメントに力を入れている。お客様に最高のサービスを提供するには、従業員のニーズを満たすことが先決、という考えだ。正社員、パートともに充実した福利厚生があり、すべての従業員を支援する環境を整えている。ほかのスーパーマーケットと比べて店舗が広く、品揃えもはるかに多い（平均的スーパーが4万点なのに対し、ウェグマンズは7万点を超えている）。フードバンクへの寄付、高齢者用バス、子ども向けヘルシー料理教室などでコミュニティに恩返ししている。[18]

オネストティー Honest Tea

混ぜ物なしの、自然でヘルシーなお茶の製造に努めている。使命は「美味しくて本当にヘルシーなオーガニック飲料の製造・促進」と「製品をつくる際の誠心誠意で事業を成長させること」（「ミッションステートメント」より)。模範的な企業市民を目指し、誠心誠意の理想に基づいて行動し、従業員、サプライヤー、顧客、コミュニティとの強い関係性を維持する、とある。2010年には、「ハフィントン・ポスト(現ハフポスト)」の「革新的な社会的責任企業8社」に挙げられている。がん研究への寄付のほか、グリーン・アメリカ〔環境に配慮した倫理的消費の啓蒙〕、米オーガニック・トレード協会、シティ・イヤー〔低所得層地域の教育支援〕などの団体と提携している。[19]

クリフバー Clif Bar

アスリートやハイカーなど、活動量が多い人向けに高エネルギーバーを製造している。オーガニック材料の使用割合を着実に増やし、環境の持続可能性へのさまざまな取り組みにも着手している。「5つの志」モデルは、ビジネス、ブランド、人々、コミュニティ、地球、の5つを持続させるというもの。従業員にさまざまな社会奉仕活動に関わることを奨励し、トレーニング、マッサージ、ヘアカットなどのサービスが職場で受けられる福利厚生もある。コミュニケーションの核となる5つの価値観は「創造、刺激、つながり、責任感、自分らしくあること」。2014年までの10年にわたり複利17パーセント成長で、離職率は3パーセント未満の超低水準を維持している。[20]

ザ・コンテナストア The Container Store

時間給労働者の給与が業界平均の約2倍である点などが評価され、「働きがいのある企業」に選ばれていた。設立の基本理念である「基本原則」は「従業員、顧客、サプライヤーに敬意と尊厳を持って接する」ことを核としている。また、「優れた社員は普通の社員3人分の仕事をする」という考え方が、厳しい採用基準で選び抜いた従業員の厚遇につながり、ひいては、従業員のコミットメントとロイヤルティにもつながっている。さらに、「コミュニケーションこそリーダーシップ」と考え、「率直、正直、ありのまま、徹底的」コミュニケーションを重視していることも成功のカギとなっている。顧客に対し「ベストな商品選択・サービス・価格」を提供するよう努めている。従業員と顧客にとって「活気ある店の雰囲気」を維持しようとしている。[21]

ザ・モトリーフール The Motley Fool

「世界最大の投資コミュニティ構築に専念」している投資顧問会社。「株主利益を擁護し、個人投資家を常に支援」している。価値観として、協力、イノベーション、楽しさ、正直、競争力などを挙げている。通信社経由で同時掲載される週刊新聞のコラム、全米対象のラジオ番組、書籍を通じて、顧客を開拓している。ベストセラーになった書籍もいくつかある。「道化師を意味する社名のとおり、常識にとらわれない」企業文化で、従業員は「日々、自分の情熱にしたがう自由を享受」している。同社の「フーランソロピー［道化師＋社会貢献事業］」は、お金の教育を提唱する慈善的な取り組みを支援し、「お金をうまく管理して」よりよい投資につながること目指している。[22]

ジョーダンズ・ファニチャー Jordan's Furniture

ボストンに拠点を置く、アメリカ屈指の家具小売店。ショッピングとエンターテインメントのユニークな組み合わせ「ショッパーテイメント」を提供している。店舗ごとに、IMAXシアター、モーションライド、マルディグラパレード、アクロバットといったエンターテインメントを用意している。頻繁なバーゲンセールや大量の販促活動などの業界慣行には従わず、顧客がバーゲンセールまで買い控えなくて済むよう、日々「安値」を提供している。マーケティング費用は同業他社よりはるかに少ないが、売り場1平方フィートあたりの売上は何倍も高い。従業員を大切にし、サプライヤーとは互恵関係を築き、コミュニティ活動も非常に活発。1999年にバークシャー・ハサウェイに買収されたとき、全従業員のそれまでの労働時間1時間につき50セントをプレゼントした。

ストーニーフィールド・ファーム Stonyfield Farm

「持続可能な農業を学ぶ農学校」としてスタート。創業者のサミュエル・ケイメンとゲイリー・ハーシュバーグはもともと、この農学校の資金づくりのためにヨーグルトを販売していたが、やがて、農学校よりもヨーグルト会社のほうが変化をもたらせそうだと気づいた。いまでは、「何百軒という家族経営農家を支援」し、殺虫剤も化学肥料も使わない健康的なオーガニック製品づくりに取り組んでいる。2010年に「生産者持続可能性ツールキット（Grower Sustainability Toolkit）」を導入し、「サプライヤーの、労働者待遇、エネルギーや水の使用、公正さ」を判断する高い基準を設けている。[23] ヨーグルト製品と環境への取り組みの双方で数々の受賞歴がある。1993年以来、同社の「プロフィット・フォー・ザ・プラネット」プログラムはさまざまな環境団体に1500万ドルを寄付している。「ヘルシーな食品、ヘルシーな人、ヘルシーな地球、ヘルシーな企業[24]」へのさらなる取り組みに力を入れている。

タケダ・オンコロジー Takeda Oncology

バイオ医薬品企業。「がん治療の未開拓分野を広げる」ことを目指す、と「タケダが買収したミレニアム製薬の」元社長アンナ・プロトパパスが語る。そのため「研究者の個人的決意と、社会通念を受けつけないこと」を要とする「科学的試みに精力的」に取り組んでいる。給与面と福利厚生面が優れているとして、『フォーチュン』誌「働きがいのある会社100社」に選ばれている。従業員は、単なる作業としてではなく、「進歩と革新への情熱に突き動かされて」働いている。教育や医療の各種プログラムや患者支援団体に補助金を出している。[25]

ティンバーランド Timberland

アウトドアのアパレルおよびフットウエア企業。「ビジネスで世界によい影響を与えることは可能、という信念」に基づいて創業。企業市民として「個人の価値観と使命を日々の仕事に」融合させる重要性を支持している。[26]そのために力を入れているのが「人、価値、パーパス、情熱」であり、そのことが従業員の満足、積極的な関わり、奮起につながっている。従業員ひとりひとりを尊重し、ジェフリー・シュヴァルツ元CEOは「心を開いてもらい、理解しようとしている」。[27]従業員ボランティアプログラムがあり、年に最大20時間（パートタイム従業員の場合）～40時間（フルタイム従業員の場合）の社会奉仕活動を有給休暇扱いしている。「持続可能な生活環境」プログラムは、同社の工場で働く労働者と管理職が生活の基本的ニーズを満たせるよう徹底している。[28]

ドリスコルズ Driscoll's

「新鮮さ、味、品質、いずれも最高級のベリー類を1年中[29]」お届けすることに力を注いでいる。そのため、異花受粉などの自然栽培法を用い、「味わい深く、見栄えよく、病気や寒さに強い[30]」ベリー類を確実に育てられるようにしている。同社の「グローバル・フード・セーフティ」プログラムは、米食品医薬品局が定めている「農業生産工程管理（GAP）」の規範に基づいており、自社栽培のベリー類はすべて安全かつ無毒を保証している。[31] J・マイルズ・ライターCEOは同社の使命を「顧客とベリー農家を結び、消費者にいつでもベリーを味わっていただくこと」と語る。[32]

トレーダージョーズ Trader Joe's

食料品の買い物を「家事から文化体験」へ高めている。[33] その「型にはまらない取り組みと姿勢」でほかのスーパーマーケットから際立っている。ユニークな品揃え、気の利いた手書きPOP、楽しく読ませる月刊ニュースレターや、特売はせず可能なときにサプライヤーから直接購入して常に価格を抑えるなど工夫している。[34] おそらく一番重要なのは、顧客にフィードバックしてもらい、その意見にしっかり耳を傾けていることだろう。サプライヤーにとっては「理想の取引先です。期日どおりに支払ってくれるし、従来のスーパーのように（中略）掛け売りでトラブルになることもありません[35]」。同社によると、成功の真の秘訣は従業員であり、従業員が尊重され、大事にされていると感じる環境を維持している。「それぞれが最善の力を発揮できるよう、自然体でいられるのびのびとした環境がなければ、成長はありえません」[36]。おかげで、従業員はフレンドリーだし、楽しく仕事をしている様子に、利用客も気づいている。当然、従業員のロイヤルティは高く、離職率も低い。

ニューバランス New Balance

「責任あるリーダーシップ」を信奉し、「お返しする、職場環境を改善する、触媒や指導者として行動するよう従業員に促す」ことをベースにしている。「すべての人にアピールする」同社は、アメリカでの製造にもこだわり、スポーツシューズの主要メーカーで唯一、全シューズの25パーセントを国内製造している[37]。従業員の安全性を重視し、自社の「サプライヤー行動規範」に従ってくれるサプライヤーとのみ取引している。100パーセント再生紙を靴箱に使用するなど、「環境に優しい素材」でカーボンフットプリントの削減にも取り組んでいるほか、「ニューバランス財団」で、子どもの肥満防止などさまざまな運動に注力している[38]。

パタゴニア Patagonia

登山などアウトドア活動の器材や道具を製造するこぢんまりとした企業としてイヴォン・シュイナードが創業。大自然を愛する気持ちがいまも原動力となっている。環境改善に積極的に取り組み、「世界中のさまざまな草の根環境保護団体に、時間、奉仕活動、売上の少なくとも1パーセント」を寄付している。スポーツウェアの製造には再生ポリエステルやオーガニックコットンを用いている。

企業理念は「最高の製品をつくり、不要な害を与えず、ビジネスを通じて環境危機問題への解決策をインスパイアし、実行すること[39]」。

バリー＝ウェーミラー Barry-Wehmiller

米中西部の、年間売上30億ドルを超える産業機器コングロマリット。人が中心のリーダーシップと「規律ある運営戦略および目的主導の成長」を重視している[40]。「人が中心のリーダーシップ」の考え方は、企業や組織が強い影響力を発揮することで世界をよりよくすることが可能、という信念に基づいている。その「リーダーシップ行動指針」の重点は、信頼、誇り、前向きなコミュニケーション、公平な従業員待遇がベースにある職場環境づくりにある[41]。ロバート・チャップマンCEOのビジョンは、従業員を満足させてその能力を引き出すこと。「当社のパーパスはすばらしい人間づくりにある[42]」

プラナ prAna

社名は「生命力、呼吸」を意味するサンスクリット（梵語）で、ロッククライミングとヨガを中心に、いまやスポーツカジュアルウエア業界のリーダー的存在。製造における高い意識と持続可能性を特に重視している。レーヨンの使用廃止を目指して段階的に減らし、オーガニックコットンの割合を増やしている。瞑想指導者を招き、従業員が日々の仕事にマインドフルネスを取り入れられるようにしている。毎日、午後3時の鐘が鳴ると、全従業員が1分間瞑想している。２０１２年に、労働環境、トレーサビリティ、サプライチェーン全体の健全性で上位1パーセントに入るブランドとして、

Free2Work（フリートゥーワーク）に認められたほか、持続可能性でもっとも革新的な企業として、グローバルソーシング・カウンシルの「持続可能かつ社会的責任賞」を受賞している。[43]

ボナペティ・マネジメント・カンパニー Bon Appetit Management Co.

企業や大学などへのカフェやケータリングサービスをおこなっている。料理の専門知識と、社会的責任の実践への強いこだわりで知られている。季節の新鮮な食材で一から作る、ヘルシーで栄養のある料理を提供している。１９８７年創業。社員食堂の質を高めたい、と考える、当時まだ新しかったタイプの企業へのケータリングから始まった。見た目だけでなく味もいい食材を求め、地元から仕入れることにしたのが１９９９年。ここから、「農場から食卓まで（Farm to Fork）」や、食物に関わる持続可能性の無数の課題に取り組み始めた。この方面のパイオニア的活動でさまざまな受賞歴がある。ザ・プリンストン・レビュー社の「全米の大学の学食1位」に何度も選ばれている。イギリスで株式を公開しているコントラクトフードサービスの多国籍企業コンパス・グループの子会社。

メソッド Method

幼なじみのアダム・ローリーとエリック・ライアンが環境に優しいソープと洗剤の会社を立ち上げたのは、どの洗剤も単調なデザインでつまらない――しかも環境に優しくない――と気づいたのがきっかけだった。新たなアイデアと「新しいことを試してみる」ことに重点を置き、ユニークさと機能性を兼ね備えたボトルやパッケージをデザインしている。[44]また、無害な生分解性製品づくりに取り組み、「販売する製品はすべて、環境に変化をもたらす要因が少なく、安全かつ持続可能な原材料を用い、責任をもって製造する」ことを目指している。[45]「高級志向デザインを環境科学と結びつける」やり方は大成功している。[46]

ユニオンスクエア・ホスピタリティ・グループ Union Square Hospitality Group（USHG）

高評価の人気レストランを数多く所有し、（「アメリカの料理界のアカデミー賞」ともいわれる）ジェームズ・ビアード賞を28回受賞している。その企業理念の根底にあるコンセプト「見識あるホスピタリティ」を「ポジティブなエネルギーを永続させる好循環」と定義している。「ほっこりする」エネルギーを社内で生み出して「お客様、コミュニティ、サプライヤー、そして最終的には当社の支援者」へ広げていく考え方だ。[47] そのためには「従業員第一」の考え方がきわめて重要である。２０１０年にはコンサルティング事業「ホスピタリティ指数」をスタートさせ、同社の成功につながっている考え方とメソッド「尊重され、丁重に扱われている、とお客様に感じてもらう技術」[48]を広めることを目指している。また、「飢餓を軽減する取り組みや都市環境の美化など、さまざまな団体の支援に時間やリソースを割いている」[49]。

GSD&M

サウスウエスト航空、ヒルトン、ユニバーサル・パークス&リゾーツなどをクライアントに抱える広告代理店で、「パーパスに基づいたブランディング」を支持している。パーパスは「クライアントがそのパーパスを実現できるよう、クライアントのビジネス成長のために必要なことはなんでもする」こと。この理念を支えている6つの価値観が、責任ある自由、好奇心、獲得、コミュニティ、誠実さ、活動性。また、9・11後の「I Am an American（わたしもアメリカ人です）」、ハリケーン・カトリーナ後の「Hope Is Stronger than a Hurricane（希望はハリケーンより強い）」などの公共広告を通して社会を変える一役も担っている。1986年のポイ捨て反対キャンペーンのスローガン「Don't Mess with Texas（テキサスをなめるなよ）」は話題となり、広告殿堂入りしている。[50] また、「パーパス・インスティチュート」を設立し、クライアント企業がより次元の高いパーパス意識に目覚められるよう後押ししている。

IDEO（アイディオ）

世界中に拠点があるデザインコンサルティング会社で、世界屈指のイノベーティブ企業といわれている。「人間中心」かつ「デザインベース」のアプローチで、「潜在している、ニーズ、習性、願望などを明らかにし」「製品、サービス、スペース、インタラクティブ体験」のデザインを支援することで、人や企業に役立つ方法を模索している。社長兼CEOのティム・ブラウンは、同社の「デザイン思考」を「イノベーションへの人間中心のアプローチ」であり、そこには「人々のニーズ、テクノロジーの可能性／将来性、ビジネスを成功させるための必要条件」が統合されている、と語る。[51]

L・L・ビーン L. L. Bean

1912年の創業以来、高品質のアパレルおよびアウトドア用品を販売。創業者レオン・レオンウッド・ビーンは「質のよい製品を手頃な価格で販売し、心をこめて接客すれば、必ずまた戻ってきてくれる」という自身の黄金律で経営した。元社長兼CEOのクリストファー・マコーミックによると、優れたカスタマーサービスの重視がいまも同社の成長の核となっている。「環境に対し責任あるやり方で業界のベストプラクティスを活用する」経営に取り組み、包装の削減、リサイクルプログラム、代替燃料使用の輸送、エネルギー保存、紙などの天然資源の持続可能なマネジメントに力を入れている。アウトドア活動、保健福祉、教育、アート・文化に関連するさまざまな慈善団体への支援もおこなっている。[52]

REI（アールイーアイ）

アウトドア用品小売の生活協同組合。「品質、性能、デザイン、機能性」を備えたアウトドア用品やウエアを取り扱っている。アウトドアのボランティア活動の促進や、NPOへの資金提供でコミュニティを支援している。「持続可能な事業展開」プログラムで環境改善にも取り組む。これは「環境への影響を削減することを目指す取り組み」であり、温室効果ガスの排出量の削減、リサイクル、エネルギー使用といった問題に力を入れている。『フォーチュン』誌「働きがいのある企業100社」にも何度も選ばれている。[53]

SASインスティチュート SAS Institute

アナリティクスソフトウェアの企業。世界でもっとも働きがいのある企業ランキングの常連で、保育手当、無制限の病気休暇のほか、無料健康管理センターが職場にあるなど、福利厚生が充実している。「データに基づいた、収益確保のための意思決定」につながる「高度なアナリティクス」により「ビジネスチャンスを予測し、行動し、インパクトを与える」手助けをしている。顧客と真剣に関わる姿勢は、強い顧客ロイヤルティにつながっている。同社のソフトウェアはフォーチュン500社の80パーセント近くに利用されている。「話しやすい、顧客中心、迅速機敏、革新性、信頼性」の価値観に力を入れ、世界中の企業の「イノベーションを促して業績をアップさせる」お手伝いをしている。[54]

SCジョンソン社 SC Johnson

1886年創業。洗剤等の各種ブランドは、世界中の国々で販売されている。常に誠実であろうとする姿勢が「私たちの理念」に表れている。「当社が責任を果たし、信頼を得なければならない5つのステークホルダーグループ」を、従業員、消費者、社会、地域社会、国際社会としている。できるだけ環境に優しい製品を目指し、絶えず製品改善に取り組み、「グリーンリスト」プロセスで「高性能を維持し、コスト効率の良い、環境に対して一番責任のある原材料」の選定をおこなっている。透明性への取り組みとして、製品の原料に関する詳しい情報を whatsinsidescjohnson.com で確認できるようにしている。2015~2020年で、同社の温室効果ガス排出量を30パーセント近く削減した。[55]

TDインダストリーズ　TDIndustries

競合他社との差別化ポイントとして、従業員をパートナーとして重視している点が挙げられ、それも理由のひとつとなって、『フォーチュン』誌「働きがいのある企業」に選ばれていた。2011年の同誌が「建設会社の大半は労働者と請負契約をしているが、同社は違う。従業員持株制度のある同社はフルタイム雇用で、福利厚生も完備している」とコメントしている。[56] ひとりひとりに対する思いやりと信頼、違いの尊重、誠実さ、信頼関係の構築、公正、責任ある行動、企業倫理の高さといった価値観に基づいて事業活動をおこなっている。[57] スムーズな運営のために、経営陣とパートナー（従業員）が互いに意見をよく聞き、尊重し合わなければならない、と考えている。従業員を大切にする姿勢は、業界屈指の無事故記録にもつながっている。

TOMS（トムズ）

2006年に創業し、「ワン・フォー・ワン」プログラムで一躍有名になった。靴が一足売れるたびに、恵まれない子どもに一足寄付するプログラムで、2020年時点で1億足超を寄付している。また、サングラスが1本売れるたびに、その利益の一部を発展途上国で度付きメガネや目の治療に役立ててもらえるよう寄付し、2011年以来、78万人の視力回復につながっている。創業者ブレイク・マイコスキーは、この会社があるおかげで、自身の情熱である「旅行、実地援助、独創的な起業家精神」を融合できる、と語る。[58]「持続可能で責任あるやり方を企業活動のすべてに統合させることに専念し」、植物由来や持続可能な素材（天然麻、オーガニックコットン、再生ポリエステルなど）でできた靴を提供。靴箱にも80パーセント再生原料が使われている。[59]

USAA（ユー・エス・エイ・エイ）

米軍関連のコミュニティを対象に金融サービスを提供。その使命は「会員、組合員とその家族の経済的安全性を円滑にする」こと。「奉仕、ロイヤルティ、公正、誠意」の価値観に基づいて設立された。同社の非営利組織である「USAA教育財団」は、消費者への「お金の管理、安全性の懸念、ライフイベントに関する情報提供」をおこなっている。環境への意識も高く、省エネ、リサイクル、紙や水の使用量削減などに取り組んでいる。慈善団体「ユナイテッド・ウェイ」への寄付で、子どもや家族、兵役経験者、高齢者向けのさまざまプログラムを支援している。[60]

WLゴア&アソシエイツ W.L. Gore & Associates

ユニークな平等主義の文化がある、テクノロジーおよび製造業。よくある役職名はほとんどなく、いわゆる「上司」というものが存在しない。[61]チームベースの企業文化で、それぞれが自発性と能力を発揮するよう促している。従業員は入社1年後に株主となり、それが当事者意識や自主性につながっている。エレクトロニクス製品、ファブリクス製品、工業用製品、メディカル製品における革新的技術ソリューションの提供で知られている。高い「倫理的行動基準」があり、その技術力を活かして、代替エネルギー、廃棄物管理、空気濾過といった環境問題の解決につながる製品を生み出している。[62]

米国以外の企業

イケア IKEA（スウェーデン）

年間売上４４６億ユーロ超、62カ国に４６０店舗を展開する、世界最大の家具小売企業。業界の革命児であり、しゃれたデザインの製品を非常に魅力的な価格で提供している。店内には託児所や食堂もあり、イケアならではのショッピング体験を提供している。働きがいのある会社としての評価も高く、環境スチュワードシップでも優れた実績をあげている。

インディテックス Inditex（スペイン）

アパレル製造および小売企業。「ザラ」や「マッシモドゥッティ」などのブランドで６４００店舗以上を世界で展開。ほぼ全製品を自社でデザインして製造し、週2回、店舗に直送することで、最新トレンドを常に維持している。２００１年に採用した「社会戦略」には、すべての主要ステークホルダーとの意見交換、社内行動規範、全サプライヤーに対する社会的責任監査などが盛り込まれている。

ジェムアルト Gemalto（フランス）

デジタルセキュリティ分野のトップ企業として、ソフトウェア・アプリケーション、スマートカードやトークンなどの安全なパーソナルデバイス、マネージドサービスなどを提供。「デジタル世界に信頼と利便性をもたらし」「自由になるためのセキュリティ」を提供している。元CEOオリビエ・ピウが次のように述べている。「この新たな世界に信頼と利便性をもたらすことが、わたしたちが責任を持ってお届けしているものです。それは崇高な社会的役割なのです[63]」

シプラ Cipla（インド）

インドが医療保健分野で自立し、自給自足できることを目指して1935年に創業。いまや世界屈指のジェネリック医薬品メーカーであり、170カ国以上で販売している。さまざまな患者のニーズに応える国際レベルの医薬品を手頃な価格で提供していることで知られている。また、コンサルティング、委託、設備管理、搬送の技術的ノウハウおよびサポートなどのサービスも提供している。特に、アフリカをはじめ世界中のエイズ患者の治療にもたらしたその画期的影響はよく知られ、法外な価格の治療薬をようやく入手可能な価格にした。

タタ・コンサルタンシー・サービシズ TCS（インド）

タタ・グループのひとつで、時価総額ではインド最大。従業員60万人、55カ国で事業展開、ITサービス、ソリューション、コンサルティングを提供している。『フォーブス』誌「世界でもっとも革新的な企業」にランクイン。その価値観と文化の元にある「タタ・ウェイ」で、高いレベルの誠実さ、すべての個人の尊重、コミュニティへの深いかかわりを徹底している。

トヨタ（日本）

世界最大の自動車メーカー。その製造方式も、燃費が良く信頼できる耐久性の高い車の製造も、よく知られている。「プリウス」は高燃費ハイブリッドカーを他社に先駆けて普及させた。市場シェア目標を追求し始めたことで、品質への高い信頼性がやや損なわれた時期もあったが、そうした問題を是正し、いまはまた価値中心の経営に戻っている。

ノボ ノルディスク Novo Nordisk（デンマーク）

１００年の歴史がある世界的な製薬会社。最重要パーパス「糖尿病に打ち克つ」は、予防、治療はもちろん、最終的には根治を目指している。世界の80カ所にオフィスがあり、１７０カ国に医薬品を販売している。企業倫理と品質への取り組み、尊重と説明責任に基づく企業文化で知られている。「トリプルボトムライン」をいち早く取り入れ、すべてのステークホルダーのための価値創造に努めている。「ノボ ノルディスク ウェイ」に「私たちが何者であるか、どのように働くのか、何を目指しているのか」が示されている。[64] 勤続年数が長い社員が「ファシリテータ」として世界中の支社を回り、「ノボ ノルディスク ウェイ」を遵守して運営されているか、ベストプラクティスがシェアされているか、確認している。

ファブインディア FabIndia（インド）

インドの伝統的な衣類や手工芸品の育成に特化している小売企業。インド国内に327店舗あるほか、海外にも14店舗を展開している。「インドの多様な伝統工芸を市場に出す手段の必要性を満たし、雇用の創出と維持を支援する固い信念」で創業。現代的なデザインと地元の職人技を組み合わせることで、いまの消費者にアピールする魅力的かつ手頃な価格の製品を生み出している。[65]

ポスコ POSCO（韓国）

『フォーチュン』誌によると、世界でもっとも評価の高い金属会社であり、規模、効率、環境への配慮で世界屈指の鉄鋼メーカー。ステークホルダー中心の経営方針を支持し、すべてのステークホルダーに愛される企業として、価値創造に努めている。サプライヤーが力をつけていけるよう、さまざまな方法で支援していることは特筆に値する。鉄鋼の製造方法を大きく改善し、エネルギー消費と汚染を大幅削減した技術を世界中の鉄鋼業界の企業にシェアしている。

ホンダ Honda（日本）

世界トップクラスの自動車およびバイクメーカーであり、エンジンの世界最大のメーカーでもある。工学技術の高さとイノベーションの伝統で昔から知られている。すべてのステークホルダーを満足させている見事な実績もある。オープンな職場文化で働きがいのある会社であり、顧客満足とロイヤルティが高く、サプライヤーとの関係性も非常に高く評価されている。

マヒンドラ&マヒンドラ Mahindra & Mahindra（インド）

自動車製造からリゾートホテル経営まで、幅広く事業を展開。各事業に共通のパーパスは「人々の向上を可能にすること」。この核となるパーパスから生まれた動機を次のように表現している。「型にはまった考え方に異議を唱え、持てるすべてのリソースを新しい発想で活用し、ステークホルダーや世界中のコミュニティの暮らしに前向きな変化をもたらす、つまり、向上できるようにする」[66]

マリコ Marico（インド）

革新的かつ目的意識の高い、一般家庭用品企業。その組織構造はフラットで、平社員からCEOまで5段階しかない。「サプライヤー、農家、販売店、株主など、すべてのステークホルダーが真の資質を最大限発揮できるよう支援し、それぞれの暮らしを変えていくこと」に注力している。[67]「サフォラ」ブランドがその好例で、食用油その他製品はすべて「ハートケア」の考え方に基づき、インド国内の心臓病発生率を減らすという、より高次のパーパスがある。

ユニリーバ Unilever（イギリス）

ユニリーバの製品が世界中で34億の人々に利用されているのは、そのブランド力のおかげだと認識し、そのブランド力で暮らしの質を向上させること、正しいことをおこなうことを常に信念としている。CEOポール・ポールマン（執筆当時）のリーダーシップのもと、貧困、安全な飲料水、環境悪化といった地球規模の課題が人類すべてに関わっていることを認識し、それぞれ具体的な措置を講じている。自社の企業活動がもたらす影響の大きさへの配慮がその価値観に組み込まれ、企業アイデンティティの根底となっている。

BMW（ドイツ）

「究極のドライビングマシン」づくりに邁進している世界屈指の自動車メーカー。環境の持続可能性への取り組みで業界をリードしていることは注目に値する。『フォーブス』誌の「世界の高評価企業ランキング」第1位に選ばれた。「購入、推薦、働きがい、投資先としての魅力が、企業イメージによるものが60パーセント、製品イメージによるものが40パーセント」であることなどがその評価の理由となっている。[68]

FEMSA フェムサ（メキシコ）

メキシコおよび南米で最大の飲料会社で、コカ・コーラの瓶詰めをおこなっている独立企業としては世界最大。メキシコ国内ではコンビニの最大チェーンも運営している。しっかりした経営と、「人間の尊厳より重要な経済的配慮など一切ない、という人間主義の考え方が根づいた」企業文化で昔から知られている。経済的安定、健康福祉、環境確保、イネーブルメント、行動する自由、評価、成長、卓越、の8段階から成る人材活用プラットフォーム「従業員のための社内価値提案」がある。[69]

28 同社サイト。
29 同社サイト。
30 同上。
31 同上。
32 "Driscoll Announces Organizational Changes." *The Produce News*. N.p., n.d.
33 Kowitt, Beth. "Inside the Secret World of Trader Joe's." *CNNMoney*, August 23, 2010.
34 Llopis, Glenn. "Why Trader Joe's Stands Out From All the Rest in the Grocery Business." *Forbes*, September 5, 2011.
35 Kowitt, Beth. 前掲サイト。
36 Lewis, Len. "Fostering a Loyal Workforce at Trader Joe's." *Workforce*, June 2, 2005.
37 Yahoo Finance Company profile.
38 同社サイト。
39 同社サイト。
40 同社サイト。
41 同上。
42 Marchwinski, Chet. "Robert Chapman, Chairman and CEO of Barry-Wehmiller Companies, Inc: "Guiding Principles of Leadership"" *Lean.org*. Lean Enterprise Institute, n.d.
43 Frank Polleti のご協力に感謝する。
44 Adler, Carlye. "Method Home Cleans Up With Style and (Toxic- Free) Substance." *Time*, May 3, 2011.
45 同社サイト。
46 White, Martha. "Eric Ryan, Co-Founder of Method." *Slate Magazine*, July 18, 2011.
47 Cardwell, Diane. "Spreading His Gospel of Warm and Fuzzy." *The New York Times*, April 23, 2010.
48 同上。
49 同社サイト。
50 同社サイト。
51 同社サイト。
52 同社サイト。
53 同社サイト。
54 同社サイト。
55 同社サイト。
56 *Fortune*, "Best Companies to Work For 2011."
57 同社サイト。
58 Bates, Karen Grigsby. "'Soul Mates': Shoe Entrepreneur Finds Love in Giving." *NPR*, November 26, 2010.
59 同社サイト。
60 同社サイト。
61 *Fortune*, "100 Best Companies to Work For 2012."
62 同社サイト。
63 同社サイト。
64 http://www.novonordisk.com/about_us/novo_nordisk_way/nnway_ about.asp. [リンク切れ]
65 同社サイト。
66 同社サイト。
67 同社サイト。
68 Smith, Jacquelyn. "The World's Most Reputable Companies." Forbes.com, June 7, 2012.
69 同社サイト。

5 Tapscott and Ticoll 前掲書、pg. 19。
6 ジョン・マッキー、ミルトン・フリードマン、T.J. ロジャースによる誌上討論 “Rethinking the Social Responsibility of Business,” *Reason*, October 2005, pp. 28–37.
7 同上、マッキーの発言。
8 この箇所はベントレー大学の MBA 学生 Diane M. Hartung のおかげである。
9 ワシントン D.C. にあるジェファソン記念館の碑文より。
10 Jonathan Rowe, “Reinventing The Corporation—Corporate Responsibility,” *The Washington Monthly*, April 1996.
11 *Reason*, January 2006.

❖付録

1 Gallo, Carmine. “Customer Service the Disney Way.” *Forbes*, April 14, 2011.
2 Lipp, Doug. “The Four Circumstances Driving Disney’s Organizational Culture.” *CommPRO.biz*. N.p., 10 April 2013.
3 Google.com, “Our culture.”
4 “Schlumberger on the Forbes World’s Most Innovative Companies List.” *Forbes*, May 2013.
5 Sreekumar, Arjun. “Why Schlumberger’s Profits Soared.” *Fool.com*. The Motley Fool, October 22, 2013.
6 同上。
7 https://www.comparably.com/companies/nordstrom/mission
8 Panera.com: Our History.
9 “On the Record: FedEx CEO Frederick W. Smith.” *SFGate*. San Francisco Chronicle, February 22, 2009.
10 同上。
11 同上。
12 Dumaine, Brian. “FedEx CEO Fred Smith on... everything.” *CNNMoney*. CNN, May 11, 2012.
13 Kesmodel, David. “Revolutionizing American Beer.” *The Wall Street Journal*, April 19, 2010.
14 The Boston Beer Company, Our Company; About Us, http://www.bostonbeer.com/about-us (accessed January 31, 2023).
15 同社サイト。
16 Schawbel, Dan. “J. W. Marriott Jr.: From Root Beer Stand to Global Hotel Company.” *Forbes*, February 4, 2013.
17 同社サイト。
18 同社サイト。
19 同社サイト。
20 Frank Polleti のご協力に感謝する。
21 同社サイト。
22 同社サイト。
23 Kaplan, Melanie D.G. “Stonyfield Farm CEO: How an Organic Yogurt Business Can Scale.” *SmartPlanet*. CBS Interactive, May 17, 2010.
24 同社サイト。
25 同社サイト。
26 Bonamici, Kate. “TIMBERLAND: THE SHOE-IN.” *CNNMoney*, January 23, 2006.
27 Bryant, Adam. “What Makes You Roar? Jeffrey Swartz Wants to Know.” *The New York Times*, December 19, 2009.

Profits, and Lasting Value, Boston: Harvard Business School Press, 1996.〔フレデリック・F・ライクヘルド『顧客ロイヤルティのマネジメント――価値創造の成長サイクルを実現する』抄訳版、伊藤良二監訳、山下浩昭訳、ダイヤモンド社、1998 年〕
36 トヨタ「環境社会報告書」2003 年度版。
37 UPS 2004 年度年次報告書、pg. 5.
38 http://www.IKEA-group.IKEA.com/corporate/work/why.html.〔リンク切れ〕
39 Lance Secretan, "Love and Truth," *Worthwhile,* September/October 2005, pg. 34.
40 米イケアウェブサイト。
41 Frances X. Frei, "Rapid Rewards at Southwest Airlines," Harvard Business School Case 9-602-065, pg. 3.
42 Betsy Snyder as quoted by Staff Writer, Philips Business Information, "Southwest May Not Be #1, But it Sure Looks Like the Leader," *Airline Financial News,* Potomac, November 24, 2003, pg. 3.
43 S. Kamata, *Employee Welfare Takes a Back Seat at Toyota,* Pantheon Books, 1982.〔鎌田慧『自動車絶望工場』新装増補版、講談社、2011 年。初版は徳間書店、1973 年〕

❖第10章

1 Gary Hamel, "Strategy as Revolution," *Harvard Business Review,* Vol. 74; Issue 4; July/August 1996, pg. 69.
2 同論文。
3 デイビッド・ウォルフが本書とは別の書籍執筆のためにおこなった 2003 年のインタビューより。
4 http://sustainability.ups.com/overview/letter.〔リンク切れ〕
5 http://www.business-wisdom.com/articles/pdfs/BusinessesDemonstrate.pdf.〔リンク切れ〕
6 http://www.business-wisdom.com/artilces/pdfs/businessdemonstrate.pdf.〔リンク切れ〕
7 この囲み部分は、ベントレー大学の MBA 学生 Joanne Girdlestone, Mehmet Agyuz, Sameer Mundhra の論文に基づいている。
8 M. Lewis, "The Irresponsible Investor," *The New York Times Magazine,* June 6, 2004.
9 SEC 8/13/04, File 333-114984, Accession Number 1193125-4-139655, pg. 32.
10 Matthew Boyle and Ellen Florian Kratz, "The Wegmans Way," *Fortune,* January 24, 2005, pg. 62.
11 Tom Kelley and Jonathan Littman, *The Art of Innovation* (New York: Double Day 2001) pg. 95.〔トム・ケリー、ジョナサン・リットマン『発想する会社!――世界最高のデザイン・ファーム IDEO に学ぶイノベーションの技法』鈴木主税、秀岡尚子共訳、早川書房、2002 年〕
12 同書。原書 pg. 4。
13 "Seriously Silly" (interview with David M. Kelley, CEO and founder of IDEO) *Business Week,* September 13, 1999, pg. 14.
14 Arthur Lubow, "Wowing Warren," *Inc. Magazine,* March 2000.

❖第11章

1 Jennifer Reingold, "Walking the Walk," *Fast Company,* November 2005, pg. 83.
2 Don Tapscott and David Ticoll, *The Naked Corporation,* Free Press, 2003, pg. xii.
3 James O' Toole, *The Executive's Compass: Business and the Good Society,* Oxford University Press 1995.
4 Robert Wright, *Nonzero: The Logic of Human Destiny,* Vintage 2001.

April 2004, Volume 13, Issue 2, pp. 83–93.
15 Hilary Duckett and Elspeth Macfarlane, "Emotional Intelligence and Transformational Leadership in Retailing," *Leadership & Organization Development*, 2003, Volume 24, Issue 5/6, pp. 309–317.
16 Benjamin Palmer, Melissa Walls, Zena Burgess, and Con Stough, "Emotional Intelligence and Effective Leadership," *Leadership & Organization Development Journal*, 2001, Volume 22, Issue 1, pg. 5.
17 L. Melita Prati, Ceasar Douglas, Gerald R. Ferris, Anthony P. Ammeter, and M. Ronald Buckley, "Emotional Intelligence, Leadership Effectiveness, and Team Outcomes," *International Journal of Organizational Analysis*, 2003, Volume 11, Issue 1, pp. 21–40; "elevates the team's emotional state": B.E. Ashforth and R.H. Humphrey, "Emotion in the Workplace: A Reappraisal," *Human Relations*, 1995, Volume 48, Issue 2, pp. 97–125; "inspires members to perform with more enthusiasm": K.M. Lewis, "When Leaders Display Emotion: How Followers Respond to Negative Emotional Expression of Male and Female Leaders," *Journal of Organizational Behavior*, 2000, Volume 21, pp. 221–234.
18 Ashforth and Humphrey, 1995. 前掲論文。
19 Victor Dulewicz and Malcolm Higgs, "Leadership at the Top: The Need for Emotional Intelligence in Organizations," *International Journal of Organizational Analysis*, 2003, Volume 11, Issue 3, pp. 193–210.
20 Stephen Bernhut, "Primal Leadership, with Daniel Goleman," *Ivey Business Journal*, May/June 2002, Volume 66, Issue 5, pp. 14–15.
21 同論文。
22 トヨタのウェブサイト。
23 Kevin Kelly, *Out of Control*, Addison-Wesley Publishing Company, 1994, pg. 348.〔ケヴィン・ケリー『「複雑系」を超えて——システムを永久進化させる9つの法則』服部桂監修、福岡洋一、横山亮共訳、アスキー、1999年〕
24 William E. Schneider, "Why Good Management Ideas Fail: The Neglected Power of Organizational Culture," *Strategy & Leadership*, January/February 2000, Vol. 28, Issue 1, pg. 24.
25 コストコのウェブサイト。
26 "Southwest Airlines' Herb Kelleher: Unorthodoxy at Work." *Management Review*, June 1995, pg. 10.
27 Andrew Tilin, "The Smartest Company of the year: And the Winner is... Toyota," *Business 2.0*, January/February 2005, pp. 67–72.
28 コストコのウェブサイトの投資家セクション。
29 Martha Peak, "Harley-Davidson: Going Whole Hog to Provide Stakeholder Satisfaction," *Management Review*, June 1993.
30 Francis Fukuyama, *Trust: The Social Virtues and The Creation of Prosperity*, New York: The Free Press, 1996.〔フランシス・フクヤマ『「信」無くば立たず——「歴史の終わり」後、何が繁栄の鍵を握るのか』加藤寛訳、三笠書房、1996年〕
31 Samsong Fang and Brian H. Kleiner, *Management Research News*, 2003, Volume 26, Issue 2-4. pg. 116.
32 Takeo Doi, translated by John Bester, *The Anatomy of Dependence*," Kodansha International, Tokyo and New York, 1990, pg. 7.〔土居健郎『甘えの構造』増補普及版、弘文堂、2007年。初版は1971年〕
33 Don Tapscott and David Ticoll, *The Naked Corporation: How the Age of Transparency Will Revolutionize Business*, New York: Free Press, 2003.
34 UPS press release. "Sustainable Business Practices Crucial to Viable Economy, Says UPS." November 14, 2003.
35 Frederick F. Reichheld and Thomas Teal, *The Loyalty Effect: The Hidden Force Behind Growth*,

6 Kay, 前掲論文。
7 "Harley-Davidson Foundation." http://www.harley-davidson.com/CO/FOU/en/foundation.asp?locale=en_US&bmLocale=en_US, April 2005. ［リンク切れ］
8 James E. Austin, "The Invisible Side of Leadership," *Leader to Leader*, No. 8 Spring 1998.
9 *New Balance Community Connection Program Associate Handbook.*
10 Michael E. Porter and Mark R. Kramer, "The Competitive Advantage of Corporate Philanthropy," *Harvard Business Review*, December 2002, Vol. 80, pp. 56–68.
11 Arturo Barrios, U.S. athlete. *Running With the Legends*, Michael Sandrock, 1996.
12 http://www.naturalstep.org/about/partners.php. ［リンク切れ］
13 Patagonia. Harvard Business School Case Study, pg. 15.
14 http://www.patagonia.com/enviro/organic_cotton.shtml, April 14, 2004. ［リンク切れ］
15 http://en.wikipedia.org/wiki/Corporation.
16 *New Internationalist*, "A Short History of Corporations," July 2002.
17 Jessica Lewis, "The Only Lifeline was the Walmart," *Fortune*, October 3, 2005, pp. 74–80.
18 Janet Guyon, "The Soul of a Moneymaking Machine," *Fortune*, October 3, 2005, pp. 113–120.
19 Ryuzaburo Kaku, "The Path of *Kyosei*," *Harvard Business Review*, July-August 1997.
20 同上 pg. 122.

❖第9章

1 Mark C. Crowley, "How SAS Became The World's Best Place To Work," *Fast Company*, January 22, 2013.
2 James L. Heskett, "Southwest Airlines 2002: An Industry under Siege," Harvard Business School Case 9-803-133, pg. 8.
3 James Parker quoted by Staff Writer, Philips Business Information, "Southwest May Not Be #1, But it Sure Looks Like The Leader," *Airline Financial News*, Potomac, November 24, 2003, pg. 3.
4 Thomas Kell and Gregory T. Carrott, "Culture Matters Most," *Harvard Business Review*, May 2005.
5 Heike Bruch and Sumantra Ghoshal, "Unleashing Organizational Energy," *Sloan Management Review*, Fall 2003, pp. 45–51.
6 Bruch and Ghoshal, 同論文。
7 Charles Handy, "What's a Business For?" *Harvard Business Review*, December 2002.
8 http://www.pwcglobal.com/Extweb/service.nsf/0/24F4F9C7A641894680256C7D00586A48?opendocument#one. ［リンク切れ］
9 http://www.thefreedictionary.com/asset.
10 Konosuke Matsushita, *Quest for Prosperity*, 1988. 松下幸之助『真の豊かさを求めて――日本人経営者の行き方、考え方』〔PHP 研究所、1988 年〕の英語版。
11 ヒューレット・パッカード経営研修会でのデビッド・パッカードの発言（1960 年）。http://64.233.161.104/search?q=cache:rmc46F2vzfQJ:https://www.stanfordalumni.org/news/magazine/1998/julaug/articles/founding_ fathers/founding_fathers.html. ［リンク切れ］
12 トヨタのウェブサイト。
13 C. William Pollard, "The Leader Who Serves," *Strategy & Leadership*, September/October 1997, Volume 25, Issue 5, pg. 49.
14 Ranjit Voola, Jamie Carlson, and Andrew West, "Emotional Intelligence and Competitive Advantage: Examining the Relationship from a Resource-Based View," *Strategic Change*, March/

❖第7章

1 Jenn Abelson, "Nervous Rivals Gird for IKEA Opening; Stores Seek Ways to Compete on Selection and Price," *The Boston Globe*, November 4, 2005; Jenn Abelson, "Devotees, the Curious Flock to IKEA's Opening," *The Boston Globe*, November 10, 2005.

2 Tim Sanders, *Love Is the Killer App: How to Win Business and Influence Friends*, Crown Business, 2002.〔ティム・サンダース『デキる人の法則』若林暁子訳、角川書店、2002年〕

3 Kevin Roberts, *Lovemarks: The Future Beyond Brands*, powerHouse Books, New York, 2004, pg. 49.〔ケビン・ロバーツ『永遠に愛されるブランド ラブマークの誕生』岡部真里、椎野淳、森尚子共訳、ランダムハウス講談社、2005年〕

4 Bernie de Grote, "Companies In Crisis: Money, Relationships Aid In Recovery," *The University Record Online*, University of Michigan, November 1, 2004.

5 http://seekingalpha.com/article/1312991-southwest-airlines-40-consecutive-years-of-profits.

6 Jody Hoffer Gittell, *The Southwest Airlines Way: Using the Power of Relationships to Achieve High Performance*, McGraw-Hill, 2002, pg. 5.

7 Martha Peak, "Harley-Davidson: Going Whole Hog to Provide Stakeholder Satisfaction," *Management Review*, June 1993.

8 "Like-Minded Soles," *The Boston Globe*, July 4, 1994, Sect. 1, pg. 18.

9 John Yuva, "Leveraging Value From Supplier Relationships," *Inside Supply Management*, August 2005, pg. 20.

10 Lisa H. Harrington, "Buying Better," *Industry Week*, July 21, 1997, pg. 74.

11 Jerry Flint, "Until the Pips Squeak," *Forbes*, December 22, 2003, pg. 96.

12 Harrington, 前掲論文。

13 Dave Nelson, Patricia E. Moody, and Rick Mayo, *Powered by Honda: Developing Excellence in the Global Enterprise*, John Wiley & Sons, 1998.

14 *The Economist*, "The Union of Concerned Executives," January 22, 2005, pg. 8.

15 ジョン・マッキー、ミルトン・フリードマン、T.J. ロジャースによる誌上討論 "Rethinking the Social Responsibility of Business," *Reason*, October 2005, pp. 28–37.

16 同上。

17 Lorinda R. Rowledge, Russell S. Barton, and Kevin S. Brady, "Patagonia — First Ascents: Finding the Way Toward Quality of Life and Work," *Mapping the Journey, Case Studies in Strategy and Action Toward Sustainable Development*, Greenleaf Publishing, 1999.

18 同論文。

❖第8章

1 http://money.cnn.com/2012/07/17/smallbusiness/panera-ron-shaich.fortune/index.htm.［リンク切れ］

2 John Kay, "The Role of Business in Society," February 3 1998 (www.johnkay.com).

3 A.W. Cole からの手紙より（*The New York Times*; August 25, 1918).

4 Albert J. Dunlap and Bob Andelman, *Mean Business: How I Save Bad Companies and Make Good Companies Great*, Fireside, 1997.

5 Abraham Maslow, *Toward a Psychology of Being*, New York: John Wiley & Sons, 1968.〔アブラハム・H・マスロー『完全なる人間——魂のめざすもの』第2版、上田吉一訳、誠信書房、1998年〕

ネジメント——価値創造の成長サイクルを実現する』抄訳版、伊藤良二監訳、山下浩昭訳、ダイヤモンド社、1998年〕。同書は、顧客、従業員、株主のロイヤルティを調べ、この三者すべてのつながりを量的に示したうえで、顧客、従業員、株主が離れていく割合が低い企業の株主リターンがもっとも高いことを示している。
8 http://www.kenexa.com/getattachment/8c36e336-3935-4406-8b7b-777f1afaa57d/The-Impact-of-Employee-Engagement.aspx.〔リンク切れ〕
9 http://www.openforum.com/articles/how-employee-engagement-leads-to-higher-stock-prices.〔リンク切れ〕
10 Elizabeth J. Rozell, Charles E. Pettijohn and R. Stephen Parker, "Customer-Oriented Selling: Exploring the Roles of Emotional Intelligence and Organizational Commitment," *Psychology & Marketing,* June 2004, Volume 21, Issue 6, pg. 405.
11 Eduardo Araiza and Pablo Cardona, "L.L. Bean Latin America," *International Graduate School of Management,* Case #ISE088.
12 Jim Hightower, "A Corporation That Breaks the Greed Mold," *Working for Change,* http://www.workingforchange.com/article.cfm?itemid=16603, July 17, 2005.〔リンク切れ〕

❖第6章

1 http://www.federalreserve.gov/pubs/oss/oss2/scfindex.html.
2 Matthew Continetti, "I, Eliot," *The Weekly Standard,* March 7, 2005, Vol. 10, Issue 23, pp. 24–30.
3 http://www.firstaffirmative.com/news/sriArticle.html, as of Nov. 11, 2005.〔リンク切れ〕
4 Peter F. Drucker, *Managing for the Future: The 1990s and Beyond,* Truman Talley Books, 1992, pg. 237.〔P. F. ドラッカー『未来企業——生き残る組織の条件』上田惇生、田代正美、佐々木実智男共訳、ダイヤモンド社、1992年〕
5 同書。原書 pg. 235。
6 Frederick Reichheld, *The Loyalty Effect: The Hidden Force Behind Growth, Profits, and Lasting Value,* Harvard Business School Press, 1996.〔フレデリック・F・ライクヘルド『顧客ロイヤルティのマネジメント——価値創造の成長サイクルを実現する』抄訳版、伊藤良二監訳、山下浩昭訳、ダイヤモンド社、1998年〕
7 1992 *Annual Report,* Berkshire-Hathaway, Inc., pg. 20.
8 John Kay, "The Role of Business in Society," February 3, 1998 (www.johnkay.com).
9 Michael J. Gelb, *Lessons From the Art of Juggling: How to Achieve Your Full Potential in Business, Learning, and Life,* Harmony, 1994.〔マイケル・J・ゲルブ、トニー・ブザン『ジャグリングではじめる驚異の能力開発』翔泳社、1995年〕
10 Peter F. Drucker, *Management: Tasks, Responsibilities, Practices,* Harper & Row, 1974.〔P. F. ドラッカー『マネジメント［エッセンシャル版］——基本と原則』上田惇生訳、ダイヤモンド社、2001年〕
11 Richard Dobbs, Keith Leslie, and Lenny T. Mendonca, "Building the Healthy Corporation," *The McKinsey Quarterly,* 2005 Special Edition: Value and Performance.
12 Dobbs, Leslie, and Mendonca, 同論文。
13 John R. Graham, Campbell R. Harvey, and Shivaram Rajgopal, "The Economic Implications of Corporate Financial Reporting," 全米経済研究所（NBER）調査報告書 Number 10550, January 11, 2005.
14 Dobbs, Leslie, and Mendonca, 前掲論文。
15 *Business Week,* Upfront, August 8, 2005, pg. 12.
16 Jim Collins, *Good to Great.* New York: HarperCollins, 2001.〔ジム・コリンズ『ビジョナリー・カンパニー2　飛躍の法則』山岡洋一訳、日経BP、2001年〕

stress levels": K. S. Rook, "Social Support Versus Companionship: Effects on Life Stress, Loneliness, and Evaluations by Others," *Journal of Personality and Social Psychology*, 1987, Volume 52, Issue 6, pp. 1132–1147; "higher job satisfaction": N. Eisenberg R.A. Fabes, "Emotion, Regulation, and the Development Of Social Competence," in M. Clark (Ed.), *Review of Personality and Social Psychology: Emotion and Social Behavior*, 1992, Volume 14, pp. 119–150, Newbury Park, CA: Sage Publications; "higher organizational commitment": S.G. Scott and R.A. Bruce. "Determinants of Innovative Behavior: A Path Model of Individual Innovation in the Workplace," *Academy of Management Journal*, 1994, Volume 37, Issue 3, pp. 580–607; "increased creativity": T.P. Moses and A.J. Stahelski, "A Productivity Evaluation of Teamwork at an Aluminum Manufacturing Plant," *Group and Organization Management*, 1999, Volume 24, Issue 3, pp. 391–412; "lower turnover and higher productivity": P.E., Tesluk, R.J. Vance, and J.E. Mathieu, "Examining Employee Involvement in the Context of Participative Work Environments," *Group and Organization Management*, 1999, Volume 24, Issue 3, pp. 271–299.

34 Andy Serwer, "Southwest Airlines: The Hottest Thing in the Sky," *Fortune*, March 8, 2004, pg. 101.

35 Katie Hafner, "New Incentive for Google Employees: Awards Worth Millions," *The New York Times*, February 1, 2005, Section C, pg. 10.

36 www.trulyhumanleadership.com.

37 Elayne Robertson Demby, "Nothing Partial about These Benefits," *HR Magazine*, August 2003.

38 Henry Mintzberg, Richard T. Pascale, Michael Gould, and Richard P. Rumelt, "The Honda Effect Revisited," *California Management Review*, Summer 1996, Volume 38, No. 4, pg. 88.

39 この隠喩は Debashis Chatterjee（インド経営大学院コーリコード大学院長）。

40 Charles O' Reilly and Jeffrey Pfeffer, "Southwest Airlines (A): Using Human Resources as a Competitive Advantage," Harvard Business School Case HR-1A, pg. 7.

41 Kris Maher, "Human-Resources Directors Are Assuming Strategic Roles," *The Wall Street Journal*, June 7, 2003, pg. B8.

42 *Knowledge@Wharton*, "IKEA: Furnishing Good Employee Benefits Along with Dining Room Sets," April 6, 2004.

43 http://www.jordans.com/careers/reviewed on November 15, 2003.［リンク切れ］

44 Patricia Panchak, "Manufacturing in the U.S. Pays Off," *Industry Week*, December 2002, pp. 18–19.

❖第5章

1 Bill Breen, "Desire: Connecting with What Consumers Want," *Fast Company*, Feb. 2003, pg. 86.

2 先日のシカゴマラソンでランナーが履いていたモデル 991 のランニングシューズは、サイズと幅の組み合わせが 140 通りあった。

3 Daniel J. Levinson, et al., *The Seasons of a Man's Life*, Ballantine Books, 1978, pg. 223.〔ダニエル・J・レビンソン『人生の四季——中年をいかに生きるか』南博訳、講談社、1980 年〕

4 Abigail Trafford, *My Time: Making the Most of the Rest of Your Life*, Basic Books, 2003.

5 「ペルソナ」はラテン語で「仮面」の意。

6 最近はニューバランスも、野球選手とエンドースメント契約をし始めている。ナイキから新たに来たマーケティング担当トップの影響も一部あり、比較的若い層にアピールするための策だが、わたしたちは間違ったアプローチだと考えている。ニューバランスは中高年層を対象にしっかりポジショニングしているからだ。しかし、もっとも進歩的な考えの企業内でさえ、一般的な考え方が前に出がちである。

7 Frederick F. Reichheld, *The Loyalty Effect: The Hidden Force Behind Growth, Profits and Lasting Value*, Harvard Business School Press, 1996.〔フレデリック・F・ライクヘルド『顧客ロイヤルティのマ

12 Jeffery Pfeffer, "In Praise of Organized Labor," *Business 2.0,* June 2005, pg. 80.

13 Lois Caliri, "Harley-Davidson: Win-Win for Workers," *Central Penn Business Journal,* April 18, 1997.

14 Jody Hoffer Gittell, *The Southwest Airlines Way: Using the Power of Relationships to Achieve High Performance,* McGraw-Hill, 2002, pg. 169.

15 Gittell, 同書 pg. 243.

16 Michelle Breyer, "Whole Foods Market Woos its Staff," *Knight Ridder Tribune Business News,* June 6, 2003.

17 Leonard L. Berry, *Discovering the Soul of Service,* New York: The Free Press, 1999.〔レオナルド・ベリー『成功企業のサービス戦略――顧客を魅了しつづけるための9つの原則』和田正春訳、ダイヤモンド社、2001年〕

18 S. Kamata, *Employee Welfare Takes a Back Seat at Toyota,* Pantheon Books, 1982.〔鎌田慧『自動車絶望工場』新装増補版、講談社、2011年。初版は徳間書店、1973年〕

19 David Field, "Southwes Succession," *Airline Business,* April 2002, Vol. 18 Issue 4, pg. 34.

20 Leonard L. Berry, *Discovering the Soul of Service,* New York: The Free Press, 1999.〔レオナルド・ベリー『成功企業のサービス戦略――顧客を魅了しつづけるための9つの原則』和田正春訳、ダイヤモンド社、2001年〕

21 Arthur Lubow, "Wowing Warren," *Inc. Magazine,* March 2000.

22 "Seriously Silly"(IDEOの創業CEOデイビッド・M・ケリーとのインタビュー)*Business Week,* September 13, 1999. pg. 14; Tom Kelley and Jonathan Littman, *The Art of Innovation,* New York: Double Day 2001, pg. 95.〔トム・ケリー&ジョナサン・リットマン『発想する会社!――世界最高のデザイン・ファームIDEOに学ぶイノベーションの技法』鈴木主税、秀岡尚子共訳、早川書房、2002年〕

23 Pam Mendels, "When Work Hits Home: Few CEOs Seem to Realize That It Pays to Offer a Balance," *Chief Executive,* March 2005, Vol. 206.

24 SEC 8/13/04, File 333-114984, Accession Number 1193125-4-139655, pg. 28. http://www.secinfo.com/d14D5a.148c8.htm, April 11, 2005.

25 Gittell, 前掲書 pg. 157.

26 Brad Weiners, "Ricardo Semler: Set Them Free," *CIO Magazine,* April 1, 2004.

27 *Maverick: The Success Story Behind the World's Most Unusual Workplace* (1993) and *The Seven-Day Weekend: Changing the Way Work Works* (Portfolio, 2004).〔リカルド・セムラー『セムラーイズム 全員参加の経営革命』岡本豊訳、SBクリエイティブ、2006年、リカルド・セムラー『奇跡の経営 一週間毎日が週末発想のススメ』岩元貴久訳、総合法令出版、2006年〕

28 Weiners, 前掲論文。

29 Leslie Goff, "What it's Like to Work at Patagonia," *Computerworld,* November 2, 1999.

30 たとえば、Thomas Davenport, *Thinking for a Living: How to Get Better Performances and Results from Knowledge Workers,* Harvard Business School Press, 1995.〔トーマス・H・ダベンポート『ナレッジワーカー』藤堂圭太訳、ランダムハウス講談社、2006年〕など。ワトソンワイアット(現WTW)のようなコンサルティング会社も、ある状況下で「ぴったりの」福利厚生のコンサルティングを提供している。

31 Greg Gunsauley, "UPS Delivers Tuition Aid to Recruit Army of Part-Timers," *Employee Benefit News,* June 1, 2001.

32 Cliona Diggins, "Emotional Intelligence: The Key to Effective Performance," *Human Resource Management International Digest,* 2004, Volume 12, Issue 1, pg. 33.

33 以下より引用。L. Melita Prati, Ceasar Douglas, Gerald R. Ferris, Anthony P. Ammeter, and M. Ronald Buckley, "Emotional Intelligence, Leadership Effectiveness, and Team Outcomes," *International Journal of Organizational Analysis,* 2003, Volume 11, Issue 1, pp. 21–40; "lower

は、感情によって正しいと「感じられる」場合のみであることを強く示唆している。
45 Forest Reinhardt, Ramon Casadesus-Masanell, and Debbie Freier, *Patagonia,* Harvard Business School Case 703035.
46 Frederick F. Reichheld, *The Loyalty Effect: The Hidden Force Behind Growth, Profits, and Lasting Value,* Harvard Business School Press, 1996.〔フレデリック・F・ライクヘルド『顧客ロイヤルティのマネジメント——価値創造の成長サイクルを実現する』伊藤良二監訳、山下浩昭訳、ダイヤモンド社、1998年〕

❖第3章

1 Jack Neff, "P&G chief: We Need New Model—Now," *Advertising Age,* November 15, 2004.
2 Charles Fishman, "How Teamwork Took Flight," *Fast Company,* October 1999, pg. 188.
3 Kevin Kelly, *Out of Control: The New Biology of Machines, Social Systems, and the Economic World,* Addison-Wesley Publishing, 1994, pg. 28.〔ケヴィン・ケリー『「複雑系」を超えて——システムを永久進化させる9つの法則』服部桂監修、福岡洋一、横山亮共訳、アスキー、1999年〕
4 Paul Hawken, Amory Lovins, and L. Hunter Lovins, *Natural Capitalism,* Back Bay Books division of Little, Brown and Company, Boston, 1999, Preface, pg. ix.〔ポール・ホーケン、エイモリ・B・ロビンス、L・ハンター・ロビンス『自然資本の経済——「成長の限界」を突破する新産業革命』佐和隆光監訳、小幡すぎ子訳、日本経済新聞出版、2001年〕
5 同上原書裏表紙。
6 Jerry Knight, "Tylenol's Maker Shows How to Respond to Crisis," *The Washington Post,* October 11, 1982.
7 Rick Levine, Christopher Locke, Doc Searls, and Dave Weinberger, *The Cluetrain Manifesto: The End of Business As Usual,* Perseus Books, 2000.〔リック・レバイン、クリストファー・ロック、ドク・サールズ、デビッド・ワインバーガー『これまでのビジネスのやり方は終わりだ——あなたの会社を絶滅恐竜にしない95の法則』倉骨彰訳、日本経済新聞出版、2001年〕

❖第4章

1 http://www.cbsnews.com/8301-505143_162-45340815/could-this-be-the-best-company-in-the-world/.［リンク切れ］
2 www.wegmans.com および http://www.wegmans.com/about/pressRoom/overview_printable.asp. からの要約。
3 Matthew Swibel, "Largest Private Companies—Nobody's Meal," *Forbes,* November 24, 2003.
4 Michael A. Prospero, "Moving the Cheese: Wegmans Relies on Smart, Deeply Trained Employees to Create a 'Theater of Food,'" *Fast Company,* October 2004, Issue 87, pg. 88.
5 Prospero, 同論文。
6 Swibel, 前掲論文。
7 Matthew Boyle & Ellen Florian Kratz, "The Wegmans Way," *Fortune,* January 24, 2005, pg. 62.
8 http://homenewshere.com/daily_times_chronicle/news/burlington/article_0fcaf680-de78-11e2-b275-0019bb2963f4.html
9 Study by Coca Cola Retailing Research Council, cited in Boyle & Kratz, 前掲論文。
10 www.wegmans.com および http://www.wegmans.com/about/pressRoom/pressReleases/FortuneTop100.asp?sd=home&dt=top100［リンク切れ］からの要約。
11 G. Paschal Zachary, "Dream Factory," *Business 2.0,* June 2005, pp. 97–102.

27 Peter Salovey and John D. Mayer, "Emotional Intelligence," *Imagination, Cognition and Personality,* 1990, Volume 9, Issue 3, pp. 185–211; Daniel J. Svyantek and M. Afzalur Rahim, "Links Between Emotional Intelligence and Behavior in Organizations: Findings From Empirical Studies," *International Journal of Organizational Analysis,* 2002, Volume 10, Issue 4, pp. 299–301.

28 Howard Gardner, *Frames of Mind: The Theory of Multiple Intelligences*, Basic Books, 1983; Daniel Goleman, *Emotional Intelligence: Why It Can Matter More Than IQ,* Bantam, 1995.〔ダニエル・ゴールマン『EQ こころの知能指数』土屋京子訳、講談社、1998 年〕、Daniel Goleman, *Working with Emotional Intelligence,* Bantam, 1998〔ダニエル・ゴールマン『ビジネス EQ ――感情コンピテンスを仕事に生かす』梅津祐良訳、東洋経済新報社、2000 年〕

29 Cliona Diggins, "Emotional Intelligence: The Key to Effective Performance," *Human Resource Management International Digest,* 2004, Volume 12, Issue 1, pp. 33.

30 Stephen Bernhut, "Primal Leadership, with Daniel Goleman," *Ivey Business Journal,* May/June 2002, Volume 66, Issue 5, pp. 14–15.

31 Ranjit Voola, Jamie Carlson, and Andrew West, "Emotional Intelligence and Competitive Advantage: Examining the Relationship from a Resource-Based View," *Strategic Change,* March/April 2004, Volume 13, Issue 2, pp. 83–93.

32 Susan P. Gantt and Yvonne M. Agazarian, "Systems-Centered Emotional Intelligence: Beyond Individual Systems to Organizational Systems," *Organizational Analysis,* 2004, Volume 12, Issue 2, pp. 147–169.

33 Mike Bagshaw, "Emotional Intelligence — Training People to be Affective so They Can be Effective," *Industrial and Commercial Training,* 2000, Volume 32, Issue 2, pg. 61.

34 L. Melita Prati, Ceasar Douglas, Gerald R. Ferris, Anthony P. Ammeter, and M. Ronald Buckley, "Emotional Intelligence, Leadership Effectiveness, and Team Outcomes," *International Journal of Organizational Analysis,* 2003, Volume 11, Issue 1, pp. 21–40.

35 同上。

36 Stephen Bernhut, "Primal Leadership, with Daniel Goleman," *Ivey Business Journal,* May/June 2002, Volume 66, Issue 5, pp. 14–15.

37 http://hbr.org/2005/12/heartless-bosses/ar/1.

38 同誌 pg. 59.

39 同誌 pg. 59.

40 一般的にアインシュタインの言葉とされ、バリエーションがいくつかあるが、正確な表現はわからず、最初の引用元はさらに不明。いずれにせよ、突出した叡智あふれることばだ。

41 Daniel Goleman, *Working with Emotional Intelligence,* Bantam Books, 1998.〔ダニエル・ゴールマン『ビジネスEQ――感情コンピテンスを仕事に生かす』梅津祐良訳、東洋経済新報社、2000年〕

42 *Serving the Ageless Market,* McGraw-Hill, 1990. デイビッド・ウォルフが神経科学とマーケティングをつないだ初のビジネス書。この原書出版以来、脳科学がマーケティング思考において重要な役割を果たすようになり、この組み合わせは「ニューロマーケティング」と呼ばれている。世界的なコンシューマーブランドはいずれも、すでに脳科学の観点から顧客を捉えるようになっている。なかでも一番注目を集めている領域が感情だ。

43 Possidonia F. D. Gontijo, Janice Rayman, Shi Zhang, and Eran Zaidel, *Brain and Language,* Vol. 82, Issue 3, September 2002, pp. 327–343.

44 理性と感情のこうした線引きは、認知科学ではなくなりつつある。認知科学は、論理的思考、計画、問題解決、抽象的思考、概念や言語の理解、学習といったメンタル能力を研究する知能科学だ。大脳皮質に感情能力がまったくない人には、論理的思考プロセスに大きな欠陥が見られる。わたしたちは論理的思考によって、肉体を通じた解釈とそれによって引き起こされる感情を抽象的概念に変えることができるが、それは思考と呼ぶプロセスによって操作される場合がある。しかし、そのように操作された結果は感情による「判断」がなされなければならず、それがその人の考え方や信念体系となるの

articles/2003/6/18/155248.shtml, Jun. 18, 2003.〔リンク切れ〕
10 Rick Warren, *The Purpose Driven Life: What on Earth Am I Here For?* Zondervan Publishing, 2002.〔リック・ウォレン『人生を導く5つの目的――自分らしく生きるための 42 章』増補改訂版、尾山清仁、小坂直人共訳、パーパス・ドリブン・ジャパン、2015 年〕
11 Mihaly Csikszentmihalyi, *Good Business: Leadership, Flow and the Making of Meaning,* Penguin Group, 2004.〔M. チクセントミハイ『フロー体験とグッドビジネス――仕事と生きがい』大森弘監訳、世界思想社、2008 年〕、William Greider, *The Soul of Capitalism: Opening Paths to a Moral Economy,* Simon & Schuster, 2004, Richard Barrett, *Liberating the Corporate Soul: Building a Visionary Organization,* Butterworth-Heinemann, 1998.〔リチャード・バレット『バリュー・マネジメント――価値観と組織文化の経営革新』斎藤彰悟監訳、駒澤康子訳、春秋社、2005 年〕、Marc Benioff and Karen Southwick, *Compassionate Capitalism: How Corporations Can Make Doing Good an Integral Part of Doing Well,* Career Press, 2004.
12 Erich Fromm, *To Have or To Be?* Bantam Books, 1981.〔エーリッヒ・フロム『生きるということ』新装版、佐野哲郎訳、紀伊國屋書店、2020 年〕
13 ブラントラント委員会は 22 カ国の代表で構成され、ノルウェー人議長グロ・ハーレム・ブルントラントにちなんで命名された。「持続可能性」ということばを普及させ、その定義を国連総会に提出された報告書「*Our Common Future*（我ら共有の未来）」で 1987 年に示している。
14 通説は誤りで、マズローは「自己実現」という言葉もその理論も発案していない。マズローがこの用語と概念を取り入れたのは、神経学者カート・ゴールドスタインと出会ったあとのこと。ゴールドスタインはこの用語と概念を名著 *The Organism*（1934）で紹介している。第1次世界大戦で脳を損傷した兵士たちを調べたことが、自己実現に関する概念の基礎となった。そうした兵士の多くが（大半が 10 代後半から 20 代そこそこ）、もっと年配の、60 代以上の人の考え方、と一般的に思われている人生観を持つようになっていた、と指摘しているゴールドスタインは、脳のトラウマが発達の可能性という実現を加速化させたと考えた。
15 Abraham H. Maslow, *Toward a Psychology of Being,* Van Nostrand Reinhold, 1968. pg. 26. かっこ内は著者の補足説明。〔アブラハム・H・マスロー『完全なる人間――魂のめざすもの』第2版、上田吉一訳、誠信書房、1998 年〕
16 http://www.ga-institute.com/nc/issue-master-system/news-details/article/number-of-companies-in-sp-500R-and-fortune-500-R-reporting-on-sustainability-more-than-doubles-1.html.
17 Milton Friedman, "The Social Responsibility of Business is to Increase it Profits," *New York Times Magazine,* September 13, 1970.
18 Guerrera, Francesco, "Welch rues short-term profit 'obsession,'" *Financial Times,* March 12, 2009.
19 Joel Bakan, *The Corporation, the Pathological Pursuit of Profit and Power,* Free Press, New York, 2004, pg. 31.〔ジョエル・ベイカン『ザ・コーポレーション』酒井泰介訳、早川書房、2004 年〕
20 John Mackey and Raj Sisodia, *Conscious Capitalism: Liberating the Heroic Spirit of Business,* Harvard Business Review Publishing, 2013.〔ジョン・マッキー、ラジェントラ・シソーディア『世界でいちばん大切にしたい会社 コンシャス・カンパニー』鈴木立哉訳、翔泳社、2014 年〕
21 Daniel Pink, "Will Search for Meaning Be Big Business?" October 17, 2005, http://finance.yahoo.com/columnist/article/trenddesk/1228.〔リンク切れ〕
22 Marc Gunther, "Money and Morals at GE," *Fortune,* November 1, 2004.
23 Jim Collins, *Good to Great,* HarperCollins, New York, 2001, pg. 195.〔ジム・コリンズ『ビジョナリー・カンパニー2　飛躍の法則』山岡洋一訳、日経 BP、2001 年〕
24 Ann Zimmerman, "Costco's Dilemma: Be Kind to Its Workers, or Wall Street?" *The Wall Street Journal,* March 26, 2004.
25 Stanley Holmes and Wendy Zellner, "The Costco Way," *Business Week,* April 12, 2004, pp. 76–77.
26 Michelle Conlin, "At Costco, Good Jobs and Good Wages," *Business Week Online,* May 31, 2004.

❖第1章

1 Ronald W. Clement, "The lessons from stakeholder theory for U.S. business leaders," *Business Horizons*, 2005 (48), pp. 255–264.

2 http://www.saatchikevin.com/workingit/myra_stark_report2002.html, 2002.〔リンク切れ〕

3 James A. Autry, *Love and Profit: The Art of Caring Leadership*, Avon Books, New York, 1991, 後付け。〔ジェームズ・A. オートリー『愛と利益の奇跡』近藤純夫訳、経済界、1991年〕

4 Daniel H. Pink, *A Whole New Mind: Moving from the Information Age to the Conceptual Age*, Riverhead Books, 2005, pg. 51.〔ダニエル・ピンク『ハイ・コンセプト 「新しいこと」を考え出す人の時代』大前研一訳、三笠書房、2006年〕

5 同上。

6 http://www.thefreedictionary.com/love.

7 オートリー『愛と利益の奇跡』。原書 pg. 19.

8 Tim Sanders, *Love Is the Killer App: How to Win Business and Influence Friends*, Crown Business, 2002.〔ティム・サンダース『デキる人の法則』若林暁子訳、角川書店、2002年〕

9 Kevin Roberts, *Lovemarks: The Future Beyond Brands*, PowerHouse Books, New York, 2004, pg. 49.〔ケビン・ロバーツ『永遠に愛されるブランド ラブマークの誕生』岡部真里、椎野淳、森尚子共訳、ランダムハウス講談社、2005年〕

10 Edgar H. Schein, *Organizational Psychology*, Englewood Cliffs, NJ, Prentice Hall.

11 Ashby Jones, "House Calls," *Corporate Counsel*, October 1, 2004.

❖第2章

1 Claudia H. Deutsch, "New Surveys Show That Big Business Has a P.R. Problem," *The New York Times*, December 9, 2005.

2 Jeffrey M. Jones, "Americans Most Confident in Military, Least in Congress," GALLUP News Service, 2011. http://www.gallup.com/poll/148163/Americans-Confident-Military-Least-Congress.aspx.〔リンク切れ〕

3 Regina Corso, "Big Companies, PACs, Banks, Financial Institutions and Lobbyists Seen by Strong Majorities as Having Too Much Power and Influence on DC," The Harris Poll #65, Harris Interactive, 2011. http://www.harrisinteractive.com/NewsRoom/HarrisPolls/tabid/447/ctl/ReadCustom%20Default/mid/1508/ArticleId/790/Default.aspx.〔リンク切れ〕

4 GfK Custom Research North America, "State of Distrust—New Survey Indicates Corporate Trust Waning Among Influential Americans," GfK 2011 Corporate Trust Survey, 2011.

5 The Futures Company, Tom Morley, email to author, "State of the Consumer," 2011 U.S. Yankelovich Monitor, 2011.

6 Craig Wood, "2004 Yankelovich State of Consumer Trust: Rebuilding the Bonds of Trust," Yankelovich, Inc., 2004.

7 ドイツ軍による電撃戦で破壊された英下院の再建について議論しているとき、ウィンストン・チャーチルは、この下院の建物を大規模に再建する提案を否定した。顔をつきあわせて議論する民主主義のプロセスのために、こじんまりした規模で再建すべきだと述べ、こう言った。「人間が建物を形作り、その後、建物が人間を形作る」

8 アップルの「現実歪曲空間」についての説明や例は、ウォルター・アイザックソン『スティーブ・ジョブズ』全2巻（井口耕二訳、講談社、2011年）参照。

9 John L. Perry, "What Matters Most," http://www.newsmax.com/archives/

原注

❖はじめに

1 『ワシントンポスト』紙の記者ジョエル・ガローが *Radical Evolution: The Promise and Peril of Enhancing Our Minds, Our Bodies—and What it Means to Be Human,* Doubleday, 2004, pg. 3 で次のように述べている。「エンジニアがいま現に生み出しているものと、一般読者にとって信じられるものとのあいだには相当なギャップがある。最初の課題は目の前に広がっているこの世界を理解することであり、人間性とは何かという、この数万年で最大の課題に直面している」

2 http://www.wordreference.com/.

3 Andrew Delbanco, *The Real American Dream: A Mediation on Hope,* Harvard University Press, 1999, pg. 113.

4 Pierre Lévy, *Collective Intelligence,* Perseus Book Group, 2000, p. 4. 〔ピエール・レヴィ『ポストメディア人類学に向けて——集合的知性』米山優、清水高志、曽我千亜紀、井上寛雄共訳、水声社、2015 年〕

5 ホールマークカード社でトレンドを分析している Marita Wesely-Clough が次のように述べている。「あらゆる年齢の人々がスケールダウンして単純化し、自分が大切にしているもの——友人、家族、お返し、レガシーに時間を注ごうとするようになる。現役引退が近づいているベビーブーマーがこの流れを引っ張っていくことになる」（http://retailindustry.about.com/od/retail_trends/a/bl_trends2005.htm）〔リンク切れ〕。これは消費者トレンド調査会社のあいだでよくいわれていることだ。ヤンケロビッチ・モニターも 2002 年の報告書で、消費者は満足するために「モノ」に頼らず、暮らしをシンプルにしようとしていることに言及している。（David B. Wolfe with Robert Snyder, *Ageless Marketing: Strategies for Reaching the Hearts and Minds of the New Customer Majority,* Dearborn Trade publishing, 2004, pg. 20.）

6 Sophia A. Muirhead, Charles J. Bennett, Ronald E. Berenbeim, Amy Kao, and David Vidal, *Corporate Citizenship in the New Century: Accountability, Transparency and Global Stakeholder Engagement,* R-1314-02-RR, New York: Conference Board, 2002.

7 Gregg Easterbrook, *The Progress Paradox: How Life Gets Better While People Feel Worse,* Random House, 2003, pg. 317.

8 Steve McIntosh, *Evolution's Purpose: An Integral Interpretation of the Scientific Story of Our Origins,* Select Books, 2012. 引用箇所は http://www.stevemcintosh.com/books/evolutions-purpose/ より。

9 Lee Bowman, "The dawn of grandparents proved positive for humans," Seattle Post-Intelligencer, July 6, 2004.（http://seattlepi.nwsource.com/national/180825_wisdom06.html）.

10 Daniel H. Pink, *A Whole New Mind: Moving from the Information Age to the Conceptual Age,* Riverhead Books division of Penguin, New York, 2005. 〔ダニエル・ピンク『ハイ・コンセプト 「新しいこと」を考え出す人の時代』大前研一訳、三笠書房、2006 年〕

11 「デザイン」：どんなタスクを実行する際にも美的なことに注意を払うこと。「物語」：ストーリーテリングの技術で消費者や従業員などに情報を伝えること。「調和」：ピースを組み合わせてひとつの全体像を創り出す能力。「統合」ともいえる。「共感」：ほかの人の置かれている状況、感情、動機に気づいて理解すること。「遊び」：すべての活動に楽しさを盛り込んで、喜びも創造性も高めること。「生きがい」：ある活動の価値をその状況と本質を超えて広げること。

［ま］

［や］

［ら］

［わ］

［数字・アルファベット］

索引

デイビッド・B・ウォルフ(故人)

中高年層市場における顧客行動の研究で世界的に知られる。著書に*Serving the Ageless Market*(マグロウヒル、1990年)、*Ageless Marketing: Strategies for Connecting with the Hearts and Minds of the New Customer Majority*(ディアボーン出版、2003年)。顧問の仕事でアジア、アフリカ、ヨーロッパのほか、北米はくまなく回った。米国内外の出版物に広く取り上げられている。アメリカン・エキスプレス、AT&T、コカ・コーラ、ゼネラルモーターズ、ハートフォード生命保険、マリオット、メットライフ、プルデンシャル生命保険、テキストロンなど、フォーチュン100の複数社で顧問も務めた。

[翻訳者プロフィール]

齋藤慎子(さいとう・のりこ)

同志社大学文学部英文学科卒業。広告業界で主に海外向け販促物の企画制作と他国語編集に従事。その後、オーストラリア、スペインで企業内翻訳などを経て、現在は英語とスペイン語の翻訳に携わる。スペイン在住。『世界一シンプルな増客マシーンの作り方』(実業之日本社)、『コトラーの「予測不能時代」のマネジメント』(東洋経済新報社)、『ザ・コピーライティング』(共訳、ダイヤモンド社)ほか、訳書多数。

[日本語版序文の執筆者プロフィール]

星野佳路(ほしの・よしはる)

星野リゾート代表。1960年長野県生まれ。慶応義塾大学経済学部を卒業後、米国コーネル大学ホテル経営大学院修士課程修了。91年に父から軽井沢の星野温泉旅館の経営を引き継ぎトップに就任。その後社名を星野リゾートに変更し、運営特化戦略で規模を拡大。

［著者プロフィール］

ラジェンドラ（通称ラジ）・シソーディア

バブソン大学オーリン経営大学院（マサチューセッツ州ウェルズリー）の「グローバルビジネスおよびホールフーズ・マーケット・リサーチ・スカラー・イン・コンシャス・キャピタリズム」特別教授。コンシャス・キャピタリズム社の共同創業者兼共同会長。コロンビア大学でマーケティングの博士号を取得。『ニューヨーク・タイムズ』紙ベストセラー『世界でいちばん大切にしたい会社 コンシャス・カンパニー』（翔泳社、2014年）共著者。2003年、米チャータード・インスティチュート・オブ・マーケティング（マーケティング公認協会）の「マーケティング思想家トップ50人」に挙げられる。グッド・ビジネス・インターナショナルの「2010年の傑出した開拓者10人」、トラスト・アクロス・アメリカの「信頼できる企業行動におけるソートリーダーのトップ100人」に、2010年と2011年に選ばれている。著書7冊、論文は100本を超える。AT&T、ノキア、LG、DPDHL、ポスコ、クラフトフーズ、ホールフーズ、タタ、シーメンス、スプリント、ボルボ、IBM、ウォルマート、ラボバンク、マクドナルド、サザン・カリフォルニア・エジソンなど、さまざまな企業の幹部教育プログラムの顧問や教育に携わっている。ザ・コンテナストアおよびマステックの取締役、コンシャス・キャピタリズム社理事。www.rajsisodia.com

ジャグディッシュ（通称ジャグ）・シース

エモリー大学ゴイズエタ経営大学院（ジョージア州アトランタ）のマーケティング教授。著書26冊のほか、論文は400本を超える。消費者行動、リレーションシップ・マーケティング、競争戦略、地政学的分析の学術研究で米国内外に知られている。ラジェンドラ・シソーディアとの共著『3の法則』（講談社、2002年）は、企業間競争の通念を変えた。同書は5カ国語に翻訳されたほか、CNBCアジアの7回連続テレビシリーズの1話に取り上げられた。AT&T、GE、モトローラ、ワールプール、3Mなど、世界のさまざまな企業の顧問を務めている。『ウォール・ストリート・ジャーナル』紙、『ニューヨーク・タイムズ』紙、『フォーチュン』誌、『フィナンシャル・タイムズ』紙、ラジオ番組、CNNやルー・ドッブズのテレビ番組［フォックス・ビジネス・ネットワーク］ほか、さまざまな媒体で取り上げられている。複数の公開会社で取締役を務めている。2004年には米国マーケティング協会の栄えある2賞をダブル受賞（リチャード・D・アーウィン・特別マーケティング教育者賞と、チャールズ・クーリッジ・パーリン賞）。www.jagsheth.com

愛される企業

社員も顧客も投資家も幸せにして、成長し続ける組織の条件

2023年12月18日　第1版第1刷発行

著者
ラジェンドラ・シソーディア、ジャグディッシュ・シース、デイビット・B・ウォルフ

訳者
齋藤慎子

序文
星野佳路

発行者
中川ヒロミ

発行
株式会社 日経BP

発売
株式会社 日経BPマーケティング
〒105-8308　東京都港区虎ノ門4-3-12
https://bookplus.nikkei.com/

デザイン
竹内雄二

制作
キャップス

編集協力
藤吉 豊

編集
宮本沙織

印刷・製本
中央精版印刷株式会社

ISBN978-4-296-00100-2
Printed in Japan